中华文脉
从中原到中国

江凌／主编

河洛古国
原初中国的文明图景

齐岸青 著

中原出版传媒集团
中原传媒股份公司

大象出版社

图书在版编目（CIP）数据

河洛古国：原初中国的文明图景 / 齐岸青著.—
郑州：大象出版社，2021.3
（中华文脉：从中原到中国 / 江凌主编）
ISBN 978-7-5711-1021-5

Ⅰ.①河… Ⅱ.①齐… Ⅲ.①古国—考证—巩义—三代时期 Ⅳ.①K296.14

中国版本图书馆CIP数据核字(2021)第044333号

河洛古国：原初中国的文明图景
齐岸青 著

出 版 人：	汪林中
选题统筹：	张前进　管　昕
责任编辑：	李小希　杨　兰
封面设计：	王莉娟
内文设计：	付锬锬
责任校对：	霍红琴　牛志远　安德华

出版发行：大象出版社（郑州市郑东新区祥盛街27号　邮政编码　450016）
　　　　　发行科　0371-63863551　总编室　0371-65597936
网　　址：www.daxiang.cn

经　　销：	各地新华书店经销
印　　刷：	北京汇林印务有限公司
开　　本：	720mm×1020mm　1/16
印　　张：	18.75
字　　数：	235千字
版　　次：	2021年3月第1版　2021年3月第1次印刷
定　　价：	78.00元

若发现印、装质量问题，影响阅读，请与承印厂联系调换。
印厂地址　北京市大兴区黄村镇南六环磁各庄立交桥南200米（中轴路东侧）
邮政编码　102600　　　电话　010-61264834

河洛古國

李伯謙

双槐城礼赞

严文明

巩义双槐树，有座仰韶城。为览龙图便，紧邻大河边。

又防河水冲，城壕围数重。城前有大坪，疑是仿苍穹。

陶罐仿北斗，北斗拱北极。北极是天帝，人间有黄帝。

黄帝位至尊，举手挥玉兵。率师杀蚩尤，三战降炎帝。

是始建朝廷，诸侯来朝奉。嫘祖始劝蚕，潜心供蚕神。

春蚕勤吐丝，丝绸惠万方。中华创文明，神州大风光！

目录

引　子 ———— 1

第一章　双槐树的前世今生 ———— 9

第二章　河洛的探寻与追问 ———— 23

第三章　文明起源的感悟与思考 ———— 49

第四章　一代考古人的故事 ———— 75

第五章　开启河洛古国 ———— 97

第六章　发现中原仰韶文化时期最辉煌的都邑 ———— 119

第七章　翻开五千年前的建筑地书 ———— 149

第八章　追溯黄土之下的礼俗世界 ———— 177

第九章　解开北斗星图的文化密码 ———— 199

第十章　联结过去与现在的一枚牙雕蚕 ———— 231

第十一章　历史与生命积淀而来的彩陶艺术 ———— 255

结　语 ———— 283

参考书目 ———— 288

后　记 ———— 292

引 子

2020年5月7日，阳光撩开了古都郑州新的一天的躁动，新冠肺炎疫情给人带来的灰色的阴郁之感被晨曦撕破，渐渐淡去，几个月来显得沉寂的郑州国际会展中心广场突然熙攘起来。一大早，轩辕堂会议厅的入口处便陆续有人开始排队，等候参加新闻发布会。检查站卡口的工作人员给进入的人们检测体温、消毒手部，并不时地提醒人们"戴好口罩、间隔一米"。一切工作有条不紊，让这场发布会多了几分庄重。

轩辕堂会议厅比往日更加素朴，只有"河南郑州巩义双槐树古国时代都邑遗址考古重大发现发布会"的字样映现在蓝色的主背板上，给会场添了些许亮色。近百家媒体记者早已落座，前排的摄像机位已无虚席，几十台摄像机仿佛今天都急于见证这一时刻，期待着这场发布会的盛况，并急切地要将消息传播出去。桂娟一大早就赶到会场，作为新华社河南分社的资深记者，这样阵势的记者会对她来讲早已是家常便饭，此刻大屏幕上正在播放的宣传片中不停切换着的各种画面也是她非常熟悉的场景，但她的心情还是有些莫名的激动。她让摄像师选好了最佳的机位架设机器，自己也找了记者席的一个角落坐下。

桂娟对今天要发布的信息和登场的专家并不陌生，十几年来，郑州的文化动态一直是她关注的焦点，她笔下报道的郑州文化的创造者和引领者也渐渐成为她熟悉的朋友。前段时间关于先秦郑州的考古话题受到热议，又引起桂娟的关注，她已经开始在写关于文明起源和夏文化的文章了。一周前桂娟就接到了今天发布会的报道任务，事前她也和新闻的发布者有过沟通，可真到了现场，她还是不免像第一次接触到新闻信息一样感到新鲜。

嘉宾开始在前台就座，桂娟悄悄起身从会场过道转到后排，拿起手机从后面拍下了此刻的场景。她远远看到了几个熟悉的身影——李伯谦老师、王巍老师、顾万发院长，这段时间为了采访到更多有关"中华文明探源工程"的消息，她与他们频繁约见，熟知了他们的故事。渐渐地，桂娟感觉自己不仅是一个见证者，也是站在这队列之中的探寻者。

会场音乐响起，顾万发走上演讲台。衣装一向带着田野风尘的顾万发，今天居然西装笔挺，显出少有的严肃。他让自己在台上静了一下，一开口就又恢复了侃侃而谈的常态。屏幕上，幻灯片随着他的话语上下滑动："在双槐树遗址现已探明残存面积的117万平方米里，发现有仰韶文化中晚阶段的三重大型环壕、具有最早瓮城结构的围墙、封闭式排状布局的大型中心居址、采用版筑法夯筑而成的大型连片块状夯土遗迹、3处共1700余座经过严格规划的大型公共墓地、3处夯土祭祀台遗迹、与大型建筑融合的用九个陶罐模拟的北斗九星天文遗迹、与丝绸起源有重要关联的最早家蚕牙雕艺术品、20多处礼祀遗迹，以

引 子

发布会现场顾万发先生发言（郑州嵩林书院　供图）

发布会现场李伯谦先生发言（郑州嵩林书院　供图）

发布会现场王巍先生发言（郑州嵩林书院　供图）

及制陶作坊区、储水区、道路系统等，并出土了一大批仰韶文化时期丰富的文化遗物，初步证实双槐树遗址是古国时代的都邑遗址。"顾万发从容自信地一条条罗列，对所展示的图片一幅幅进行讲述，赢得台下阵阵掌声。

接下来，李伯谦先生和王巍先生走上讲台，开始了专家点评。作为双槐树遗址考古的灵魂导师，人们很难从李伯谦先生面容上读出他内心的波澜，他如同以往一样平静地说道："双槐树遗址一系列重要考古发现的内涵，尤其是其社会发展模式和承载的思想观念，给我们呈现出古国时代的王都气象。北斗九星及诸多凸显礼制和文明的遗迹的特点，也为后世夏、商、周等王朝文明所承袭和发扬，我们五千多年的中华文明主根脉有望追溯至此。'河出图，洛出书，圣人则之。'双槐树遗址的重大发现说明，典籍所载和一些上古的传说都存在史实的素地。所以，经过多次慎重的考证，以考古的实证材料结合现有地域名称，我们建议将遗址定名为'河洛古国'。"

作为"中华文明探源工程"的首席科学家，王巍先生对双槐树遗址的重要性有着更多真切的感受。他压抑不住内心的激动，接过李伯谦先生手里的话筒说道："双槐树遗址实证了河洛地区在距今5300年前后这一中华文明起源的黄金阶段的代表性和影响力，填补了中华文明起源关键时期、关键地区的关键材料的空白。双槐树遗址在同时期黄河流域是规模最大、等级最高、社会分化程度最明显的遗址，是我们研究黄帝时代中原地区的文明化进程非常重要的材料。它的发现，必将帮助人们持续理清华夏文明发展的脉络，充分彰显中华文化的深厚底蕴，进一步提升中华民族文化认同感、自豪感、自信心，增强文化凝聚力。"

发布会的内容从桂娟的笔端汩汩流出——

河南巩义"河洛古国"重大考古成果发布

新华社郑州5月7日电（记者桂娟、双瑞）　中华文明如何起源发展一直备受关注，7日，郑州市文物考古研究院公布双槐树古国时代都邑遗址阶段性重大考古成果。

"双槐树遗址的重要考古发现，实证了河洛地区在距今5300年前后这一中华文明起源的黄金阶段的代表性和影响力，填补了中华文明起源关键时期、关键地区的关键材料的空白，也表明以双槐树遗址为中心的仰韶文化中晚期文明，的的确确是黄河文化之根。"中国社会科学院学部委员、中国考古学会理事长王巍表示。

双槐树遗址位于黄河南岸高台地上、伊洛汇流入黄河处的河南省巩义市河洛镇。近年来，郑州市文物考古研究院联合中国社会科学院考古研究所对该遗址连续进行考古工作，经多位知名考古学家实地考察和研讨论证，认为这是距今5300年前后古国时代的一处都邑遗址，因位于河洛中心区域，建议命名为"河洛古国"。

郑州市文物考古研究院院长顾万发在发布会上介绍，河洛古国发现有仰韶文化中晚阶段三重大型环壕、具有最早瓮城结构的围墙、封闭式排状布局的大型中心居址、3处共1700余座经过严格规划的大型公共墓地、3处夯土祭祀台遗迹、与重要人物居住的大型建筑融合的用九个陶罐模拟的北斗九星天文遗迹、与丝绸起源有重要关联的最早家蚕牙雕艺术品、20多处礼祀遗迹，以及制陶作坊区、储水区、道路系统等，并出土了一大批仰韶文化时期丰富的文化遗物。

北京大学教授、"夏商周断代工程"首席科学家李伯谦等专家公认，双槐树遗址是迄今为止在黄河流域仰韶文化中晚期这一中华文明形成初期发现的规格最高的具有都邑性质的中心聚落。该遗址经过精心选址和科学规划，周边多个遗址对双槐树都邑形成拱卫之势。

一系列重要考古发现表明，以双槐树遗址为代表的"中原文明发展模式"，崇尚中心和文化包容，重视民生、农桑，不过分地把创造的社会财富贡献给神灵，而是更多地投入社会再生产。这一模式的主体在后代为主流社会所继承和发扬，成为中华文明历史进程中最具代表性和引领性的主流发展模式和思想。

专家们认为，天地之中的宇宙观，合天命而治的礼仪性思维，规模宏大的高等级建筑，严谨有序的聚落布局，中国地理中心最早城市群中的核心位置……双槐树遗址所表现的内涵，尤其是社会发展模式和承载的思想观念，呈现出古国时代的王都气象，北斗九星及诸多凸显礼制和文明的遗迹的特点，为后世夏、商、周等王朝文明所承袭和发扬，五千多年的中华文明正是赖此主根脉而绵延不绝。

第二天，桂娟像往常一样在忙完采访后坐到了办公桌前，检视一天的工作。初夏的夜，暖风徐徐；远处，城市的霓虹灯已经闪烁；街道上川流不息的车辆声音渐渐减弱，渗入夜间的柔软。桂娟想到昨天已经发出的稿件，不知为什么，仍有些莫名的兴奋。她打开电脑，点开网页，社会对河洛古国的关注热度超出了桂娟的想象。短短24个小时之内，新华网已经在头条位置发布了有关"河洛古国"的新闻，中央电视台《24小时》节目报道了郑州巩义双槐树遗址的重大发现，《人民日报》《光明日报》《河南日报》《大河报》《郑州日报》等主流媒体头版都出现了"巩义双槐树""河洛古国"的字眼，新浪微博"河洛古国"的热搜点击量已经超过2亿，网络新闻的点击量总体已经突破6亿。作为新闻人的桂娟内心清楚，这个数字不会随着时间的流逝而减少，而是会继续增长，人们对于"河洛古国"的关注度也会越来越高……

十多天以后，有关"河洛古国"的热搜点击量达到了令人难以置信的11亿。数字在告诉我们，文明诞生的源流是任何一个民族和国家都需要探寻的问题。近几年，有关文明起源的话题在社会大众中引起广泛关注，不断的追问、不断的思索又会引发不同的观点和争议。考古是历史学的基础之学，实证和讲述历史的紧迫使命，让考古这个以往并不广为人知的学科走到了台前，双槐树这个陌生的中原小村，也从古老华夏民族形成过程中的一个节点上，步入我们今天的生活，开启了一个人们以往尚未全知的遥远世界。

第一章
双槐树的前世今生

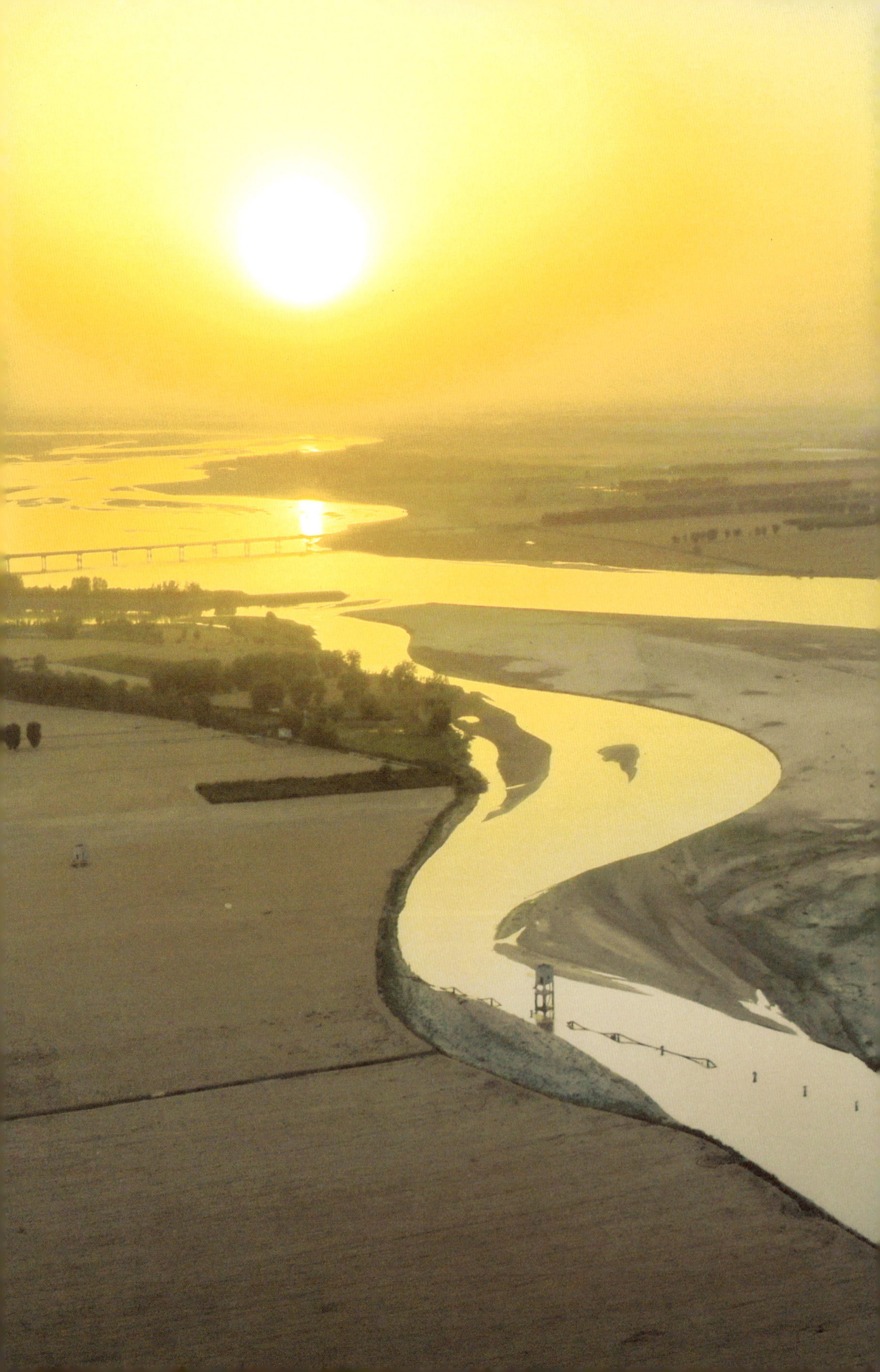

第一章 双槐树的前世今生

庚子年初夏的傍晚，巩义市河洛镇双槐树村的村民水榆生，像往常一样从自己家的田块里回家。回家的路依旧是老样子，绕过桃林和泛黄了的麦田就可以看见村子里的那棵老槐树，一年四季，将老槐树树叶吹动的都是洛水和黄河那边来的风。回家的路是老路，但今天走在路上的水榆生内心却有着翻了个儿的变化。水榆生以往是种田的，是庄稼人；现在的他可以被叫作上班的人了，口袋里揣着工资条和5月份的工钱。身后的田头还是村里的田，但是已经被写着"郑州考古"的布条子围着；田间立起了棚房，上边挂着白底黑字"郑州市文物考古研究院"的牌子，牌子后面的工房是他领工资的地方。

水榆生是本书唯一虚拟的人物，他其实是双槐树村村民的代称，承担着见证双槐树前世今生的任务。

水榆生知道双槐树的名字来源于村口的那两棵老槐树，这几乎是中国北方村落司空见惯的特征，尽管现在只有一棵老槐树独自伫立在那里，可村子依然叫双槐树村。双槐树这名字是从什么年月开始有的，水榆生说不清，但他清楚那斑驳苍劲的老槐树肯定知道——老槐树是这块土地非同凡响的见证，河洛镇的人都知道它的苍老和遥远，似乎从伏羲爷那时就有了来历。前些年还有一些文化人前来采风，把这一带的传说和水榆生儿时的故事都记到本本儿上，水榆生觉得祖祖辈辈都会讲的故事，像从老槐树上吹过的风，一闻就知道，用不着他们这么费神。

很久以前，双槐树是洛河的湾，河湾又叫汭，凡是有汭的地方都

双槐树村口的老槐树（李志兴　摄）

是景色好、地也肥的地方，所以伏羲爷就带着部族人在这儿住下来，植桑养蚕，种谷子、稻子。那时候黄河离这里还远，洛河和它平行着往东走，互不相扰。黄河的水神叫河伯，他护佑着这块土地，还算尽心尽力。可河伯喜欢伏羲爷的姑娘宓妃，就常来洛河这边找宓妃。河伯追女孩子的时候耍性子，把黄河水带得像顽劣的孩子，在河道上横冲直撞的，一下子闯进了洛河，就淹没了田地。宓妃为了洛河，便嫁给了河伯，明镜似的洛河融进黄河，约束住了河伯。河洛交汇，天地更宽阔了，从此这里也就更富饶了。伏羲爷在清浊分明的河洛交汇处，观天象演八卦，绘制了"河图""洛书"，还教会了村民结网捕鱼、

第一章　双槐树的前世今生

狩猎和养畜。慢慢地，人越聚越多，盖房子、修大城……

水榆生虽然没有过多关心这些过往的故事，但他对脚下这片神明保佑的土地的敬畏，都是源于这儿时的故事。双槐树村的人恋土、恋家、恋旧，只要出生在这个村子，就一生一世割舍不了。水榆生知道河洛镇是传奇的地方，现在世界上有很多地方的人都把自己叫作"河洛人"，把河洛镇称为"老家"。他们中许多人的祖辈也是从这里走出去的，走得再远、离开的时间再长也不会忘记这块土地。

双槐树村的日子在水榆生的记忆中一直很平静。前些年来过一些人，在塬上的田头转悠、扒拉，后来他们找到了一些陶片，兴奋的样子让水榆生很不以为然，那些东西先前村里人翻地挖沟时常见到，没什么可稀罕的。水榆生更希望的是再远一点的工业集聚区早点建成，多建工厂，村里人就能去工作，有钱挣，也许双槐树村将来就像城里一样了。可是，那些找陶片的人好像很执着，居然住了下来。寒冬暑夏、暖春凉秋都在那里用小铲子和铁锹划拉着田地，一点点、一方方地小心翼翼地剥刮，这慢腾劲儿和周边日新月异的厂房建设形成鲜明对比。

再后来，村里的地被这些人租过去了，地上划分出一块块方土格子，慢慢扩大，有些地方还搭起了棚子。村里的人去帮忙干活的越来越多，大家渐渐知道了一个词儿——考古。庚子年初夏，水榆生突然发现村里热闹起来。村民们都知道，2020年闹新冠肺炎疫情，人们都不能乱走动。可村里大车小车来往络绎不绝，车里的人很多是领导和文化人的模样，他们下了车，就在那里蹲着瞅着，还有很多人扛着机器到处拍摄，小无人机在空中嗡嗡嗡地飞，更多的是那些来探奇的人，四处打听，田间的垄子被踩成了路。水榆生眼瞅着周围的工业区项目慢慢停了下来，也有的建筑慢慢被拆除搬走，包括很远的电厂，听说也准备什么时候拆了。他这才知道双槐树村出了大事，他生活多年的村子，居然位于5000多年前的古国之中，

2013年双槐树遗址考古发掘现场（郑州市文物考古研究院　供图）

第一章　双槐树的前世今生

而且不是一般的古国领地，叫作古国都邑。

这几天下起雨，雨丝密匝匝地扫过村子，如同编织起一张大网，房檐上雨水像小瀑布一样跌落下来，淌在土地上，裹着泥土又匆匆忙忙地流走了。考古区的方土格子上搭起蓝色的防水布，雨水淋泼在上面腾起雾气。水榆生跟着考古队的人一起铺防水布、搬沙袋，考古队的人告诉他，剖开的探方怕被扰动，更怕水。以往工地防汛，水榆生总是站在围栏外面远远看着，今天是他第一次进入围栏内，脚下曾经的田地，过去怎么翻整、怎么蹬过去都没有什么，可现在脚下好像不再是泥土，而是易碎的镜面。他的脚放下来时格外地轻，每踩一脚泥土，都仿佛触碰到了祖先们的足迹，雨雾里好像也看到很远很远的地方有古人的身影。

水榆生变得恍惚了，他不知道如何去讲述自己曾经熟悉的河流、土地，他听到了另外一种声音。他后来告诉别人，这以后的很多话都不是他说的，是写书人的话，他只是觉得写书人讲的话都很拗口，也啰唆。

雨水冲过高地，在田野、林间弥漫汇集，最终流入了北面的黄河。对于居住在双槐树村的村民来说，河流是一个秘密，见证了这块神奇土地几千年的变更。远古时期，这里是山、河之间的盆地，是依偎着洛水而生的汭，最初应该不叫汭，因为那时候天下有无数条水，可不是每条水都可以叫河的，只有黄河可以叫河。

洛水，最早藏在白于山南麓，在海拔 2000 米处初露她的冰肌玉骨时，宛如初出闺阁的少女，唱着清丽婉转的歌谣。洛水是灵动的，阅读洛水，有时候其实不用读水，只跟随她水流之中游弋的鱼就够了。鱼是河流中跃动的精灵，能够吻醒河水。你可以像鱼一样透过洛水的纯洁身躯，静观满天星斗。岸滩上随水流冲刷来的贝壳，好像是天上的星子搁浅在了她身旁，幽幽地泛着光，这是洛水最喜爱的饰品。她流淌前行，与邙山、嵩山相互交织，湿润着这块丰盈饱满的土地，更显出无尽的温柔。洛水又是缄默的，清高孤傲，将一切秘密隐藏于河床之中。她始终清澈如镜，令人痴迷沉醉，引发无限遐想。圣洁的洛水是洛神的化身，是令人迷恋的女儿之水，我们即使穷尽遐思也难以描绘她的美丽。

双槐树村北面的黄河是中华民族永远的吟唱，而关于她的文字和影像的记载也如滔滔大河奔流直下，难以数尽。我们知道黄河从青藏高原巴颜喀拉山北麓的约古宗列盆地而来，现在，人们都把她称作母亲河。她是一个有着饱满生命力的女人，曲线起伏，百媚千娇，温柔又乖戾，自由而包容。她以自然随意、漫溢流淌的姿态告诉人们，河是大自然最为神奇的造物。

青藏高原之上，巴颜喀拉山的冰雪融水漫延在山下狭长的盆地里，

黄河源头（李志兴 摄）

便生出了一颗清澈深邃又灿若星辰的眸子——星宿海。大河之源自古为历代学人所探究，直到唐太宗专门派李靖等人前往考察，才有"次星宿川，达柏海上，望积石山，览观河源"的结论。黄河源头静匿在繁星沉睡和醒来的地方，水缓缓涌出眼眸，注入扎陵湖和鄂陵湖中，沉积、等待，然后凭借身体的韧性，抚着山麓，朝东南流去。最初的河水不动声色地缓慢流淌的姿态，不知是因为疲惫还是贪于安逸，不知是出于内心的柔软还是露出严厉面容前的平静，但在流经岷山受阻时，她突然用撕裂自己身躯的勇气冲破大山对河水的桎梏，显露出成熟的风韵。她蜿蜒折北而逝，婆娑多姿，充满从容与淡定。这不经意的曲线改写了她的命运，使得她与黄土高原的伟岸相遇，巨量的泥沙涌入她的身体，她用肢体坚韧地雕琢大地，冲出纵横交错的千沟万壑，为此改变了清澈的容颜。

在陕晋交界曲折南流时，黄河不再屈服，她开山破石，将黄土高

山西与陕西交界处的壮美黄河（李志兴　摄）

黄河伊洛河汇流处〔李志兴　摄〕

第一章　双槐树的前世今生

原割裂开来，翻转头颅，倾泻而下。她忍受撞击的剧痛，激流澎湃，浊浪翻滚。她掀起狂涛，发出怒吼，声震数里，终于冲脱束缚，涅槃而生。她用女人特有的清高和桀骜切穿了陕、晋、豫的山地，撕扯着山石，痛快淋漓又坦然笃定地走进了华北平原。

流入中原之后，尤其是进入河南，黄河变得温和、宽广、柔软、随意。一路走来，女人河慢慢生长，终成母亲之河。这时我们才真正看清她绵延千里、缓流急奔的身躯：高山源头是母亲神秘而高扬的头颅。云雾缭绕、白雪皑皑的高原刻画了她美丽纯净的容颜。冰冷、清澈的细流是她的秀发，慢慢汇拢生命之水。大河经历过千里跌宕，无论清澈还是浑浊，流淌到中原都变得温厚、柔润、宽广、包容，中原平坦腹地成为她的脐腹，回环涡旋，是那样神秘莫测、撩人心魄；大河的魂就是由这生命之壶孕育的，生命的意义，就是由这辉煌与苦难混合的生命之涡沁入子孙血液的。肥沃的土地是她的分娩物，尽管这分娩有时会伴有撕裂的痛楚，但她终究还是滋润出广阔的黄淮平原。在这里我们的母亲展现了她风情万千的背部，在旖旎妖娆的姿态中低吟浅唱出无数浪漫的乐章。河水继续婉转下泻，勾勒出母亲修长丰盈的腿足，那拱成了弯月的素足终于静静地融入了蓝色的海洋。

黄河在嵩山停顿时遇到了洛水，洛水与暗恋着她的邙山未来得及缠绵话别，便循着呼唤，顺山势东去至三河口与黄河相拥。一缕净水涌入母亲的怀抱，混沌中的清澈依然隐约可见，给千里黄河留下独特的自然景象。

我们不知道书写中国自然史的这个拥抱始于何时，但我们可以清晰知晓大河与洛水的相遇，成就了我们民族文明的肇始，而她们遇到嵩山后则又诞生了无数传奇。

嵩山是一座"峻极于天"的山，是中华民族的父亲山，他用11亿年

嵩山峻极峰（李志兴　摄）

的时间在海底岩浆中默然地铸造自己的骨骼，镌刻自己的容颜。25亿年前跃出海面时他已是屹立于群山中的一位睿智长者，他用深邃的目光俯瞰人世苍生，用自己的身体最早见证了沧海桑田的故事。他又是充满激情活力的青年，亿万年来始终不安地躁动着，给这块柔润、温软的土壤注入一股坚实的力量。在中原，嵩山有着汪洋恣肆的另类、张扬、叛逆，充满英雄激情，吸引了无数的帝王将相、高僧名士、文人骚客在这里封禅、游览、授徒、传道，在亿年峭壁上刻下厚重的文化肌理。嵩山一直是中国史前文化交流的十字要冲，成熟的史前文化和独特的交流格局，使得这里诞生了中国最早的国家文明。嵩山地区是夏、商、周三代的建都之地、立国中心。《史记·封禅书》载："昔三代之居皆在河洛之间，故嵩高为中岳。"嵩山以其地处京畿的优势位置、自然景观和人文景观的完美结合，成为中华文明最早、最重要的圣山。

黄河在中原腹地之上的嵩山与南面的洛水形成了一个"半月形地带"，在这里孕育出华夏各族的血脉之源，筑造起最初的城邦——五帝邦国、三代都邑……黄河与洛水无数次恣肆漫溢，改变自己的足迹，却始终没有离开中原腹地。她们变化无常，有时不大能让人亲近，却将河洛文化孕育得包容、开放、凝聚，逐步形成"万邦""万国"的局面，从而出现了更为成熟的文字、城市、礼制和青铜器，使人类文明走向了新阶段。

这片区域诞生了神秘的"河图""洛书"，创造了裴李岗文化、仰韶文化、王湾三期文化、新砦期文化和二里头文化——这几种文化在考古学地层上先后叠压，在文化内涵上一脉相承，是中国古代文明的发祥地和聚集地，是我们中华民族的圣地。5300多年前，双槐树村的人们就生息在这里，富足安逸、祭天拜祖……

河洛区域与文化起源似乎注定有着与生俱来、水乳交融的感情联系，流淌着一方华夏子民的幸福与荣光。一条河，打开了一部史书；一座山，解开了远古的密码；一块区域，刻下道道文明的痕迹，留下层层文化的年轮，等待我们去阅读、破解与触摸。

水榆生不懂得文人骚客这么多的比喻和描述，但他深深知道这块土地上的人们对于山和河的敬畏与崇拜。在困窘或封闭的日子里，老百姓供奉的神祇也没有消失过，村口、田头、河湾、山丘，大家建了各种各样的庙屋，用自己的方式献上香火。前两年，在村东北的河洛汇流处的伏羲台，据说郑州市文物考古研究院找到了伏羲爷的许多遗迹，村民们便凑钱抢先在那里塑了始祖爷的神像。不管怎样，他老人家在那里画了八卦，留给后人，我们后人建个像，让他永远立在黄河边，后人再写啥篇章，他老人家都在那里看着。

现在，水榆生和村里人心里透亮的有一条，他们祖辈相守的古河洛会在考古队员们并不起眼的手铲下，发生意料不到的变化！

第二章

河洛的探寻与追问

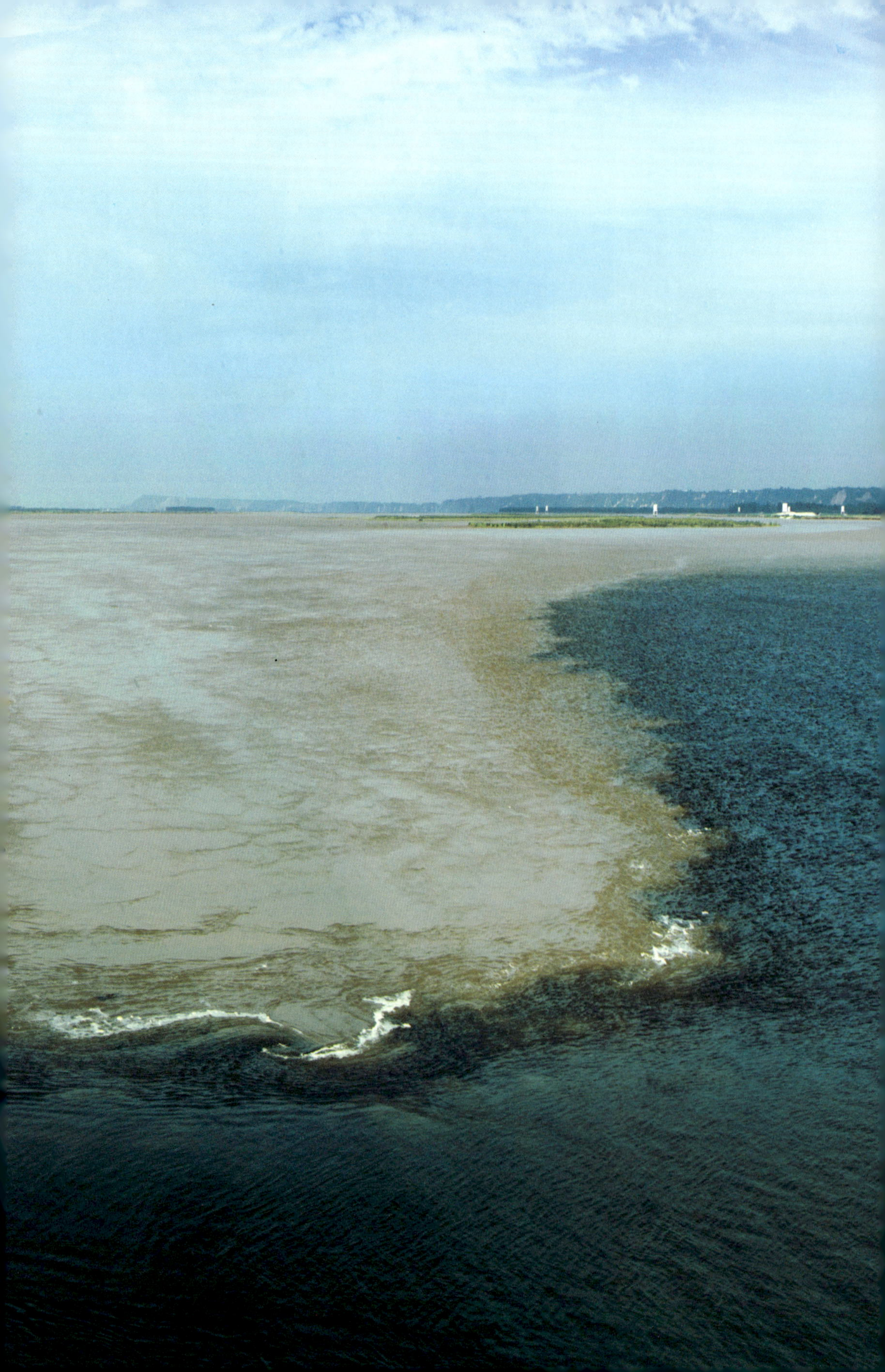

第二章 河洛的探寻与追问

水榆生等村民们和考古队员搭完防雨布收工回家之后，顾万发又坐在电脑前，开始整理自己的考古博客和笔记，多年的田野考古经历和繁杂的院务工作让他的生活日程缺乏规律，夜晚往往是他一天读书时间的真正开端。他有时候会很怀念过去单纯的考古生活，做了院长要开很多会议，记很多心得笔记，处理一大堆事务。后来，他慢慢总结出"一把手"的好处，毕竟在院务的时间安排程序上，自己还有些权力。于是他调整工作时间，早饭和午饭基本不吃，把吃饭的时间集中到晚上；而且他从来不带手机，给自己争得不少时间。这样他不仅把院务管理得井井有条，还能挤出时间看书。

这几天顾万发见到工地上收养的狗儿大米生了小崽，队员管刚出生的小狗叫小米粒。大米和小米粒母子俩摇摇摆摆地在院子里踱步，来了客人它们先审视一下，近前去嗅嗅，确定安全后再由客人自便，很有点主人的派头。工地的棚院搭起来后，不时有流浪狗在这里安家，以前有个团团，来了又走了，还有一个大黑子没走，在这儿护院已经4年多了。现在大米有了小奶崽，生命延续，有了烟火气，也就说明考古队的同事在这儿扎下根了。顾万发觉得在双槐树村的7年没有白待，事儿向前干着干着，眼看真的要成了。

顾万发出生在鄂豫边界江淮地区的大别山，这地方对于鄂省来讲是北方，而在中原又把它当作南方，中原文化与荆楚文化的滋养让顾万发天性中多了不少浪漫色彩。1992年高考，对考古一无所知的顾万发，只是听人说考古不错，可以走遍山川大地四处考察，权当拿着相

双槐树遗址考古工作站的大米和小米粒母子（齐岸青 摄）

机去免费旅游，便选择北京大学入了考古系的门。他是不是把考古报为第一志愿，他自己也记不清了，但之前的那些想当然，确实是考古系的老段子。考古不像旅游一样简单，考古算是百科之学，形而下方面要懂陶陶罐罐、百姓生活；形而中方面要研究聚落、组织、社会关系、人的行为、制度、贸易、战争；形而上方面要学习哲学、艺术、美学等。此外还有一个贯穿始终的考古人必备的课程——田野考古。

那时候的顾万发对很多学科都感兴趣，唯独对考古似乎只是学业的要求。他先给自己选择了经济学的双学位，自学高数、多重微积分，去写经济学论文，还一度想转入经济学院就读。他曾拿着自己的两篇论文《经济学为什么不是一门科学？》《经济学中的非平衡理论与非均衡理论》去了林毅夫的办公室，把文章放在他桌上，少年气盛地说："我回去等回音。"后来，林毅夫还真写了回信，欢迎他来读经济学。尽管最终顾万发没有成为经济学院的学生，但那时他还是花了不少时间在经济学院、政治学系、中国经济研究中心等院系听课，对于各类讲座也曾"场场到"。其间他又迷上了万学之学——哲学，在北京大学图书馆泡了两年，大量地阅读，研究各种哲学理论、非平衡理论等。他终于努力把自己培养成了一个很喜欢看书的穷学生，看完书又想藏书，可惜钱囊满足不了书袋子，只好从牙缝里挤伙食费，这还不够，有时候借钱也要买书。

当然，顾万发最喜爱的还是美术，把很多时间用在画画上。他后来在自述里讲到自己画漫画的经历："其实我关注并创作漫画是从大学时代开始的。1992年7月，我作为北京大学考古系的一名新生，在石家庄陆军学院参加为期一年的军政训练，虽然平时24门军政课的学习和军事训练非常繁忙，但在能自我安排的时间里，往往会看一些书画报刊，尤其对漫画很有兴趣，这让我慢慢对幽默、讽刺的语言艺术有了一些刻意的关注。回到北京大学，除了一般专业的学习，我也曾花了不少时间创作漫画。考古学中的对于器物造型的研究，博物馆学中的展陈空间美学、人的心理学等方面都是需要美术常识的，加上学工艺美术出身的马洪藻先生教授我们考古绘图课，使我具备了漫画创作的基础。于是我从1994年开始了漫画和招贴画的创作，其间曾参加过校园的一些设计比赛、专题展览之类的艺术实践活动，也曾在《人民日报》《北京青年报》等报刊上发表了少许漫画。"

大学毕业后，无论是学术课题的研究还是本职工作自然都非常繁忙，不过顾万发还是会找时间创作漫画，在国际著名漫画网和国内的中国新闻漫画网上发表一些与漫画相关的学术评论。这期间他还积极参与了一些国际漫画比赛并有所收获。

考古系学生顾万发揣着艺术家的梦想，发散着哲学和经济学的思维，唯独把考古当作选修课程去度过他大学最初的时光。其他专业课他还可以凭借自己的聪慧过关，但对于田野考古，这个每一个考古工作者都必须掌握的基础课程，是怎样也回避不了的。当时的顾万发心里有个信念，我能毕业就行了，考古不是我的终身目标。顾万发的学习状态惊动了时任北京大学考古系主任的李伯谦。从心里欣赏顾万发的发散型思维和艺术气质的李先生担心他的学业，告诉他作为考古系的学生，需要学习的东西很多，尤其是田野考古，是最基本的基础训练课。考古系有个铁打的传统规矩，田野考古课不及格，毕不了业！别的课不及格还允许补考，田野考古课不行。顾万发没有让老师失望，以优异的成绩毕业了，但他的毕业论文不是关于考古的，而是《博物馆藏品信息表达非对称研究》。当时北京大学有个赛克勒考古与艺术博物馆，展品非常精美，但是很多人觉得看不懂。顾万发当时因为读了一些制度经济学、人文信息学里面关于"非对称问题"的内容，发现别的学科里面也有非对称问题，就把博物馆的个案写成本科论文，对博物馆中公众传播过程中信息不对称的问题进行了跨学科的学习和研究。论文内容偏重社会学科，谈空间色彩、参观路径、展示文字等，又牵扯出经济学与艺术学的话题。

　　毕业时的顾万发，艺术的火焰并没有熄灭，到郑州文化局报到时，他还抱着一线希望，想去艺术处。当时主持人事处工作的是他北京大学的师兄朱军，师兄给他泼了冷水，劝他去郑州市文物考古研究所报到。这一去顾万发就没有再动窝。初入考古的职业队伍，顾万发就跟着李伯谦老师、刘绪老师到当时"夏商周断代工程"的国家项目——新砦遗址参加发掘。在这个"夏启之居、黄台之丘"的遗址上，顾万发一待就是几年，也就是在栉风沐雨的田野考古工地上，他完成了自己对考古学从职业到事业的转变。多年之后，顾万发谈及新砦遗址这个转变的契机，谈到李伯谦老师、刘绪老师，还有当时的合作伙伴赵春青、武家璧时还感慨万千。

　　不过，顾万发对艺术的痴迷和对经济、哲学的研究，反而成就了他未来的考古工作，尤其是他对哲学、物理学及艺术史的研究，帮助他出版了一本名为《大气光象考古学》的专著。在书中他对这门分支学科进行了探索和基础性研究，为创立考古学的一门分支学科提供了可能。事实上，只有传统考古思维是很难做到这些的，唯有跳出考古

第二章 河洛的探寻与追问

的范畴，才能有不同的发现。断了当艺术家念想的顾万发，并没有把对艺术的追求和热爱埋在灰坑里，业余时间他还会创作漫画、出画集、开博客，甚至还去参加全国的漫画大赛，获了很多奖，出版了自己的《一画一世界——1998～2008年国际漫赛作品集》。

当今中国的青年考古学者队伍里，顾万发已经是经常被提及的名字了，当年的艺术青年已成为郑州市文物考古研究院的院长，豫南山水走出的孩子在郑州扎下了根基。

郑州，这个历史上留下过商代王都辉煌的城市，不知是因为辖治变更的缘由还是其他因素，长期处在洛阳与开封两大古都之间，变得从容和沉默，不仅淹没了先秦之前的灿烂，连同近代也变得模糊起来。郑州是一个不断被历史更新故事的城市，有些时候也会被人误读。20世纪50年代，平原省的部分区划合并入河南省，河南省省会由开封迁往郑州，郑州因交通枢纽中心而声名鹊起，一度曾被偏颇地认为只是一座"火车拉来的城市"。郑州在向现代化迈进的过程中，生活在这块土地上的人们反而对自己的历史感到陌生。2004年，郑州因商汤亳都的辉煌历史为世人所知，列入"中国八大古都"，悠久的历史文明渐渐梳理出头绪，重新走进人们的视野。顾万发和他所在的郑州市文物考古研究所恰逢其时，随着商汤亳都为社会所认可，考古的重要发现如雨后春笋般涌出——荥阳大师姑夏代遗址、新郑唐户遗址、荥阳娘娘寨遗址、新密李家沟旧石器到新石器过渡阶段遗址、新郑望京楼遗址、郑州老奶奶庙遗址、郑州东赵遗址等。2003年到2014年，这些遗址连年斩获"全国十大考古新发现"，业内称郑州是"十大发现专业户"。

十多年间，郑州作为国际化中心城市迅速崛起，城区从200多平方公里增长到近700平方公里，高铁、高速公路、郑东新区、航空港区等各种大型建设项目全面铺开，建设前期的文物勘探、田野调查、抢救性发掘让郑州市文物考古研究所马不停蹄。2004年，郑州市文化部门制定了严格的关于文物勘探发掘的管理条例，并推广实施了勘探发掘的程序和工作方法。郑州市政府把文物勘探发掘列入城市建设的行政审批序列，还在全国率先成立了专职的文物执法队伍，郑州的文物执法行政裁量成为国家文物局制定法规的参考模板。这些举措极大改善了城市建设中伤害文物的状况，规范了辖区勘探发掘的乱象，极大推进了考古工作的开展，一时间在国内传为"郑州模式"。2006年，郑州市文物考古研究所又在全国率先转制建院，成为国内考古界一股令人瞩目的力量。顾万发被破格提拔进入郑州市文物考古研究院的领导班子。

中原、嵩山、河洛区域始终是中国考古学界的殿堂，离开对它的认识，或许我们永远无法解读中华民族的文明史。顾万发和他的团队处在这个中心，是他们的荣幸，也是他们面临的挑战。可是，这些年从考古发掘、发现来看，中原地带的文化脉络尽管清晰，但在中华文明起源的黄金节点、黄金阶段上，缺乏具有文明代表性的中心遗址。在地域分布上，河洛地区也一直缺少大型的遗址或者遗址群。这个关键点的模糊，给人们造成"周边灿烂，中原暗淡"的文明洼地印象，一直是郑州乃至全国考古学者心中的遗憾。但郑州的文物考古工作始终有着全局的部署，郑州市文物考古研究院也有一个清晰明确的目标，就是扎稳自己的学术脚跟，重点为先秦之郑州绘制完整的图系。

解决重大的考古问题，顾万发和他的团队有自己的思考，一定要从纵向理清文明渐进发展的脉络。中国早期文明的历史究竟始于何时？判断文明的标准到底是什么？我们引以为傲的五帝时代到底是假想还是真实的存在？夏王朝曾经有过还是臆造？近年，这些疑问无论被社

第二章　河洛的探寻与追问

会怎样热议，顾万发和他的师长、同辈心里始终非常清楚，求得历史的认同必须要让考古发现走出来说话！

郑州地区是文明起源的关键地方，尤其是仰韶文化的重要集聚区域，我们考古的途径如果从仰韶文化的某一个节点出发，向前寻找裴李岗文化，向后探寻龙山文化，乃至商、周的传续，可能会把历史的链条完整建立起来。在重大突破的区域点上，还有一个朴素而坚定的想法，就是对河洛地区的探寻。人类历来依水而居，河湾之处又是最为适合生活的地方，尤其是河洛地区，更是人类文明的滥觞之处。有汭之处必有遗址，没有，便是尚未被发现。

发现的前提还是要真正把脚下这块土地的家底搞清楚。当了院长的顾万发没有坐等天上掉馅饼，无论任务如何繁重，经费如何紧张，

裴李岗遗址出土的石磨盘（郑州市文物考古研究院　供图）

裴李岗遗址出土的石斧（郑州市文物考古研究院供图）

裴李岗遗址出土的石铲（郑州市文物考古研究院　供图）

裴李岗遗址出土的石镰（郑州市文物考古研究院　供图）

第二章 河洛的探寻与追问

他坚持每年确保用近百人的队伍，不被动等待基础建设的开发需要，而是去主动调查、勘探。郑州这些年那么多重要的发现，基本上是按这个路数来的，考古只能靠自己手里的洛阳铲一点一点地干。郑州市文物考古研究院把大河村作为一个坐标，顺着仰韶文化的历史轴线往前寻找，找到的是双洎河与溱河交汇处的新郑裴李岗文化遗址。新郑曾为春秋战国的郑韩故都，史为有熊国之墟，即黄帝故里之地。20世纪50年代初，农民们在裴李岗平整土地时总是挖出形状奇特的石磨盘、石磨棒、石铲、石斧之类的器物。1977年4月，有村民将一块搓衣板模样的大石板扛到了县城，交给了县文管局，就是这块让他们好奇的石板撬动了考古人对裴李岗遗址的开掘。从此，考古界撩开了新石器时代早期遗存的一角，将中国文明首次定焦在8000年前。

8000年前，人类生活的地球上绝大部分地方还处在文明史的前夜，而裴李岗人的农业革命已经开始了，进入了以原始农业、畜禽饲养和手工业生产为主，渔猎业为辅的原始氏族社会。裴李岗遗址现有的出土器物表明，裴李岗人已经用石斧、石铲进行耕作，种植粟类时用石镰收割，用石磨盘加工粟粮。他们在木栅栏里和洞穴中饲养猪、狗、牛、羊、鹿、鸡等牲畜，用鱼镖、骨镞从事渔猎生产。他们建有陶窑，烧制钵、壶、罐、瓮、盆、甑、碗、鼎等器物，甚至烧制了陶制艺术品。裴李岗人已开始定居，在临河岗地搭建茅屋。男人们耕田、打猎、捕鱼，女人们加工粮食、饲养畜禽、起火做饭、制作衣服。他们用刻在龟甲、骨器和石器上符号式的原始文字来记事，还佩戴骨饰和松绿石饰品，吹奏骨笛，建有公共氏族墓地。

裴李岗文化分布范围以新郑为中心，北至太行山，南至大别山，东至豫东，西至豫西。考古学家赵世纲在他的《关于裴李岗文化若干问题的探讨》中说："西亚的新月形地带和中国的嵩山东麓，好像东西并列的两座灯塔，远在八千年前，同时出现于亚洲的两翼，标志着东半球进入了'农业革命'新时代的黎明时期。"

裴李岗人与后来李占扬先生发现的河南灵井许昌人有着渊源。在建筑遗存、埋葬习俗、农业生产，特别是对陶器形制、纹饰方面的考察表明，裴李岗文化与后来的仰韶文化关系更为密切，但裴李岗人的去踪是一个谜团。裴李岗文化究竟是彻底消失于茫茫的历史黑洞中，还是会用它的延续向人类昭示其存在呢？位于黄河中下游的河南西部渑池县的仰韶村似乎告诉了我们这个答案。与中国大多数的乡村一样，仰韶村并没有太多的特别之处，无论是蓝瓦泥墙的房屋还是黄色土丘中的颓窑，都如躺在泥土里静默的青石板一样，并不擅长讲述自己曾经背负的华夏那久远而盛大的过去。

自17世纪以来，欧洲许多的地质学家、古生物学家、探险家像淘金者一样涌入中国，中国的文化遗址既有因此被发现的幸运，也有因此被掠夺的遭遇。1914年，北洋政府农商部地质调查所的丁文江先生建议，聘请瑞典地质学家安特生出任农商部的矿政司顾问。安特生与和他先后来到中国的瑞典地质学家斯文·赫定、法国古生物学家桑志华、加拿大解剖学家步达生、奥地利古生物学家师丹斯基等人一样，为这方具有悠远历史和迷人故事的神奇土地赞叹喝彩。他们热爱东方文化，期待在中国能够取得自己梦寐以求的辉煌考古成就。

1918年，安特生为采集化石来到瑞典在河南的传教点。当时新安县的传教士玛丽亚·佩特松曾帮助安特生寻找河南西部的文化遗址，她在渑池县仰韶村附近发现了一些化石。1920年秋，安特生派助手刘长山去仰韶村考察。同年12月，刘长山回到北京，带回数百件石斧、石刀和其他类型的石器。1921年，安特生再次前往河南，试图确认石器的发现地点。4月18日这天，他从渑池县城徒步来到仰韶村，在村

第二章　河洛的探寻与追问

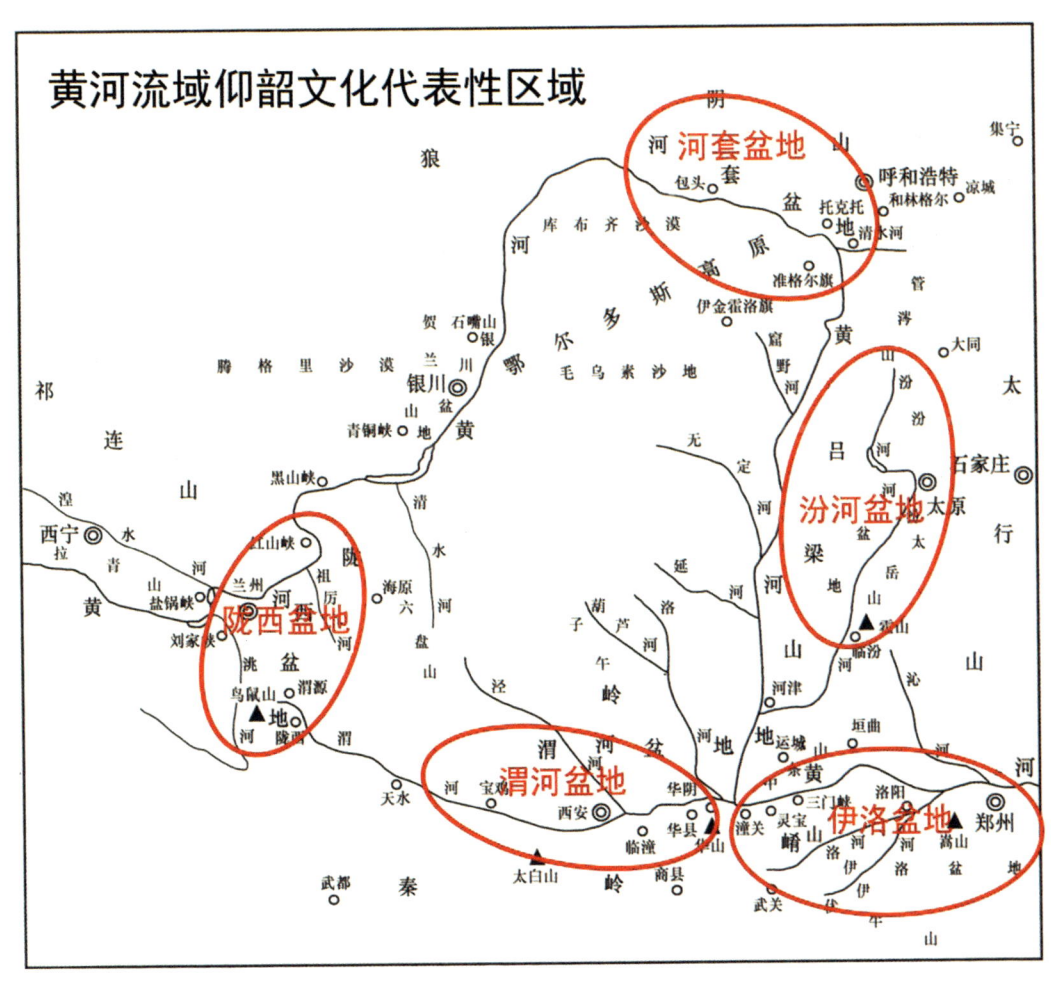

黄河流域仰韶文化代表性区域分布图（郑州市文物考古研究院　供图）

南约1公里的地方，发现了一些被流水冲刷露出地面的陶片和石器的剖面，在夹杂着灰烬和遗物的地层，居然还挖出了令人神往的彩陶片。就是这次对彩陶片的触摸，书写下中国现代考古学的最初字样。

这年秋天，安特生给农商部部长写信，报告仰韶村的发现。鉴于中国没有保护史前遗址和文物的法律，他建议中国政府允许自己购买土地以便保护和发掘该遗址。仰韶村的发掘得到中国地质调查所、河南省政府和渑池县政府的大力支持。从1921年10月27日到12月1日，安特生和地质学家袁复礼、奥地利古生物学家师丹斯基等一道发掘仰韶遗址，他们发现了大量精美的彩陶，而且还在一块陶片上发现了水稻粒的印痕！

这对于中国的考古学史是一个全新的、革命性的发现。中国古代文献了无记录的史前史，由安特生等人证明了它的真实存在。中国考古学之父李济在回顾中国考古学史时曾经说过，是安特生发现了"前所未知的早期中国文化"。这一次的发掘，安特生不但给自己赢得了"仰韶文化之父"的美名，还给中国人带来了考古这个专业概念，中国考古学从仰韶村的发掘开始了纪元。

1951年6月，著名考古学家夏鼐先生带领考古调查团对仰韶村再次进行了调查发掘，在遗址中发掘出土了大批的器具，如用于农耕的斧、铲、凿、锛等，用于狩猎的石镞、弹丸、石饼等，还有用于纺织的线坠、纺轮、骨针、骨锥等，这些发现是中国学者系统认识中国新石器时代文化的开端，实证了中国有着自己富有特色的发达的新石器时代文化，在世界新石器文化中占有重要地位。仰韶文化存在于公元前5000—公元前3000年间，并繁荣于中国北方，成为中华文明在新石器时代文化高峰中的突出代表。从1921年仰韶村遗址的发现到2000年，全国有统计的仰韶文化遗址共计5000余处，分布于陕西、河南、山西、甘肃、

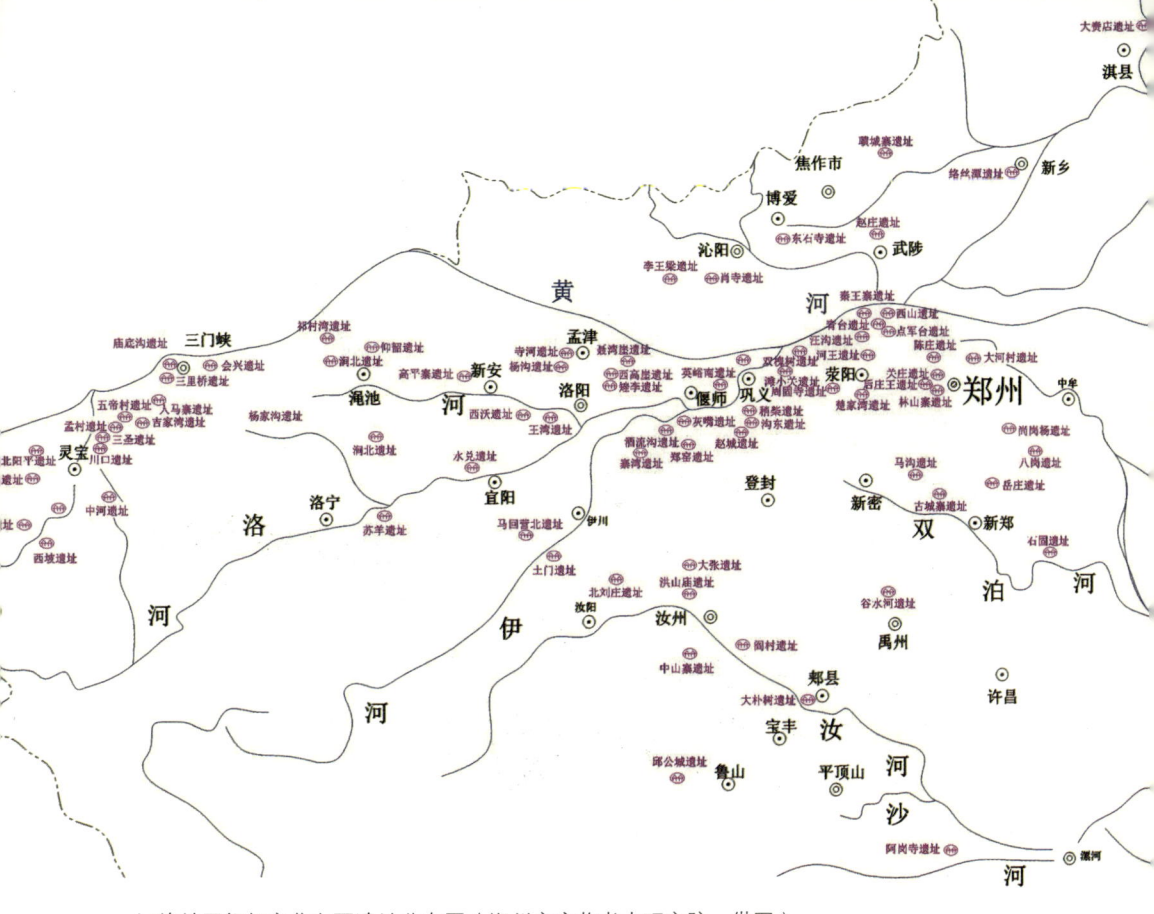

河洛地区仰韶文化主要遗址分布图（郑州市文物考古研究院　供图）

河北、内蒙古、湖北、青海、宁夏9个省区，范围覆盖了中国早期文明的核心地带，影响着后来的中原文化，成为中国文明的主干。

裴李岗文化、仰韶文化是大河文明的璀璨明珠，千年缄默，遗落在河洛之间。顾万发，包括他的前任张松林以及他们的团队，始终把脚跟站牢在河洛腹地和嵩山东部的重要区域。往前探寻，他们在织机洞、老奶奶庙、赵庄、西施等旧石器遗址上探索东亚现代人的起源，在李家沟寻找新、旧石器时代交替的证据，在裴李岗、大河村探究农业文明的滥觞；往后探寻，他们又在古城寨、新砦、东赵、王城岗、二里岗、小双桥、花地嘴、商城等夏、商、周遗址的探索中触摸古国、王国时代的真相。郑州的考古发现与发掘从时间的两端向距今5300年上下的

郑州市文物考古研究院的工作人员在双槐树村捡拾到的陶片（郑州市文物考古研究院　供图）

时段逼近，这是国家文明起源的关键阶段，于是他们触碰到了双槐树遗址。他们加大了对西山、青台、汪沟、点军台、伏羲台等遗址的发掘力度，形成对汭这一区域的挤压，把它们与双槐树遗址区域进行比较，力求形成对关键阶段、关键地区的清晰认识。

2002 年，顾万发领队在花地嘴遗址进行考古发掘工作，和房东闲聊时老是听他说对面双槐树村有好多陶片。那时，花地嘴遗址的考古发掘工作高度紧张，但顾万发特别留心这个信息，不时地跑到双槐树村打探，去村民家中聊天调查。村民告诉他们："这儿一下雨到处都是陶片。"后来碰上个下雨天，工地里不能干活，顾万发就让村民带他到双槐树村去看那些陶片。在村里的一个大水池前，村民指着坑壁让他看。顾万发凑前，果真在这受雨水冲刷的坑壁上找到了不少陶片，还有房基、柱础遗迹和各样的石斧。

这个大水池是当地群众20世纪70年代初为了解决塬上种地灌溉的问题挖的一个东西长80米、南北宽60米、深约6米的蓄水池。发现陶片之后，郑州市文物考古研究院迅速组织对蓄水池进行调查。从蓄水池周壁看，文化层厚2米左右，遗物也比较丰富，蓄水池西北角还暴露出了房基遗迹。多年以后，顾万发在回忆起最初的发现时还在感叹："若不是这样一个大蓄水池，可能就不会引出多年以后'河洛古国'这座城的故事。"双槐树村的这处遗址很特殊，它并不像其他遗址一样，地面有很多陶片或其他迹象，如果没有这个大水池的剖面，单凭地面状况，不会认为它特别重要。但是从最新的发掘情况来看，这个大水池也可能破坏了非常重要的高等级的建筑，这就是任何事物往往都有它的多面性吧。

在调查线索逐渐凸显之时，郑州市文物考古研究院的汪松枝等四位同事扩大了勘探范围。他们用6个月时间将周边转了个遍，发现了面积较大的两条壕沟。短短几年间，他们又在壕沟之内陆续发现了很多"墙体"。直觉告诉他们，这些"墙体"只是冰山一角，底层一定藏有大的东西。可是因为诸多约束，又没有国家文物局的审批，当年他们无法启动对它的剖析，但他们还是继续守护着，力求有一天能够看清整座冰山的真实面目。

在双槐树村的发现证实了郑州市文物考古研究院对洛汭地区的判断，也给顾万发对文明起源黄金阶段的寻找带来了希望，但争取把双槐树遗址列入发掘项目也成为事情的关键。地方性的主动发掘审批非常困难，顾万发把目光投向国家项目的大布局之中。

2014年，在中国、哈萨克斯坦、吉尔吉斯斯坦三国联合申报"丝绸之路：长安—天山廊道的路网"为世界文化遗产的世界遗产大会上，一些国家的官员提出了他们的丝绸比中国的要早。会后，国家文物局

中国社会科学院考古研究所所长陈星灿（郑州嵩林书院　供图）

针对这个问题专门提出要求，要把丝绸起源于中国的确实证据拿出来。在承担这项任务的中国丝绸博物馆馆长赵丰的脑海中，一直萦回着荥阳青台遗址出土的瓮棺葬中的那片丝绸的残痕，它是黄河流域出现丝绸的实证，也被认为是中国发现的最早的丝织品。但是，遗憾的是荥阳青台遗址出土的丝织品没有保留下来。在赵丰心里，位于青台遗址附近的郑州地区再次发现丝绸的可能性最大，于是赵丰找到了顾万发。顾万发感觉双槐树遗址一定也有丝绸的遗迹，应该联合发掘，两人一拍即合。

当时，中国社会科学院考古研究所的陈星灿最早在国内提出"一带一路"沿线大遗址保护的设想，这也给顾万发带来了合作契机。陈星灿是来自河南长葛的考古学家，1985 年毕业于中山大学人类学系考古专业，获历史学学士学位；同年又入中国社会科学院研究生院考古学系，师从安志敏先生学习中国史前考古学，1991年获历史学博士学位。1993—1994年，他在哈佛大学进修期间，有幸聆听张光直先生为研究生和本科生开设的"中国考古学"课程，还参加了由张先生主持的每周五举行的"东亚考古讲座"，更有机会经常到张先生在碧波地埃塞克斯博物馆五楼的办公室请教问题。他在博物馆对面的自助餐厅和很多年轻朋友围坐在张先生的周围，边吃边聊，享受午餐和智慧撞击的快乐。陈星灿回忆说，张先生渊博的学识、宽厚的长者风范、诙谐幽默的天性、循循善诱的谈吐，使他充满了难以抗拒的具有浓重人文色彩的个人魅力。学期结束以后，陈星灿有暇整理自己的思想，并将一些个人关心的问题集中提出来请教张先生。虽然请教的时间断断续续，所问的问题芜杂而没有系统，但是陈星灿事后发现，他们始终都在围绕着一个主题进行，那就是"中国考古向何处去"。后来，经张先生同意，陈星灿把请教的问题以访谈录的形式整理成文并公开发表，成就了考古学界的一段佳话。

"一带一路"沿线省市的大遗址保护工作在陈星灿心中占有非常重要的位置，这是基于他对考古的战略眼光与专业学识的判断。陈星灿与顾万发也算惺惺相惜，陈星灿认为顾万发是勤于学术、勇于探索的学者，尤其善于田野考古、文献研究和将考古学与天文学、图像学等多学科结合展开研究，这一点和陈星灿一直以来坚持的理念不谋而合。"一带一路"倡议提出之后，国家文物局希望从考古层面上有新发现和新突破。那时，一直对双槐树遗址念念不忘、想尽各种办法想要寻找发掘机会的顾万发和陈星灿、赵丰在丝绸这个问题上相遇，"寻找丝绸之源"这个主题与"一带一路"沿线省市的大遗址保护和发展工作恰好相契合。

2013年，为从考古行业上呼应国家"丝绸之路经济带""21世纪海上丝绸之路"这两项重大倡议，经国家文物局批准，郑州市文物考古研究院、中国丝绸博物馆与中国社会科学院考古研究所联合启动了"寻找中国丝绸之源——郑州地区仰韶时代中晚期考古学文化面貌与文明起源问题研究"的课题。相关的考古工作分别被纳入国家重大社科基金项目和科技部"中华文明探源工程"，并随着有关黄河文化遗产保护和传承工作被国家提上日程。双槐树遗址被纳入国家文化遗产保护的重点工程，后来又被纳入国家重大社科基金项目和科技部"中华文明探源工程"。顾万发历尽千辛万苦，为双槐树遗址争得了发掘的重要契机。就此，双槐树遗址真正意义上的大规模考古发掘工作拉开了帷幕。

但是，发掘工作刚进行不久，双槐树遗址所在的巩义市改为省直管县市，体制机制发生了大的变化，文物与考古研究的体系也随之变了。按照新规矩，顾万发他们的考古勘探工作要移交，由河南省文物考古研究院管理。郑州市文物考古研究院在双槐树遗址已建好的工作站面临被撤销的窘况。顾万发心里很清楚，不是别人做不了，而是洛汭地区的考古工作本来就比较薄弱，这个时候移交会带来资料的流失和分散，说不定会因此搁置、中断。不仅是双槐树遗址，连同周邻的点军台、伏羲台、汪沟、青台遗址也会失去坐标。于是他提出来，移交什么都行，但工作站必须保留，继续主导双槐树遗址的勘探工作。他的想法得到河南省内兄弟单位的理解和河南省文物局的支持，双槐树遗址的考古发掘工作得以正常进行。

几年后，巩义市的管理体制又恢复原样，双槐树遗址在往复变化期间没有受到影响，很是万幸。双槐树遗址经国家文物局批准，终于等来了大规模勘探、发掘的机会。郑州市文物考古研究院除了和中国社会科学院考古研究所合作，又不断增加了专业团队，包括有关天文、

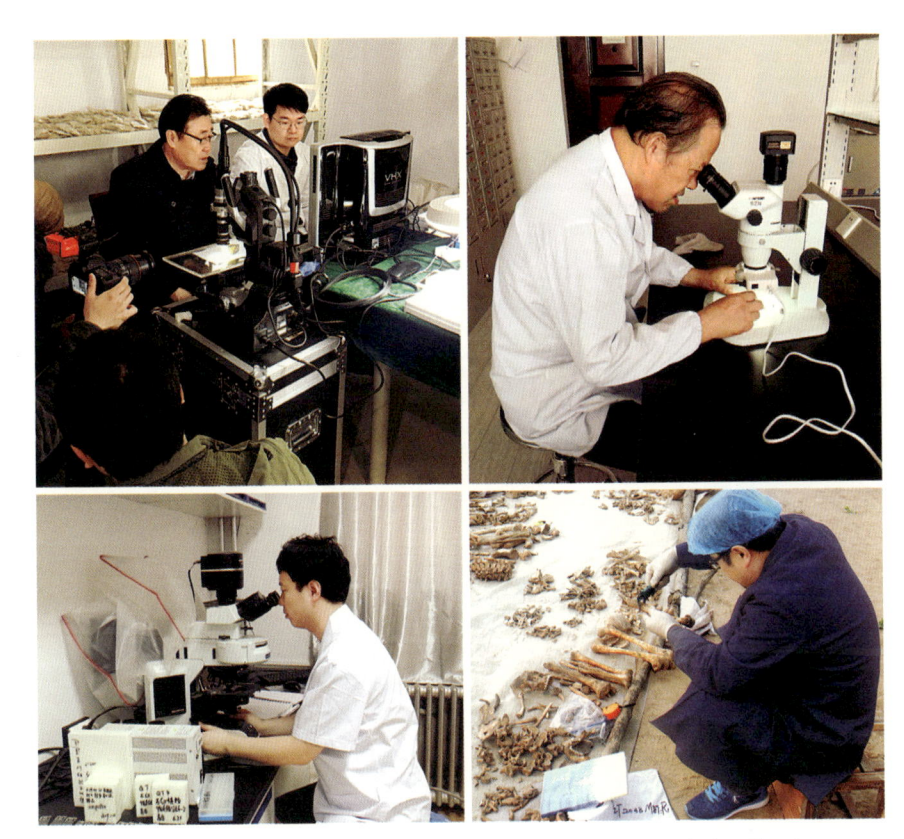

双槐树遗址考古发掘项目中的多学科合作团队（郑州市文物考古研究院　供图）

石器、古建筑、人骨、陶器制作技术、古地震学、古地理学、环境学等近20支队伍，分工也越来越细。所有专业团队相互配合，形成综合作战之势。

简单梳理一下双槐树遗址考古发掘项目合作的科研机构，会发现这是中国多学科考古队伍的一次集体亮相：进行"双槐树遗址动物考古综合研究"的是中国社会科学院考古研究所的吕鹏团队，进行"双槐树遗址年代研究"的是中国社会科学院考古研究所的张雪莲团队，

双槐树遗址远景（郑州嵩林书院 供图）

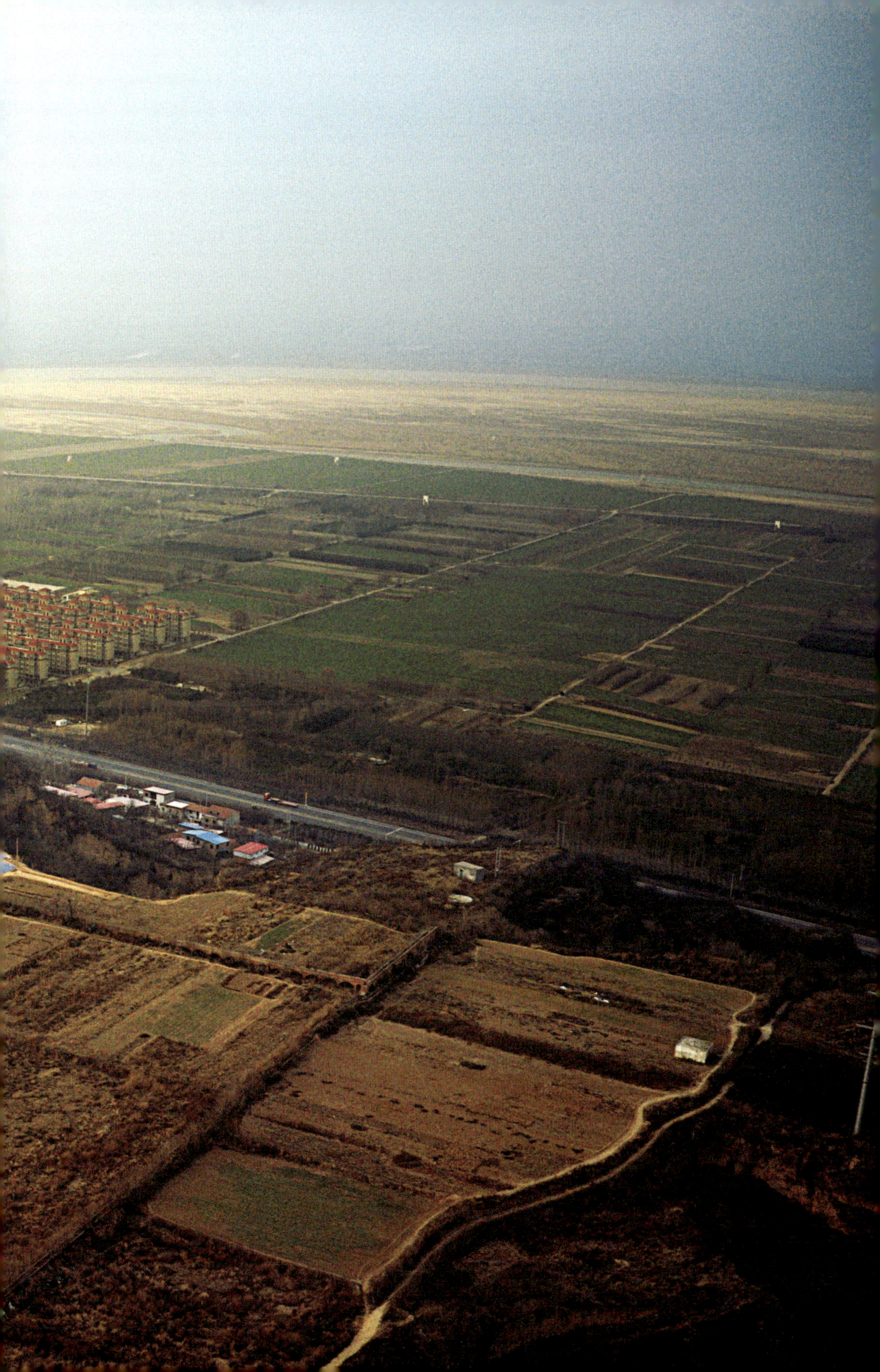

"双槐树遗址人类学学术研究"分别由郑州大学体质人类学实验室、中国社会科学院考古研究所唐自华团队、复旦大学现代人类学教育部重点实验室文少卿团队执行，进行"双槐树遗址天文考古研究"的是北京师范大学历史学院的武家璧团队，"双槐树遗址环境背景与人地关系研究"由北京大学莫多闻团队郑州地区环境考古课题组执行，"双槐树遗址仰韶中晚期石器工业的初步研究"由中国科学院宋国定团队的"郑州地区仰韶文化中晚期的石器工业与社会复杂化"课题组执行，进行"双槐树遗址植物研究"的是中国社会科学院考古研究所的钟华团队，进行"双槐树遗址植物考古综合研究"的是中国科学技术大学的杨玉璋团队，进行"双槐树遗址制陶工艺研究"的是山西大学历史文化学院考古系的王小娟团队……有这样一些队伍的参与，让人有理由相信双槐树遗址更好的未来。

随着双槐树遗址发掘工作的进行，人们逐渐为这个遥远的时代所震惊，而越是有喜悦的发现，越突显双槐树遗址的重要性。2017年8月22日，第一届"中国考古·郑州论坛"在郑州国际会展中心开幕，来自全国40多所高校和文博科研院所的百余位专家齐聚一堂，共同探讨中国早期文明进程中的重大课题。在会议的最后一天，组委会按照会议日程的安排将参会的专家们带到了双槐树村，这是双槐树遗址第一次公开揭开面纱迎客。

从郑州市区出发，经连霍高速、沿黄快速通道，约一个小时即到黄河边的巩义双槐树村。专家们第一次走进双槐树遗址，都为远处尽收眼底的黄河景象和偌大的考古工地所震撼，他们徘徊在工地之上，满怀欣喜和疑惑。其实双槐树遗址在发掘过程中，已经陆续吸引了李伯谦、王巍、赵辉、陈星灿、何努、韩建业、王炜林、栾丰实、靳松安等多位专家的关注，他们也指导顾万发解决了一个又一个的疑问。

双槐树遗址越向大家呈现出全面而真实的面貌，顾万发就越谨慎。他面对前来的同行们依旧内敛，尽量平实客观地讲述发掘的状态。这次开放展示犹如向深潭之中扔了一块石头，在考古圈里激起了涟漪。

发掘有了眉目，顾万发把双槐树遗址的发掘进度和成果材料编成了小册子，去北京送给自己的老师严文明。文明起源核心地区河南的状况，一直是严先生心头的牵挂，现在有了考古重大突破，这位在中国文明起源立论上做出巨大贡献的考古学界泰斗欣喜异常。久病在家的严先生提出来要亲自写下"双槐树遗址"的条幅。他把自己关在书房里，交代家人不许打扰。顾万发在厅堂中等了许久，严先生才把房门打开。地上丢了很多小纸团，桌子上只剩下两张字纸，顾万发选了一张，

严文明先生

严先生把落选的那张直接撕掉扔了。严先生一直交代顾万发，这个发现很重要，中原地区好久没有这样的重要发现了。如果发掘出来宫殿，怎么着也要通知他，他要去现场看看。这对师友的双槐树之约，终因严先生的身体状况，至今还未成行，这也成了顾万发的一个心结。

得益于诸多考古学者的关注，一个河洛区域的重要遗址面目渐渐清晰起来。但对于有关双槐树遗址的消息的传播，顾万发有自己的处理方式，这几乎也是所有考古人的习性："不确切，不妄语。有实证，由人评。"所以，几年来，双槐树遗址就像养在深闺绣楼中的小姐，

很少让世人看到芳容。真正打破沉默规则、让顾万发感到不得不语的契机是，2018年，"中华文明探源工程"阶段性成果发布在即，报告材料里有关文明起源的遗迹星光璀璨，但独独河南缺失，一片空白，让人不禁怅然。顾万发和许多人一样，丝毫不是地域主义者，更不会因其他地域的辉煌而哀叹。但人们都知道，探索中华文明的起源，河南是个无法绕开的地方，很多东西是从这里打破了混沌，无数历史是从这里出发才开始了血脉的传续。老家河南，不仅是一个旅游招牌，也是世人对河南历史的赞叹和对现实存在的认同。

中国人的根魂之地一个也不能少！

发布会的前夜，顾万发赶到北京，把双槐树遗址的初步资料送到了"中华文明探源工程"首席科学家王巍的手里……

第三章
文明起源的感悟与思考

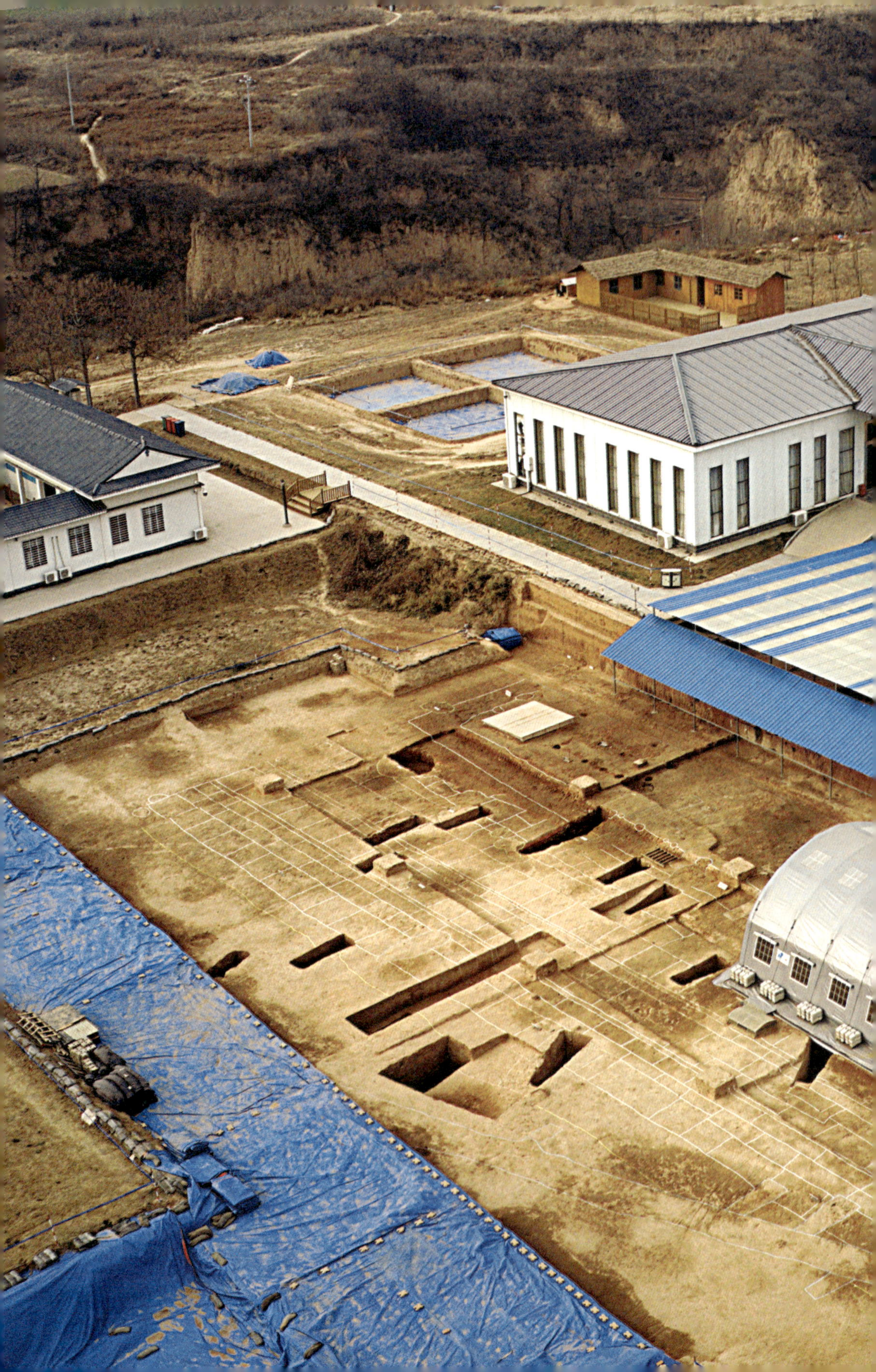

第三章　文明起源的感悟与思考

夜已至深，王巍风尘仆仆地从江西回到北京家中，稍事停歇便又打开电脑开始工作。妻子默默地给他准备明天一早飞呼伦贝尔的行装。家里已经习惯这样的生活状态，有时候妻子甚至会拉着行李箱赶到机场去与王巍匆匆交换箱子，王巍也早已适应了如此的工作节奏。从中国社会科学院考古研究所所长卸任下来，原本应该无官一身轻的王巍变得更加忙碌，除了履行全国人大代表的职责，身为中国考古学会的理事长，他还要处理繁杂的会务工作，各地的教育机构、考古单位也都纷纷向他抛出橄榄枝。

"中华文明探源工程"第四阶段结项发布会的前夜，王巍看到了顾万发送来的关于双槐树遗址的报告。这个时候的王巍对双槐树遗址已不陌生，他的足迹已经多次踏入那个考古工地，但第一次看到这样系统的报告，还是颇觉新异。"中华文明探源工程"历时近15年，良渚、陶寺、凌家滩、石峁等无数给国人带来骄傲的文明遗址，描绘了中华民族五千年文明的斑斓画卷。作为探源工程的负责人，王巍和赵辉及他们的团队感到无比欣慰，但欣慰之余又有深深的遗憾。长江流域的早期文明在辉煌灿烂之后骤然消失，这里没有找到有关王国、帝国时代的直接例证，而王国、帝国时代繁盛的中原地区却在古国时代显得有些不合时宜的内敛，缺乏宏大的文明遗迹。

2004年，王巍在领衔"中华文明探源工程"之初，始终没有把目光移开过中原地域，因为他内心清晰地意识到，五千年文明肇始之时的辉煌，在这里一定曾有它的精彩存在。可目前第四阶段的成果即将

黄河

发布，偏偏在中华文明发展的重要时期——公元前3500—公元前2500年间，偏偏在文明起源的核心腹地——中原地区，最关键的考古材料出乎意料地缺失。王巍知道，讲不清楚中原，其实便讲不明白中国，现在有关双槐树遗址的报告无疑给了他信心。第二天的发布会上，王巍额外讲到了双槐树遗址，预言了它不久后的突破，这是第一次在全国公众场合披露双槐树遗址的信息。

或许是因为学界大都沉浸在"中华文明探源工程"成果的喜悦之中，或许是因为双槐树遗址并没有披露完整的信息，这次公布没有获得预期的反响。在这以后，王巍又付出了更多努力，坚持把双槐树遗址列入下一阶段的工程之中，呼吁批准对双槐树遗址进行更大规模的发掘。他又多次前往双槐树遗址现场考察，完善新的发现。闲下来时他还提笔给当时河南省委、省政府的主要领导写信，希望他们关注中原文明起源与发展进程的课题，尤其是注意双槐树遗址中的文明迹象。王巍的这种执拗贯穿于他人生经历中的每一个转折点，他从来都是相信自己的选择，并在实践中矢志不移地坚持。

王巍生在长春，冰天雪地环境下的孩子自小就会把内心的孤傲隐藏进谦和的身躯，也许是那片辽阔的大平原给了他生就的宽广，而他又继承了父亲山东人的豁达和母亲大连海滨人的优雅。身为知识分子的父母言传身教给他两个生活的准则：一是正直诚实，绝不欺骗；二是懂得感恩，不辜负生活。所以，善良、坚韧、宽厚的王巍面对人生中的困窘从来不会认输。

出生于20世纪50年代的王巍没有回避时代给予他的特殊印记。1969年，他来到吉林农安县插队。一个充满浪漫情怀的少年，突然独自面对苍凉的黑土地时，来不及思考是应该歌唱还是惆怅。王巍在回忆插队生活时说："我5岁就上了小学，尽管个儿长得比较高，但插队时还不到 16 岁，比同学的年龄都小。我们当时是五男三女集体户，我也跟大家一样被当一个壮劳力用。那时候农安是一个很荒凉的地方。冬天，零下二三十摄氏度的冰天雪地里，我们要到湖里去刨湖底的冻土，然后运到农田里，等来年化了，拿它去改良土壤。我尽管个子大，但毕竟年岁不到，干不过大家，总是落在后面。我自己不服弱，就在半夜悄悄扛着铁锹去加班挖冻土，还揣摩技巧，后来还真的超过别人了。插队整整两年，大概所有的农活我都干过。印象最深刻的就是在粮仓里扛粮、送粮。100 多斤的粮袋子，开着口，你要抓着一角让它立在你的肩膀上，走上三四米高的粮囤子的跳板，非常吃力。现在想想，很后怕，万一腰稍微一松劲，摔下来后果就不堪设想。可从这活儿里我也悟了一个道理，人啊，干什么都要咬牙，得有那么一股劲儿。那时候，一年里总有几个月断粮，只能吃土豆窝窝和昔年谷。冬天冰天雪地的，去地里找土豆，土豆冻得跟冰疙瘩似的。后来我大概有 20 多年，一看到土豆胃里就泛酸水。不过农村这两年对我是一个全面的锻炼，让我体会了劳动的艰辛，培养了一种坚韧的毅力。"

今天，知青这个符号几乎成为王巍他们这一代人的一个特征，尽管经历过知青生活的人都不大可能希望这样的日子重现，但经历过的很多人又会感谢生活的另眼相看，他们就是从那一刻走出自己的幼稚和荒唐，成长起来，成为社会的中坚力量。当年的王巍就这样一锹锹把自己弄成队里最强壮、十八般农活儿都会的劳力。两年后王巍手中的铁锹换成了锅炉修造厂的扳钳，他回到了城市，成为令人羡慕的钳工。

至今，王巍对工厂的生活依然有着很深的记忆："不能回避，应该说那个时候的知青都渴望回到城里。我后来不仅回了城，还进了工厂，分了个万能工种——钳工，那是很幸运的。钳工是个对技术要求非常高的工种，所以我遇到了一个最大的问题——知识的缺乏。我初中只上了一年就下乡了，数理化学得非常少。钳工'放样'必备的平面几何知识，我都没有学过。我碰上一个要求很严的师傅，见我跟不上，就说'你是不是得改工种啊'。这事儿闹得我心里很苦恼，但我坚持说不改。于是，我跟着我上初二的妹妹学平面几何。那时候有一个各级技工应知应会，我从一级工一直练到八级工，应知应会全都能做到，后来还成了厂里的优秀技术革新能手。说实话，后来我考大学，数学拿了35分，也得益于这段时间的自学。"

王巍的母亲是一个具有极高音乐修养的知识女性，她典雅的气质给儿女们带来了深刻的影响，她对音乐的喜爱和天赋，差点引导王巍走向人生的另一个途径。王巍因为快乐的天性和高亢的歌喉，成为厂里的宣传积极分子。从开始参加文娱活动到后来去组织活动，他的才能被发现，先后担任了工厂和区里的工会主席。后来他又被调出工厂，当上长春市街道办事处里最年轻的副书记，如果不是后来的高考，今天的长春市或者吉林省也许又多了一个优秀的政工干部。

生活没有那么多也许，王巍和他同时代的人，在最初面对人生时，不像今天的年轻人有那么多的选择。20世纪50年代的人，在面对苦难和困境时，不会萎靡，只会接受现实并去改变结果。王巍就是这样走出了自己人生的最初阶段。1978年，王巍赶上了改革岁月令人难忘的第一次高考，走进了吉林大学的大门，学习考古专业。在那里，他遇到了人生的重要导师——张忠培先生。我们现在已经无法太多地去描述张忠培先生创办吉林大学考古专业的场景，这位走在时代前列的孤独者已经离我们远去，但这个中国里程碑式的考古学家始终影响着王巍，让他把脚印永远镌刻在了考古的田野上。谈及大学生活，谈及恩师，王巍至今依然充满深情："吉林大学的考古专业，是苏秉琦先生特别得意的弟子——张忠培先生开创的。张忠培和林沄两位先生是吉林大学的台柱子。能够成为张先生的学生，说实话是我人生的幸运。张先生算是我们的'开手师傅'，我人生的第一次考古专业课就是张忠培先生的'中国新石器时代考古'。先生为人刚正不阿，具有独立思考的能力和习惯。他的事业心和教学能力都非常强，对学生要求很严。

"我们刚进入学校时，张先生的'中国新石器时代考古'课，一下子就把我们带入了一个非常有趣的世界。他的讲义都是自己写的，没有教材，学习的要点全凭我们记笔记。先生了解这一点，讲课时尽量放慢语速。我那时养成了速记的习惯和能力，笔记上又用不同的笔标注重点，所以后来我的笔记成了我们班同学补正的标本。先生的湖南长沙口音非常重，开始我们经常听不懂。有一次，他讲一个词，'肚子洞''肚子洞'讲了五六遍，我们瞪大了眼睛，谁也听不懂，后来他在黑板上写下'柱子洞'三个字，我们才恍然大悟。这样的小细节其实也活跃了课堂的气氛。

"张先生教学有一个很大的特点，就是要求学生多思多问，要善于提问题，不仅是在课堂上，有时候他会到宿舍，要求我们每个人提问题。他常说，从你的提问能够看出你理解的程度，善于提问题才能善于思考，道理只有经过辩才会明。他常给我们设置问题并组织讨论。比如说，他问我们陶器表面的纹饰开始时是为了美观还是为了实用，我们激烈争论，争论中解决了许多考古的难点。当然，张先生最看重的还是田野考古，他始终强调，学考古首要的就是要把田野考古学好、做好，田野考古就像科学的实验室，你连实验室里的实验都做不好，后面的一切根本就不可能实现。

"1979年，张先生带着我们几个弟子到河北蔚县做考古调查。那时候蔚县非常穷，我们一天的伙食费也就两三毛钱。同学两人一组，每人背着10斤挂面和固体酱油，住到哪里就借个锅煮挂面，然后就着

第三章 文明起源的感悟与思考

正在翻阅文献的王巍（王巍 供图）

酱油吃。当时，张先生手把手教我们发掘、调查的方法，这样的教诲让我终身受益。"

大学毕业时，夏鼐先生和国家文物局都向张忠培先生要人，作为班长的王巍自然是首推人选。当时王巍面临两个职业选择：一个是去国家文物局，一个是去中国社会科学院考古研究所。张先生对他说："做官容易，也好找；做考古人不容易，我以为你的去处应该是考古现场。"王巍没有犹豫，依照导师的意见，到了中国社会科学院考古研究所报到。

王巍说："在人生职业选择的关键时候，张先生给我指了路。我被分到夏商周考古研究室，第一个任务就是到北京郊区发掘西周燕国墓地，一挖就是五年。当时考古研究所的所长王仲殊先生是日本考古学研究的大家，主要研究中日古代文化交流。也许是机缘巧合，因为母亲生活在大连，我从小学的就是日语，在吉林大学学的外语也是日语，还兼修过一些日本考古学。王仲殊先生发现了我的日语能力，开始指导我学汉代考古，又引导我慢慢接触日本考古。后来我读了王仲殊先生的研究生，1987年被派往奈良留学。"

王巍在日本除了学习研究专业课，也参加了日本的考古发掘。1990年，他从日本留学回来，面临两种学术选择：一个是东亚考古，一个是夏商周考古。他再次拜访了当时深居书斋的张忠培先生，张先生只说了几个字："你不要放弃主战场。"王巍深悟了老师具有远见的点拨，又回到了夏商周考古研究室，依旧把自己的所学放在了中国考古的大方向上。在王巍的职业生涯里，他始终没有离开考古和田野考古发掘——北京房山琉璃河西周燕国城址和墓地、河南偃师商城遗址、陕西周原西周宫殿基址、河南安阳殷墟、二里头遗址，王巍是迄今为止唯一一个三次获得田野考古奖的中国考古学家。1995年1月，他以《从中国看邪马台国和倭政权》一文获得日本九州大学文学（人文）博士学位。1995年4月至1996年3月，他再次赴日本早稻田大学文学部做访问学者，撰写了第二篇博士学位论文《东亚地区古代铁器和冶铁术的传播与交流》。1996年7月，他获得中国社会科学院研究生院历史学博士学位，成为中国第一个获得中日两国博士学位的考古学家。

在日本的四年，王巍成为改革开放之后中国考古学国际化的最早亲历者，日本考古学家的学术普及工作、考古学中的自然科学技术应用、文化遗产的保护精神都给了王巍深刻的影响。1998年夏，王巍出任考古研究所副所长。2000年，他就中国考古学发展方向撰写文章，提出考古的科学化、国际化、大众化。2006年，他出任考古研究所所长，2008年建立了中国社会科学院的公共考古中心、考古加速器测年实验室、DNA实验室，把自然科学技术与考古发掘广泛结合。同时，他还加强了国际化交流与合作发掘，考古研究所先后与美国、日本、德国、意大利、澳大利亚、埃及、秘鲁等三十余个国家的顶级机构建立了稳

第三章 文明起源的感悟与思考

定的学术联系。

王巍没有在"夏商周断代工程"的核心专家组内，但他以往的考古专业领域基本在夏、商、周时期，工程所涉及的几个都邑遗址都是考古研究所发掘的，在为工程进行各个王朝年代研究、科学测年及提供标本时，他也是深度的参与者。"夏商周断代工程"在李学勤、李伯谦等先生的领导下，在考古学界开创了一个多学科结合研究人文科学重大问题的先例，为早期中国文明的研究奠定了科学的基础。

王巍认为："文明的起源、形成和发展，是世界性的课题，历来为国际学术界所关注。中国是世界四大文明古国之一，又是其中唯一未曾中断、延续至今的文明古国。中华文明的起源、形成和发展在世界文明研究中占有重要地位。但是关于中华文明的一些重要问题，中国学术界还缺乏系统的综合研究，还没有一个较为系统的为多数人所接受的认识。"

国人对文明起源的研究可以追溯到20世纪二三十年代。王巍说："民国时期，中国考古界的第一代老先生就开始通过考古和历史的双重证据法来研究古代社会，对于文明起源有所设计。比如黄帝、炎帝的问题，疑古派认为不可信、有争论，但是那个时候因为考古资料缺乏，基本还是按照文献来判断。

"真正的文明起源研究在中国应该是始于1978年。那一年，夏鼐先生在日本发表了六次讲演，后来他的讲演稿被整理成有关中华文明起源的著作在国内发表，拉开了中华文明起源研究的序幕。然后，苏秉琦先生根据一系列考古发现产生了一些成系统的思考，提出了古国、方国（王国）、帝国等一系列理论。中华文明起源研究在20世纪八九十年代繁荣起来，当时的研究主要靠的还是三要素——文字、城市、青铜器，基本上是将考古发现以对号入座的方式来探讨文明起源问题，当时也取得了一些进展。90年代前半段的研究基本都是个人单枪匹马式的,尤其是学科,都是单学科。考古就是考古,故事传说就是故事传说。在考古上强调学科的有机融合,'夏商周断代工程'是开创者。"

王巍在回顾"中华文明探源工程"的起因时说:"应该说,在'夏商周断代工程'开始之前,当时主管科技的国务委员宋健实际上就希望搞中华文明起源的研究,后来跟学者们商量,还是决定先搞一个类似埃及年表的东西。'夏商周断代工程'先做了准确的纪年,后来出现分歧意见,但是大家都觉得无论如何,这个工程对研究的促进作用是显而易见的。最重要的就是做到了多学科结合,以前互不往来的一些学科,什么天文学、古文字学、环境科学、考古测量等,由于有这么一个工程,势必要在一块儿来琢磨、来研讨。当时有几个首席专家,李学勤先生是历史学家、古文字学家,李伯谦先生是考古学家,仇士华先生是测年专家,席泽宗先生是科技史专家,所以这个组合也确实是很好的。大家都觉得就这么结束了比较可惜,所以都呼吁接着来做。"

2000年,王巍在《文物报》《光明日报》上发表文章,就关于开展中华文明探源研究提出了一些设想。他建议设置一些课题,然后多学科地进行研究。科技部的相关专家看到这篇文章之后,认为可行,有可能把它作为一个工程来立项。但是,他们也比较谨慎,因为这个跟其他研究完全不一样,涉及的面相当广泛,所以倡议先搞一个预备性研究,待正式的研究工程启动后,由李伯谦先生领衔。预备性研究设置了很多课题,包括天文、故事传说的文献整理、礼制、文字、环境、商业、社会,当然也包括测年。预备性研究做了两年,在经费并不那么充裕的情况下,各个学科都非常努力,最终形成了一个阶段性的成果。

2004年,"中华文明探源工程"正式启动,这是继"夏商周断代工程"之后,又一项由国家支持的多学科结合的研究中国古代历史与文化的重大科研项目，旨在揭示中华民族5000多年文明的起源与早期发展的历程。当时因为李伯谦先生还要完成"夏商周断代工程"报告结尾的工作，工作量非常大，因此中国社会科学院考古研究所和北京大学考古文博学院作为第一、第二执行单位，由王巍和赵辉领衔"中华文明探源工程"的综合研究工作。主持"中华文明探源工程"是王巍工作生涯的另一个转折点。

"中华文明探源工程"是由国家行政力量支持、专家领衔的系统学术项目，关于它的价值和意义，我们也许需要再过些时间才能看得更为清楚。对于经过岁月无数次淬火的王巍这一代人来讲，以敬畏之心、务实之力立本，以科学整合的方式践行是一切的前提。王巍说："探源工程是默默在做事，定的目标宏大但是也具体，我们讲中华民族的文明史有五千年，究竟是不是五千年？各地区文明进程的不同状态是怎么回事？怎样融合形成了以中原地区为中心的早期文明？文明起源形成为什么会经历这样的过程？原来讲五千年文明都是我们的号称，我们需要有实证。以前我们觉得中华文明史起码是从夏王朝家天下开始算起的，但1987年到日本留学，在日本看到的书中都在说中华文明是从殷墟开始的，五千年根本就没有人提及，我非常意外，当然他们就是强调文字、冶金术和城市这三条标准，按照这些标准，我们四千年前的发展都有很大的差距。可以说这对我是一个很大的刺激，也是从那时起我开始有了研究文明史的想法。这个研究只有靠中国的学者，而且主要是靠考古学者才能成功，探源工程的启动是解决这些问题的重大机遇。"

实证五千年文明的目标定了之后，就像钳工做个工件先给活儿放个小样，王巍、赵辉他们首先面临的是一个文明标准的问题，就是你要用什么尺度开展学术活动。王巍讲："通过梳理发现，以往讲的文明三要素，实际上是从古埃及和两河流域的文明中概括出来的，不应该是放之四海而皆准的。比如说玛雅文明，它就没有冶金术，然后印度文明里的文字实际上只是在记账时使用的，它并没在日常生活中发挥作用。既然三要素不是颠扑不破的真理，我们就要找出既符合学术普遍价值又符合中国历史存在的要素来。通过中国的考古发现，兼顾其他文明，我们抽离出一些更具有普遍性的文明标志，概括出了几个方面的判断标准。

"文明是人类文化和社会发展的崭新阶段。这一阶段的特征是：物质资料生产不断发展，精神生活不断丰富，社会分工和阶层分化加剧，由社会分工和阶层分化发展成为不同阶级，出现强制性的公共权力——国家。文明是在国家管理下创造出的物质的、精神的和制度方面的发明创造的总和。物质文明是生产力发展水平的体现，包括文明赖以存在的物质资料的生产及科学技术发展状况，主要是指农业、畜牧业、手工业生产技术的发展和自然科学知识的进步，在一定程度上反映出人们认识和改造物质世界的能力。精神文明是文明社会的观念和意识形态，包括人们对世界的认识和理解，主要表现为宗教信仰、意识形态、伦理道德及文化艺术方面所取得的成就。制度文明是文明社会的组织形式，包括国家政体、社会的权力结构、管理系统、政治制度等这些东西，国家的出现是进入文明社会的最根本标志。

"文明的形成在考古学上可以找到表征。在考古发掘实践中辨识文明时，我们又概括出了几个方面的实际辨识标准：比如说社会分化，它首先表现出生产发展，然后是人口增加，这是个基础。在这个基础上农业发展了，手工业也有了专业化。只有专业化了，它才能够生产出精美宏大的东西。专业化导致脱离劳动的管理阶层的出现，从此就有了社会贫富贵贱的分化，产生了阶层。在考古上的证据就是大型遗址的发现，出现了需要组织大量劳动力修建的大型公共工程，例如大型都邑和防止水患的大型水利设施，都邑中出现权贵阶层居住的高等级的建筑区——宫殿。这些规模大、等级高、与众不同的精致房子是那些处在社会顶尖的人居住使用的。

"当然很重要的还有不同等级、规模的墓葬，出现了表明等级身份的墓，尤其是规模超群且有大量随葬物品能够表明墓主人身份的大墓。这些随葬物品我们叫'礼器'，它可能是玉器、斧钺，或者是陶器。贵重资源的获取、占有、使用为王权所控制，战争和暴力成为社会的常态，还形成了比较稳定的控制区域。

"我们列举了文明的八个特征，这些特征放在世界范围内也是基本吻合的，比如手工业的专业化，在西亚是冶金术，在我们这边是陶器技术的高度发展。我们依照考古发现，把欧亚大陆划成东方、西方和北方三大早期文化圈，那么早期中国就是早期东方文化圈的核心。在长达数千年的起源和形成过程中，文化上的早期中国，逐渐沉淀出有别于世界上其他文明的特征，我认为至少可以归纳出以下四个方面：一是以农为本，稳定内敛；二是敬天法祖，有整体性思维；三是形成了有主体、有中心的多元一体的文化结构；四是跌宕起伏的文化连续发展进程。这些文化特征对此后中国文明的连续发展，产生了极为深远的影响。"

在指导方法上，王巍也有自己的心得："在做探源工程时，我们坚持一个理念，就是以马克思主义为指导。马克思主义很大程度上不是政治的，而是研究世界的世界观、方法论。比如说唯物主义与辩证的观点，当你研究一个区域的文明，它的内部原因、外部原因，相互之间的联系、发展和变化，从量变到质变，很多方面都可以用它来解释。探源工程开展之初，我们出了一个图文并茂、比较通俗的内部报告。

王巍与专家们一起接受媒体采访（王巍　供图）

中国社会科学院院长王伟光看了后说很好，你们这个探源工程是按照马克思主义的观点做的，它是哲学的。"

探源工程的目标、标准、指导方法相对清晰之后，专家学术队伍对工作的课题、内容、区域范围进行了全面的筹划。王巍回忆说："我们当时启动了几大课题，一个是测年，一个是环境，一个是农业、手工业，一个是都邑或者说是遗址所反映的社会结构，还有一个综合的课题。探源工程几乎涉及所有自然科学的学科——物理学、化学、医学、天文学、生物学、地质学等。以往单纯依赖考古发掘无法完成的课题，现在都可以在自然科学的这些学科的帮助下完成。比如我们研究过去的人类生活，人们吃什么，不同地方的人吃的是不同的，同一个地方，不同等级的人的饮食结构也不同。比较富的人，他的蛋白质摄入量就比一般农民的摄入量高。还有这个人是原住居民还是迁徙过来的，可以通过同位素及牙龈里的紫铜灰判断这个人饮水的地点从而找出答案。如果一直生活在一个地方，那是一个样子；如果后来迁徙了，那也能看得出来。我们研究都邑，也要研究中小型遗址和都邑之间的关系，研究都邑阶层的关系，总之是从政治经济、社会环境、生态环境、精神物质等多角度尽可能全面地复原社会面貌。我们会把研究放在一个更宏大的背景之中，比如说，像良渚那样盛极一时的文明，为什么会衰落了？比如说，它和各个文明、各个区域文明之间的交流，是不是有一个比较稳定的交流网络？否则为什么会出现这样一些共同的趋势？比如说，龙的出现，中原西水坡的龙和红山的玉龙，相距几千公里，为什么有极大的相似性？这让我们相信它们存在着联系。

"探源工程多学科、多角度、多层次、全方位的学术融合，得到了大家的认可，我们就设置了一个执行专家组，把各个课题的负责人都吸收成执行专家。我和这些执行专家组的组长共同研究，比如说一些重点遗址，都是各个课题组一起去，而且研究结果、技术路线大家都共同商量。应该说执行专家组的方式极大地促进了研究的有机结合。不过，多学科结合是探源工程最大的特点也是我们面临的最大的难点。人员来自不同的系统，有着不同的学科背景，把他们捏合在一块儿非常不容易。坦率地说，每个学科的人都觉得自己这个学科最厉害。还有以谁为主的问题，探源工程当然以考古为主，我们需要自然科学的手段，但并不是只要自然科学一上，问题就能迎刃而解，它只是提供了更多的资料和信息，最后还要经过考古学家、历史学家的分析，毕竟它研究的还是历史问题。我和赵辉都是搞考古的，我们就定下以考古为基础的方针，其他学科的资料、标本、数据都要经过采信。用我

王巍汇报"中华文明探源工程"的主要成果（王巍 供图）

的话说，这叫来料加工式的多学科有机结合。从我和赵辉做起，渐渐地弥合矛盾，每一个参与的学者都有种使命感，也取得了前所未有的成果。"

"中华文明探源工程"以考古学为基础，多学科联合攻关，在充分吸取前人研究成果的基础上，对中华文明起源与早期发展进行多角度、多层次、全方位的综合研究和科学论证，充分揭示了早期中华文明的丰富内涵和辉煌成就，回答了中华文明形成的时间、地域、过程、原因和机制等基本问题。在此基础上，考古学家扩展视野，探讨中华文明与周边地区文明化进程的互动，通过与世界其他古代文明的比较研究，总结早期中华文明的特点及在人类文明发展史上的地位，进而对人类文明的研究和人类社会发展进程做出中国学者应有的贡献。

2001—2003年的"中华文明探源工程"的预研究阶段，是以公元前2500—公元前1600年的中原地区为工作时空范围的，设置了"古史传说和有关夏商时期的文献研究""上古时期的礼制研究""考古学文化谱系研究年代测定""聚落形态所反映的社会结构""古环境研究""早期金属冶铸技术研究""文字与刻符研究""上古天象与历法研究""中外古代文明起源的比较研究"九个课题，共有中国社会科学院考古研究所和历史研究所、北京大学考古文博学院等单位的数十位学者参加。

2004年夏，预研究阶段结束后，以"公元前2500—公元前1500年中原地区文明形态研究"为主题的"中华文明探源工程"第一阶段开始。2006—2008年，"中华文明探源工程"第二阶段继续开展中华文明起源研究，在研究的时间和空间范围上都有很大扩展。研究的年代上限延伸到公元前3500年，空间范围由中原地区扩展到文明化起步较早、资料丰富的黄河上中下游和长江中下游及西辽河流域。2011—2015年，以"中华文明探源工程及其相关文物保护技术研究"为主题的第三阶段启动，重点围绕中华文明起源与早期发展综合研究、"中华文明探源工程"中现代科学技术应用与支撑研究、文物保护与展示关键技术研究开展工作。第三阶段不仅在地域上扩大了范围，对众多遗址开展的大规模考古研究，学科上也予以丰富拓展。2016年结项之后，这项工作打破了十多年来的低调，于2018年5月28日在国务院举行新闻发布会，向全世界发布项目成果。

"中华文明探源工程"自2001年被正式提出，其间通过对浙江良渚、山西陶寺、陕西石峁等众多遗址开展大规模考古发掘，以丰富的考古资料实证了中华大地五千年文明。

国家文物局副局长关强讲："探源工程的研究团队认为，距今

5800年前后，黄河、长江中下游及西辽河等区域出现了文明起源迹象；距今5300年前后，中华大地各地区陆续进入了文明阶段；距今3800年前后，中原地区形成了更为成熟的文明形态，并向四方辐射文化影响力，成为中华文明总进程的核心与引领者。

"'中华文明探源工程'取得的另一项重大成果，是对中华文明多元一体格局的形成有了总体认识，并实证了中华文明'多元一体、兼容并蓄、绵延不断'的总体特征。研究表明，多元一体文化现象背后的各地方社会，在其文明起源和早期发展阶段，在各自的环境基础、经济内容、社会运作机制及宗教信仰和社会意识等方面，也存在各种各样的差别，呈现出多元的格局，并在长期交流互动中相互促进、取长补短、兼收并蓄，最终融会凝聚出以二里头文化为代表的文明核心，开启了夏、商、周三代文明，中华文明的起源和早期发展是一个多元一体的过程。"

中国人民大学历史学院考古文博系教授韩建业曾说："文化上早期中国的萌芽和中国文明的起源，可以追溯到8000多年以前。距今6000年左右，由于中原核心区的强烈扩张影响，文化上的早期中国正式形成。距今5000年左右，不少地区已经站在或者迈入了文明社会的门槛，进入早期中国的古国时代。距今4000年左右的黄河流域，尤其是黄河中游地区实力大增，长江中下游地区全面步入低潮。距今3800年以后，以中原为中心，兼容并蓄，海纳百川，形成了二里头广幅的王权国家或夏代晚期国家，中国文明走向成熟。"

距今5500—5300年前后，在长江中下游、黄河中下游和西辽河流域等一些文明化进程较快的地区，出现了明确的社会分工和严重的阶层分化，形成金字塔形的社会结构。位于社会最顶层的首领——王，掌握军事指挥和祭祀神灵的权力，掌控高等级手工业（如琢玉业）的生产，占有大量社会财富。他们组织动员数以万计的人力修建大型公共设施（如城池、大型水利工程），住处与一般社会成员居住区相隔绝。他们的墓葬往往有着数以百计的珍贵随葬品（一般是制作精美的玉器），尤其是有一定数量的表明其高贵身份的随葬礼器。他们控制较为固定的区域，区域内有若干臣属被他们的下级贵族分别掌控。这时社会已经进入文明阶段，形成初期的国家。在中国古代文献中，称这些政体为"邦"或"国"，如"禹合诸侯于涂山，执玉帛者万国"。据此，可称各个区域的这些初期文明为"邦国文明"。从这些区域性的初期文明的形成时期算起，中华文明有5000多年的历史。

赵辉也曾在谈起探源工程时感慨道："中华文明实际是在黄河、长江和西辽河流域等地理范围内展开并结成的一个巨大丛体。这个丛体内部，各地方文明都在各自发展。在彼此竞争、相对独立的发展过程中，又相互交流、借鉴，逐渐显现出'一体化'趋势，并于中原地区出现了一个兼收并蓄的核心，我们将之概括为'中华文明的多元一体'。"

王巍讲："虽然我们没有发现文字，但是一些考古资料和多学科研究，始终实证了中华5000多年的文明，尤其是以良渚古城为代表。距今5000年前，有些社会文化发展比较快的区域已经进入到文明阶段。探源工程不仅论证了中华文明的起源，还把它放在世界文明之中进行了比较和研究，比如研究主要的农产品、农作物的种类，研究家畜饲养等。我们在整合资料的时候发现，小麦在距今5000年左右传入中国境内，黄牛、绵羊通过DNA的研究表明也是来自西亚，而且是同时传入的。当然我们这边的粟、黍也往那边传。冶金术稍微晚一个阶段传入，先是小件的武器工具，由于我们在此之前掌握高温烧制陶器的技术，便产生了铸造的青铜器。青铜器不仅仅是器物，后来成为等级的重要体现。

"研究中华文明起源，就是研究中国怎么形成的，最早在哪儿扩展，所以我们在一开始就强调研究各个区域文明进程的相互联系，好在我们也找到了很多相互联系的证据。我们在讨论当中说，什么是中国？我们中国像欧洲那么大，长江流域的良渚，那是中国吗？国外有些论点把长江文明单独讲，这个理念实际上是非常要命的，容易导致中国的两个大河文化的分离。所以，我们强调各个文明互相之间的联系，强调中华文化圈。大约从距今6000年到5300年这样一个文明起源加速时期，我们高度强调中原地区向周围的扩散和影响，长江流域、河套、东北、西北都有非常关键的证据，两个大河流域文明既有特殊性，又相互影响。良渚文化的东西在中原地区确实保存得少，但是它也有延续性，比如说玉琮、玉璧这些东西在《周礼》当中都有记载。正是在夏商周时期，长江流域的史前文化和区域文明逐渐融入黄河中游地区以华夏文明为核心的中华文明体系之中来了。辉煌灿烂的中华文明就是各个区域文明间交流互鉴、融合发展的结果。长江流域的史前区域文明在中华文明的形成过程中占有重要的地位，而且也做出了卓越的贡献，尤其是良渚文化时期的城址发掘作为'中华文明探源工程'的一项课题，让人更加确信东亚地区新石器时代的人类文化诞生于距今5300—4300年之前。

"我们说中华文明有5000多年的历史，是实事求是的，是尊重历史真实的。她是世界四大古老文明之一，又是其中唯一未曾中断、延续至今的文明，为世界人类文明的发展做出了持续而独特的贡献。"

"中华文明探源工程"在取得巨大成就的时候，研究团队还清醒地意识到今后漫长的探索路程。王巍讲："探源这几年，我觉得有一个遗憾，文明比较方面我们还有弱点，我们曾经在目标上试图概括中华文明发展的道路和特点。但是，当我们想要做这个的时候，我们意识到，你不了解其他文明特征也就无法准确理解自身的特色。比如说什么是礼制，就是等级制度，用一些物品来体现等级。我们言之凿凿地说，礼制是我们的特点，但后来一看世界其他文明都有表明等级身份的礼制。中亚地区，不同的人的不同等级，也是通过器物来表现的，包括金字塔也是，只有某一个等级的人才能有金字塔，其他的人不能有。所以我们就有痛感了，你对其他文明不了解的时候，要概括一个文明是很难非常准确的。

"探源工程新的阶段将由陈星灿领衔来做，作为过来人，我觉得还是多学科、多角度、多层次、全方位这样一个道路，尽可能最大限度地运用自然科学技术手段来发挥作用。以重点的都邑遗址为突破口，不要单独研究某一个区域，而是将研究放在整个中国当中，甚至在更大范围内跟其他文明联系起来。"

但是让王巍一直纠结于胸的是在文明起源发展的最为关键时期中原地区的缺席。王巍曾说："探源工程做到2016年结项的时候，有一个大的遗憾，就是中原地区的缺失。比如说良渚、红山、凌家滩、陶寺、石峁、石家河等遗址，应该说资料非常丰富，但中原地区只有灵宝西坡遗址。西坡遗址在社会分化方面还不明了，所以在距今5000年前后非常关键的一个时段中，中原地区没有重要的考古资料来支撑。以前我们也提醒过河南，说河南这边不是没有线索，王城岗、大河村、西山等遗址都有重要的线索，但是没有持续地做工作，没有把重心放在重要领域。所以结项时，我们只能是根据已知的情况、已知的材料，说这是'满天星斗'。

"等这个报告完了之后，我们意识到了来自河南学者的批评，中原地区在文明形成的重要时刻没有声音，引起了许多河南考古工作者的警觉，后来我给河南省委书记、省长写信，说中原地区是中华文明非常关键的核心地区，但是考古资料欠缺，不是没有线索，而是没有大力度地投入精力开展工作，建议开展中原文明探源的研究。

"好在有一个顾万发，大河村、伏羲台、汪沟、点军台、青台、双槐树等遗址，从2013年起，他一直对文明的关键地区、关键阶段咬定青山不放松。'中华文明探源工程'结项的最后时刻，我看到了双槐树遗址的材料，很是震惊，因为它填补了最重要的一个空白。"

拿到双槐树遗址的资料之后，王巍利用一切场合和方式为双槐树遗址鼓呼。双槐树遗址和中原地区其他的遗址一样，具有宏大的王都气象，但墓葬的丰富和奢华却略逊一筹。考古人员对文明起源、文明形成定义的时候，有一个很重要的标准，就是要有表明等级身份的一些礼器、大规模的随葬品。这一条，中原区域的墓似乎很少吻合。以往，这个考古判断的标尺在学术上常常制约着工作的推进。

打破这个魔咒的是李伯谦。王巍讲："我挺佩服李伯谦先生的，李先生说文明的特质不同，中原文明可能是一种新的模式。按照我们的说法，缺乏标明等级身份的礼器和丰富的随葬品，就很难说明文明问题；但李先生提出来，中原文明发展是一种比较务实、比较节俭、不浪费生产力的模式，所以墓葬十分简单。当时可能也没有以玉为贵的观念，玉的价值观念是始终发展的，以玉为贵可能是文明起源时期的事情，汉代以后将玉比德，到了近现代又是以玉为美的。中原地区的王国和其他的王国不同，可能民主意识或者等级意识刻意被淡化了，所以不能只以玉器作为衡量标准，比如说西坡遗址随葬的钺放在墓主身边，是军事权力的象征，加上鸟图腾的陶器，已经能够说明其特殊的等级身份。"

在王巍看来，双槐树遗址将来有没有可能成为考古学上的中原文明模式呢？"它可以整理出来一个标准化的东西，当然它也靠物的这种实证。文明总是有物质的、精神的和制度的几个方面的表现，它们相互之间是联系的。双槐树遗址的发掘，我觉得在一定程度上可以成为一个里程碑。

"中原地区的大型遗址、超大型遗址在全国范围内应该是规模最大的遗址群。如果21世纪初灵宝西坡遗址的发掘是一个里程碑的话，那它的意义就在于反映了距今6000—5500年左右的历史，这里人口增加且集中，而且这种集中显然不是因为自然的集中而形成那么大的规模，而应该是以政治性为基础的。同时还出现了加上周围回廊大概500平方米左右、围绕着广场的大房子，这就是典型的社会分化的例证。第二个里程碑就是双槐树遗址，那边衰落了，这边兴起了。双槐树遗址是三重环壕，里边的结构不一样，出现了高等级的建筑集群，周围有围墙围绕，是后来工程的雏形。到发掘二里头遗址的时候，高等级的建筑周围建了围墙，居住其中的人要跟其他人区分开来，或许是因为地位的尊贵或者基于安全的考虑。这个意识、理念和西坡遗址中的围绕一个广场建房子有根本性的不同，遗址的规模巨大，显示出社会文明的变化与提升。"

"中华文明探源工程"的结项对王巍来说是一个小结，双槐树遗址则是他新的期待，他把目光投向中华文明的腹地中原地区，把学术的思考放在距今5300年左右的文明重要时期，把足迹留在了双槐树遗址。他给河南领导写的信，很快有了积极的反馈。河南省委、省政府批示河南省文物局上报国家文物局，进行中原地区文明进程研究，国家文物局同意以河南省文物考古研究院为核心，连同山西、陕西开展中原地区文明化进程的课题研究。

在双槐树遗址的考古新闻发布会召开前夕，王巍来到了郑州。晚餐时大家要他高歌一曲他自己作词、谱曲的《白衣天使的心声》："我不是不知道，朋友们祈愿我安好，我不是不知道，爱人在期待我拥抱……"王巍深情的歌声让人泪下，这是他疫情期间宅家用感恩的心献给所有医护人员的歌。他还录制了自己演唱这首歌的版本，歌曲在国内多家卫视播放，湖北卫视和武汉电视台还特意播放了王巍演唱的版本，歌曲还被译成五六种语言在国际上传唱。这首歌曲使王巍成为考古学界最会作曲的、作曲队伍里最能考古的人。

在王巍的歌声里，朋友们似乎也听到了他对双槐树遗址的祈愿，一切都会安好！

第四章
一代考古人的故事

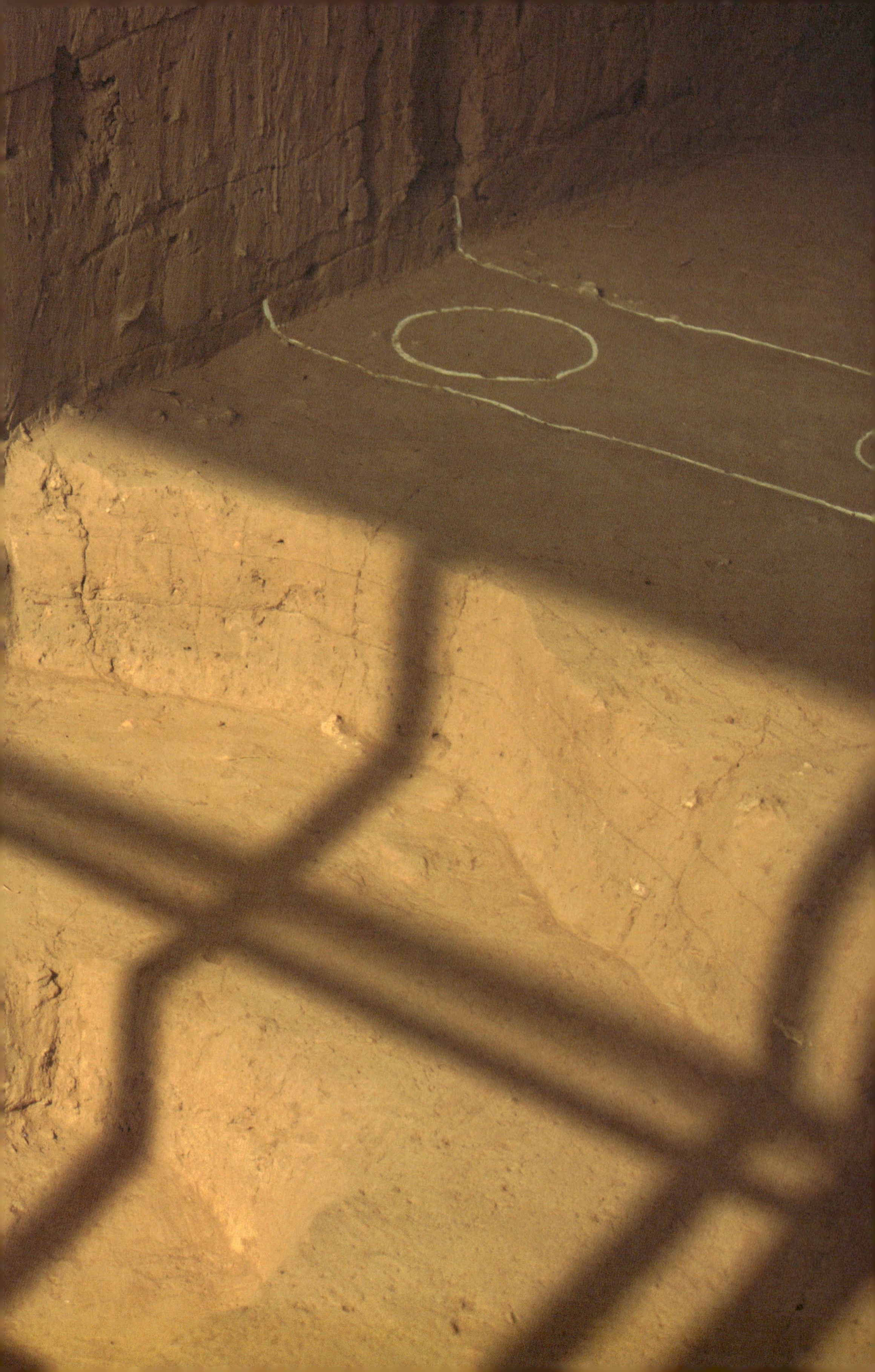

第四章　一代考古人的故事

郑州市区向西，有个处于丘陵与平原交界地带的东赵村。李伯谦自己也记不清他多少次踏上这条通往村子的路了，这里是他的故乡。东赵村的瓦房、石井、老树，就连小路旁边的野草他都熟悉。60多年前，他就是背着行囊沿着这条田野间的小路走出东赵村去求学的。

李伯谦的少年岁月是与共和国炽热有梦的年代一同度过的，他几乎和大多数青年一样，做的是文学梦。他读尽红楼，阅遍浪漫，上学时天天抱着小说，没事儿就写点煽情的小文字，目标是考上中文系，成为一名作家。1956年，李伯谦参加高考，录取他的是北京大学历史系。尽管没有如愿以偿，但荥阳这地界儿多少年也就这么一个考上北京大学的，他不单是家庭的荣耀，也是家乡热议的话题。肩负着乡里的无限期待，怀着心底的莫名遗憾，李伯谦还是踏上了他远行的路。一个脸上挂着羞涩笑容、内心充盈着无限向往的年轻人，第一次走出家门坐上绿皮火车。车厢里没有他的座位，他只好倚靠在椅背边，不停地给来往的旅客让道。但这丝毫没有影响他的心情，窗外是辽远的田野和天空，自由飞翔的鸟儿牵出李伯谦内心的歌唱。

几十年后，白发霜染的李伯谦又经常往返奔波于这条路线上。现在很少能看到绿皮火车了，它早已被宽敞舒适的高速动车取代，当年英气勃发的少年已是学富五车的学者，唯一不变的是依旧简单的行李。李伯谦从事野外考古工作，长途跋涉是常有的事，行囊满足野外生活即可。不为物所役，保持身体的自由，生活简单而从容，这正是李伯谦的特征。

李伯谦最初也并不清楚，文学其实只是他的气质和姿态，他似乎是为考古而生的。他们这一代考古人仿佛就是从泥土中长出来的，生活指定他们去把自己的命运交付给考古，无怨无悔。李伯谦回忆刚进入北京大学时说："历史和文学一样，都是迷人的。北京大学历史系的第一年是不分专业的，历史、古汉语、考古，什么课都上。到了第二年才开始分专业。分专业的时候，每一个专业的教研室都派老师来说服大家选择自己的专业。当时，考古专业来动员大家的是吕遵谔先生，他是裴文中先生的学生，吕先生鼓动同学们选择考古专业的理由很简明扼要：'考古专业有三个好处：一是可以游山玩水，你到野外实习的时候，年轻人嘛，顺便就可以把名胜古迹免费游览了；二是可以不花钱照相；三是学考古专业，什么中国史、世界史、考古史，还有些理科的课程都要学，比较综合，日后知识面会非常广。'那时候，对我来说最有吸引力的就是游山玩水，加上摄影是个非常现代化的东西，大家都觉得很新鲜。经过吕先生的动员和引导，当时我们班有24个同学，再加2个留学生，最终都选择了考古专业。

"考古专业名师林立，当年先秦史的老师是张政烺，据说胡适看到他早年写的论文《论召公奭》，很是欣赏，毕业后他到了中央研究院历史语言研究所图书管理室工作。张老师在古籍文献方面学识渊博，思想史的一代宗师杨向奎先生说过：'在中国，听过张政烺的古文献课，别人的文献课就不用听了。'张老师有许多藏书，晚年他将藏书捐赠给了北京大学，我还曾帮助整理过这批古籍，对它们进行编目。历史老师还有余逊，他才华横溢，《汉书》的全文能倒背如流，是陈垣大师门下的'四翰林'之一，也曾是胡适的秘书。还有邓广铭，是我国宋辽金史的开创者，也是胡适的秘书，曾追随过傅斯年、陈寅恪。

"考古方面的老师是吕遵谔先生，他主持和参与过不少遗址的考

第四章　一代考古人的故事

李伯谦（郑州嵩林书院　供图）

古工作，是红山文化、大窑文化的首倡者。吕老师主要教我们旧石器时代考古，他的老师裴文中先生也会来给大家开讲座。教授新石器时代考古的是安志敏教授，是研究仰韶文化的大家。搞夏、商、周考古研究的是邹衡先生，他在商、周考古方面是开拓者。从事战国秦汉考古的是苏秉琦先生，他是最早提出中国文明起源系统学说的人。俞伟超老师对考古地层学、考古类型学有系统的阐释，还首创了水下考古。宿白老师是佛教考古的开创者，主要教宋元考古等，他也是北大考古系第一任系主任。"

李伯谦的师长几乎都是中国考古学的开创者，走近他们，聆听他

李伯谦在东赵遗址与农民技工交谈（郑州市文物考古研究院　供图）

们的故事，就能描绘一幅中国百年考古学史的画卷，在他们各具风采的人文精神里，也能嗅得到他们的田野气息。导师们给李伯谦的人生带来了巨大影响，他坚持独立而求真的学术精神一生未改。北京大学考古专业重视田野考古的传统由来已久，科研训练相对少一些，田野考古项目则比较丰富。李伯谦不仅天性中迷恋田野考古，而且冥冥之中也早已和考古结缘。1957年，李伯谦暑假回到老家，没事儿就在村子南坎到处转悠，但这时的转悠已经不再是儿时顽皮的嬉戏了，而是未来考古学者的调查。怀揣考古梦的李伯谦痴醉于此，一转就是一整天。他在南坎上捡了几块陶片，还写了一篇小文，认为这里可能是一座商代的遗址。生活是一棵长满可能性的树，青春的好奇敏感和精力充沛让他充满想象力，这也算是李伯谦最早的自发考古实践和学术研究启蒙。家乡的土地给了李伯谦回报，他当年捡拾陶片的地方，如今已是考古发掘的工地。2012年10月，北京大学考古文博学院与郑州市文物考古研究院，为配合"中原腹心地区早期国家的形成与发展"课题研究，在这里进行了大规模的考古发掘。他们在东赵村发现了面积约100万平方米的大、中、小三座城址，并确认了东赵遗址有龙山至商末周初完整连续的文化遗存，与郑州地区其他夏商遗址一起，孕育了早期的华夏文明。2014年，东赵遗址入选年度全国十大考古新发现，同时获得中国考古学会田野考古一等奖。

李伯谦的第一次专业考古实习是参与1958年周口店遗址的发掘工作。1959年，他又到陕西华县元君庙开始自己的第一次专项调查发掘。这次发掘的是仰韶时期的一个墓地，墓葬中二十几个人、十几个人或者几个人埋葬在一个坑里，和以往遇到的不同。为什么是这样的埋葬形式？他们当时从工地上没有找到答案。后来根据《民族志》的记载，他们得知这里曾是典型的母系氏族社会，又通过体质人类学分析发现，墓葬里的人是兄弟姐妹葬在一起，并不是夫妻、父母的关系。这次墓葬的确定过程，为李伯谦以后运用综合分析方法领导大型发掘做了铺垫。

野外考古与李伯谦最初选择考古时设想的游山玩水大有不同。早些年野外考古条件颇为严酷，没有稳定的驻地，没有充足的口粮，无论春夏秋冬、风雨寒暑，每天徒步50里的田野作业是常有的事。没有旅店，晚上要住在老乡家里头，得跟老乡搞好关系，什么脏活儿累活儿都得抢着干。发掘现场往往距离村子较远，他们时常赶不回来吃饭、休息，便只能风餐露宿。李伯谦带学生在河南偃师二里头遗址实习时，有一次天色已晚，眼看赶不回去了，他们来到附近的村子，请村长给安排个住处。村长打量着眼前这几个脏兮兮的人，为难地说："这么晚了，上谁家去也不方便，你们住到放牲口草料的库房里吧。"学生们还想央求村长给安排到老乡家，李伯谦痛快地说："村长，带我们去库房吧。"这一夜，师生们一同钻进了草料垛，伴着干草和牲口粪便的气味进入了梦乡。多年后回忆起这次经历，李伯谦仍然显得很知足："草堆里我们挤在一块儿还挺暖和哩！"在山西曲沃实习时，因为挖的大墓太深，又没有机器，李伯谦只好当"蜘蛛人"，把麻绳捆在身上，在墓坑里吊进吊出。有一次被吊出墓道时，他不小心扭伤了腰，便忍着疼痛，坚持蹲在墓坑里发掘。一个多月后考古实习结束，李伯谦回到北京就医，被诊断为腰关节错位，但当时已经错过了最佳治疗时间，从此落下了腰疼的病根儿。田野考古的艰辛尚且可以克服，躲不过的饥饿才是更为可怕的事情。饥饿是那个年代共同的记忆，就像王巍对土豆的记忆一样，李伯谦对北京大学的双蒸菜窝窝头记忆犹新。他说："1960年毕业前夕，宿白老师和阎文儒老师带我们到大同补课，主要是看寺庙的古建，边看边画斗拱。我当时对画斗拱兴趣不大，唯一的诱惑是当时大家都吃不饱，在大同的伙食倒还不错，所以大家都愿意去田野。等我们回到学校，一看到那些很大的双蒸菜窝窝头就吐酸水。"

李伯谦的一生就是与田野大地对话，他从没有停下野外考古的脚步，身居一线成了他的坚持。从北边的黑龙江肇源，到南边的广东揭阳、汕头，西至青海西宁，东至山东泗水，特别是青铜时代的重要遗址如河南偃师二里头、安阳殷墟、北京昌平雪山、房山琉璃河西周燕

第四章 一代考古人的故事

都，江西清江吴城、湖北黄陂盘龙城、荆州荆南寺、山西曲沃天马-曲村等，都留下了他的足迹。如今，李伯谦依旧记得那些在田野间跋涉、满身汗水尘土却乐在其中的日日夜夜。考古是他深入骨髓的热爱，每一趟出发，每一回紧握手铲、埋首探方，都会让他不自觉地忘却了周遭的一切。他的生活被考古分割了一半，但对于他自己来说，理应如此，没有什么不舍得。

1961年毕业时，安排工作困难，李伯谦回忆说："一直到暑假期间，大家都还找不到工作，一部分同学只好继续上学读研，像郝本性、郑杰祥等，他们得到了名额继续跟着老师读书，而我和另外几个同学被派去实习。当时北京中关村到昌平要修筑一条铁路，我们就到施工现场实习。好在那个时候的老师都是非常负责的，一直坚持四处跑动，看哪个地方要人，陆陆续续帮助毕业了的同学们找工作。有一天，宿白老师通知我，让我到系里拿个信。我赶回学校，原来是他们争取到一个名额，我可以留在母校。这肯定是很不容易的，找我谈话的是苏秉琦先生。他说，你看咱们教研室，各个方向都有了，东周这一段还没有人搞，你就留下来搞东周这段历史吧。苏先生征求我的意见，能让留下已经很好了，我哪里有什么意见？具体让我留下来的原因，他们也没有告诉我，我也没问。那个年代的人都是非常简单的，尤其是搞考古的。

"留校后，我基本上整个学期都是带着学生进行田野工作，没有在学校讲课。1962年我在安阳殷墟发掘，1963年又被派到了二里头。后来我找苏秉琦先生谈话，说我基本没有时间看书、写文章，学校考核不达标怎么办，我要求回学校。苏先生告诉我，读书是学习，在田野也是学习，考古的大学问还是在田野。后来，我就打消了这个顾虑，也没有向学校提过别的什么要求。"

长期田野考古的实践除了给了李伯谦学术思想的坚实基础，也让

安阳殷墟

他在田野中收获了自己的爱情。

"1964年，在挖殷墟的同时，我们又在安阳郊区挖了一个龙山文化的遗址。我带了历史系的学生去实习，学生里有个叫张玉范的女生，漂亮，也活泼。当时我们去实习的那个村，正在流行肝炎，当地人没告诉我们，我们也没有防范。张玉范体质弱，结果就被传染上了肝炎。她的实习只好中断，由我负责把她送回北京治病。在火车上，我到餐车要了一碗面条。那时的人实在，装面的碗也大，她因为生病吃不了多少。我那个时候是非常节俭的，所以她剩下的我就都吃掉了。吃这碗面时没什么想法，不像后来流传的那么多版本、那么多心思，带队老师理应照

第四章 一代考古人的故事

李伯谦与夫人张玉范（李伯谦 供图）

顾学生，怕浪费，吃掉了，简单得很，不是所谓的趁机……但它也许确实是个媒介。"这一碗面引发的爱情公案，至今还是北京大学师生的谈资，其实爱情有很多时候恰恰就发生在生活里的这些不经意之间。李伯谦和张玉范热热闹闹、快快乐乐、恩恩爱爱地携手走过了大半个世纪，当年秀丽、能歌善舞的张玉范早已是北京大学图书馆的知名学者，她编著的馆藏书录像她和李伯谦的爱情一样，都是岁月的珍藏之物。

1972年，李伯谦帮助山东大学成立了考古专业，1979年又帮助南京大学成立了考古专业，到了20世纪80年代，他才回到北京大学的课堂，主教商周考古课程。北京大学的考古专业是在以田野考古为标志的近代考古学传入我国之后的1922年成立的，最初的考古研究室主任是马衡先生，后来改由胡适先生兼任。1952年北京大学历史系成立考古专业，苏秉琦先生出任考古教研室主任。1983年，北京大学正式成立考古系，宿白先生出任第一任系主任，之后是严文明先生。1992年，李伯谦当上了系主任。当时，北京大学很多学科由"系"改成了"学院"，考古系弱小，这件事一直提不到议事日程上来，李伯谦把学院的建立当成大事。他说："学院建设不仅仅是名分和规格的事，牵涉到学科发展。我向学校打报告申请，把考古系升级为考古文博学院，为此做了很多工作，当时系室改院的很多，到了领导那儿，他说，看到没？有这么一摞全是报告，都没批呢。要不这样吧，你把'学'字去掉，叫'考古文博院'，可以打擦边球先办。因此，北京大学就一度有了考古文博院。但这个名字不伦不类的，大学无学，慢慢也许就真的把学术淡化了。后来，我的师弟何芳川当了北京大学的副校长，我就找到他，希望他能帮忙，把这个'学'字给加上。最终，在他的帮助下，我们正式升级为'考古文博学院'。"

无论是教学还是田野考古，李伯谦内心还是把自己的人生之锤敲在了学术思想的节点上，长期的考古实践让他对考古学的科学方法有了更深的思考。1974年，他和同学李家和带学生到江西去实习，这是他们第一次到南方考察规模较大的商代中晚期都邑吴城遗址。当时，李伯谦运用文化因素的分析方法，把出土的青铜器文化分了三期，后来的收获让他清晰地意识到文化因素分析的重要性，他因此提出，文化因素的分析是从考古过渡到历史的重要桥梁。

中国考古学在目前实践中应用的主要有三大方法：考古地层学、考古类型学、文化因素分析方法。文化因素分析方法是中国考古学中重要的方法论，它的产生可以追溯到20世纪30年代，早期的历史考古研究者们已经自觉地使用文化因素分析方法来研究史前文化，但最终成为考古学的一门方法论应该是在20世纪80年代，是以俞伟超和李伯谦对其进行总结而形成标志的，后来应用日多，逐渐完善，成为考古学的基本方法之一。

文化因素分析方法是考古学文化研究发展到一定程度的必然产物，它以考古类型学为前提，其方法论的核心是比较研究，即对于考古学文化内部的遗存（遗址、遗迹或是某类器物）在进行详细分解的基础上同其他文化进行比较，以了解考古学文化或是某个考古遗存的文化因素构成情况。它对于文化性质、演变、源流的考证，文化之间的交流，文化区、系、类型及其中心区的确定等发挥了重要的作用。近年，随着科技手段的介入，文化因素分析方法的科学性随之提高，它对于中国考古学的深入研究和迅速发展做出了有目共睹的贡献。

李伯谦在《论文化因素分析方法》一文中系统阐述过文化因素分析方法的学术观点：

第一，文化因素分析方法十分重要，这已有大量的实例可以论证。第二，考古学文化所含的诸文化因素既有质的不同，又存在着量的差别，考古学文化的性质正是由其中占主导地位的因素决定的。第三，考古学文化不是僵死的、静止的，而是不断发展变化的。进行文化因素分析，必须从发展的角度出发，在分期的基础上进行，这样才有助于考察各自不同文化因素的构成变化和消长情况，才可以划分出能反映某种社会变化的不同的发展阶段，弄清该考古学文化的整个发展演化过程。第四，考古学文化的形成和消亡不是偶然的，而是在一定基础上发生的，它既有自己的文化来源，又有自己的发展去向。第五，考古学文化的发展不是孤立的、封闭的，而是在同周围同时期其他考古学文化错综复杂的交往中实现的。第六，作为考古学研究对象的古代遗存是分层次的，从不同的研究范围出发，文化因素分析也应该在不同层次上进行。第七，文化因素分析方法作为考古学的基本方法之一，它与考古地层学、考古类型学是互为补充的，而不是相互排斥的。

李伯谦认为，考古学处在不断的发展变化中，经过几代学者的不懈努力，目前已逐步由对物质文化史的研究转向对社会及其发展规律的研究，由对物的研究发展到对精神的研究。许多考古文化事象，若不经过文化因素分析法对文化细节做解构性研究，是很难发现文物背后的来龙去脉的，包括文化构成、不同文化因素来源、文化变迁和文化本质等。文化因素分析方法是从考古学研究上升到历史学研究的桥梁。作为一种科学方法论，在研究面貌复杂的考古学文化上有着独特的作用和广泛的用途。

我们今天熟悉李伯谦的名字，很多时候还不是因为他的考古学术思想，而是因为他的名字是和"夏商周断代工程"联系在一起的。谈及"夏商周断代工程"，李伯谦的感叹颇多："这件事情是从1995年开始的，要感谢的首先是主管科技的国务委员宋健。宋健去印度、埃及访问，看到人家的博物馆讲历史都有一个历史年表，但当时我们国家每个地方的博物馆要么没有，即使有，标的年代也不太一样。宋健回来就提出了建议，要搞清楚中国的历史年表。他还拉了李铁映支持，要搞'夏商周断代工程'课题。

"1995年农历年前，中央要搞'夏商周断代工程'的消息在学术圈已经传开了。有一天，中国社会科学院历史研究所的李学勤先生给我打电话，征询我的意见并邀我参加。我说，搞清三代的年代当然重要，但要搞'工程'就不知道能搞成什么样子了。李学勤先生说，宋健同志是国务院主管科技的国务委员，习惯把'项目'说成'工程'，其实和一般说的课题研究没有什么不同，不过宋健同志说叫'工程'

目标更明确，容易督促，容易在有限的时间内实现。我说，研究夏商周年代需要夏商周时期的考古实证，我搞这一段，如果参加，倒可以学习不少知识。李学勤先生又说，宋健同志考虑到参加的人会比较多，建议从不同学科选几个负责的做首席科学家。考古方面您比较熟，又年富力强，是不二人选。测年方面国内搞得最早的是仇士华先生，我负责历史文献和古文字。宋健同志还推荐席泽宗先生出来负责天文方面的研究。我听了以后大吃一惊，忙说，您和席、仇两位先生当然都很好，但考古学方面北京大学邹衡先生应是首选。他资历深，是郭宝钧先生指导的博士研究生。他对夏商周有精到的研究，又是我的老师，我参加专家组做点工作责无旁贷，怎么敢当什么首席呢！李学勤先生告诉我，宋健同志说所谓首席就是多承担点事，多跑跑，多和大家联络联络，多通气，没什么特别的。就这样，我参加了'夏商周断代工程'，成了专家组副组长，并戴上了'首席科学家'的帽子。

"'夏商周断代工程'的组织管理井然有序，专家组下面设有办公室，朱学文是主任；上面有领导小组，组长是当时的国家科委的副主任邓楠，副组长是国家自然科学基金委主任陈佳洱，后来他又做了北京大学的校长；再往上是联名发起该工程的特别顾问李铁映和宋健。宋健同志是工程的首倡者，对什么事情都考虑得很周到。1996年大年初二，宋健招呼我陪他去河南，先到郑州慰问了河南省文物考古研究所所长、登封王城岗和郑州商城遗址的发掘者、预选的'夏商周断代工程'专家组成员安金槐先生，又到新郑慰问了多年坚持研究黄帝文化的赵国鼎先生，赵国鼎先生还送了宋健同志一份他拟定的黄帝年表。宋健同志一一向他们说了搞'夏商周断代工程'的计划，对他们积极参加工程表示了感谢。回京后为了有计划、有步骤地开展工作，我们用了不太长的时间发动专家组起草了个可行性报告，得到有关部门首

"夏商周断代工程"四位首席科学家：天文学家席泽宗（左一）、考古学家李伯谦（左二）、历史学家李学勤（左三）、碳十四测年专家仇士华（左四）（李伯谦 供图）

1997年10月2日在山西侯马市召开"夏商周断代工程先周文化研讨会"（李伯谦 供图）

第四章　一代考古人的故事

"夏商周断代工程西周厉宣幽三王年代和金文历谱研讨会"与会人员合影（李伯谦　供图）

肯后便有条不紊地开始了各自的工作。"

就这样，1996年5月16日，"夏商周断代工程"正式启动，它设置了9个课题，44个专题，组织来自历史学、考古学、文献学、古文字学、历史地理学、天文学和测年技术学等领域的170名科学家进行联合攻关，成立了专家组，聘请了历史学家李学勤、碳十四测年专家仇士华、考古学家李伯谦、天文学家席泽宗作为工程的首席科学家，组织了一个由不同学科的21位专家组成的专家组，直接参与的专家学者达200人。该工程旨在研究和排定中国夏商周时期的确切年代，为研究中华五千年文明史创造条件。

中国有悠久的历史，但真正有文献记载年代的"信史"却开始于西周共和元年（前841年，见于《史记·十二诸侯年表》），此前的历史年代都是模糊不清的。司马迁在《史记》里说过，他看过有关黄帝以来的许多文献，虽然其中也有年代记载，但这些年代比较模糊且不一致，所以他便弃而不用，在《史记·三代世表》中仅记录了夏、商、周各王的世系而无具体在位年代。因此共和元年以前的中国历史一直没有一个公认的年表。此后，从西汉晚期的刘歆，一直到清代中叶，诸多学者对共和元年以前的中国历史年代进行过推算和研究，所用的文献基本上不超过司马迁所见到的文献。晚清以后有学者开始根据甲骨文和青铜器上的铭文做年代学研究。进入20世纪以后，中国考古学的发展又为研究夏、商、周年代学积累了大量的材料。

司马迁早就说过："昔三代之居皆在河洛之间。"古人其实没有欺骗我们，几十年来有关夏、商、周的重要考古发现足以证明夏、商、周三代与河洛之间的关系是何等密切。但是，文献记载中确实没有夏、商、周及以前的确切纪年，我们讲历史只能追溯到西周共和元年，再往上就存在分歧，或是有王无年，出现了"五千年文明，三千年历史"的不正常现象。甚至有些外国学者认为，所谓夏朝，根本就是商人臆想出来的历史传说。自疑古思潮产生后，不仅夏代被称为传说时代，就连商代也难以幸免，若非甲骨文的出土证明了商代的存在，时至今日商代也会被认为是传说时代。从1959年中国考古学界开始寻找夏王朝都城开始，研究夏朝历史的真实材料确实是不够的。

"夏商周断代工程"首次将早期夏文化研究、二里头文化分期与夏商分界、郑州商城分期与年代测定、小双桥遗址分期与年代测定、偃师商城分期与年代测定、殷墟文化分期与年代测定、先周文化研究与年代测定、丰镐遗址文化分期与年代测定、北京房山琉璃河西周燕都遗址分期与年代测定、山西曲沃天马-曲村遗址晋文化分期与年代测定、晋侯墓地分期与年代测定、西周青铜器分期研究、晋侯苏钟研究等都列为考古专题。在各专题研究进行中，根据新的发现又陆续增加了商州东龙山遗址文化分期与年代测定、新密新砦遗址分期研究、禹伐三苗综合研究等专题。根据甲骨文和先秦典籍中有关天象历法的记载，也设立了天文历法方面的专题，有《尚书》"仲康日食"再研究，夏、商、周三代更迭与五星聚合研究，《夏小正》星象和年代研究等。

其中，夏代年代问题是断代工程最重要的课题，但是如果在考古学上找不到夏时期的遗存，碳十四测年再精确也无能为力。于是，专家组设置了与探讨夏代年代有关的各种考古专题，做了大量工作，其中登封王城岗河南龙山文化遗址分期研究、新密新砦遗址分期研究、郑州商城和偃师商城始建年代比较研究都有重大进展。通过野外发掘和研究，专家们确定了在断代工程进行中发现的登封王城岗大城为大禹时所建的阳城，它正好是河南龙山文化分期的第三期，碳十四测定该期年代为公元前2090—公元前2030年期间，这一结果正与从文献推定的夏之始年相当。与之相关的天文专题研究的结果，也皆在夏代年代的范围之内。这也就是说，无论从文献记载研究、考古发现研究、碳十四测定，还是天文学研究，将夏的始年推定在公元前2070年前后是有根据的、可信的。夏代年代的确定为夏、商、周三代年代研究和相关古史研究找到了一个可靠的坐标，这是"夏商周断代工程"取得的最重大的成果之一。新砦遗址当时是李伯谦坚持加入的，后来也证明它的存在与"夷羿代夏"密切相关。

接下来，考古学家对与夏、商、周年代有密切关系的考古遗存进行了系统研究，确定了相对年代和分期；在测年科学技术方面，主要采用碳十四测年方法，包括常规法和加速器质谱计法。经过几年的努力，2000年11月9日夏商周年表正式出台，这是我国迄今最具科学依据的古代历史年表。这个年表为我国公元前841年以前的历史建立起1200

余年的年代框架。夏代的始年为公元前2070年，商代的始年为公元前1600年，盘庚迁殷为公元前1300年，周代始年为公元前1046年。其中对夏代的始年，夏、商分界年代，武丁在位年代和武王克商年代的估定具有重要的创新意义。这不但为进一步对夏、商、周的年代精确化创造了良好的条件，也为继续探索中华文明起源及早期文明发展、揭示五千年文明史起承转合的清晰脉络打下了坚实基础。而洛阳地区二里头遗址、偃师商城遗址的重要发现，也为"夏商周断代工程"提供了可靠的物证，做出了重要贡献。

自从"夏商周断代工程"正式公布《夏商周断代工程1996—2000年阶段成果报告（简本）》和夏商周年表以后，其结论已被不少主流的词典和教材采用，开始产生影响，但是"夏商周断代工程"的最终繁本报告却迟迟未能通过。国外学者开始有不少批评和质疑，某些国外人士认为"夏商周断代工程"有"政治背景"，是中国政府在搞民族主义，有一些学者还对该工程的"学术道德"产生怀疑。他们认为，周代文献中论述的夏人的活动很可能是周人出于政治目的而编造的，不能尽信；二里头文化的水平还不足以证明"文明"（一般指有文字、城市、政府、贫富不均的社会）的发生，除非能够在二里头遗址发现文字、青铜器和车等文明的标志。美国斯坦福大学退休教授倪德卫在《纽约时报》上撰文，甚至断言"国际学术界将把工程报告撕成碎片"。与此同时，也有人认为所谓的"国际学术界"一贯漠视中国本土研究成果，对中国历史没有发言权。

中国政府并没有对这些问题采取完全听之任之的姿态，网络上随处可以见到关于此问题的介绍与讨论，中国学术界也为此展开大规模的讨论，提出了支持自己观点的理据，就像北京大学前辈、著名考古学家邹衡先生说过，"夏文化不是没有发现，而是用什么方法去辨认它"。

第四章　一代考古人的故事

邹先生不但主张夏代是信史，也坚信考古学完全能够从古代遗存中鉴别出夏文化。这一点给了中国考古学界很大的鼓励。

夏朝在司马迁《史记·夏本纪》中有记载，但之前因长期没有考古实证而颇受质疑。经过多年的努力，考古学家发现河南西部和山西南部是周代文献中认为的夏人生活的中心地区，而这个地区的二里头文化最有可能是夏文化的代表。尤其是二里头遗址宏大的规模、丰富的内涵及展示出来的众多发明创造，代表了夏王朝中晚期华夏文明发展的新高度。60年来，二里头及周边一系列的遗址考古发掘研究，证实了夏朝历14代17王，共471年。这也让二里头这个都邑遗址成为中华文明从古国迈入王国的一个重要标志。

若干年后，李伯谦回忆起这项浩大的工程还不禁感慨道："当时，在这个课题组中，虽然大家所在的单位不同，年龄结构不同，专业也不同，但是大家都是非常齐心的，也是中国第一次采用多学科攻关的形式来解决历史问题，这一点是很了不起的。但是它与其后的'中华文明探源工程'最大的失误是，都没有认真地结合文献去解决问题。这个应该要与文献结合，你可以不相信，但是要进行充分研究。比如距今3800年前的二里头遗址，它虽然重要，但并不是夏代最早的遗址，王城岗遗址应该是最早的。这就是不重视文献导致的问题，走了弯路。

"'夏商周断代工程'是从不同的角度出发，提出的目标是二里头时期要有基本的年代框架，早商要有详细的年代框架，后来我写了一篇论文《夏商周断代工程与夏商周考古年代研究》，在山东《人文社科学报》上发表，也提出了文化因素分析法。四年多不到五年的时间，在2000年的时候出了一个结项报告（简本），繁本至今还未出，再不出来实在是不行了。你看，首席专家中席泽宗、李学勤两位已经去世了，专家里面安金槐、马承源、俞伟超、邹衡都不在了……"

往事如烟，李伯谦说到这些有些黯然。也许"夏商周断代工程"规定的精确年表本来就是一个难以完成的目标，但"夏商周断代工程"使我们得以构建起公元前21世纪至公元前16世纪的以王城岗龙山时代文化城址为代表的夏早期文化、以新砦期遗存为代表的"夷羿代夏"时期的夏文化、以二里头文化为代表的"少康中兴"至夏桀灭国时期的夏文化这一完整的夏文化发展脉络，使夏文化从虚无缥缈的传说逐渐变成了清晰可见的历史真实。夏、商由传说变为信史，这是中国考古学取得的重大收获，同时它又告诉我们夏也并不是中华文明和国家的最早起源。根据考古学家对中国新石器时代、青铜时代乃至早期铁器时代的研究，学界已将中华文明和国家的起源、形成、发展划分为三个阶段，即苏秉琦提出的"古国—方国（王国）—帝国"三大阶段。夏商王朝只是进入王国阶段的第二个小阶段，以礼仪和分封制为特征的西周、东周时期是王国阶段的第三个小阶段。经过战国时代的兼并战争，至秦始皇统一中国，中国便进入了以制度化和高度中央集权的官僚体系为特征的帝国阶段。

李伯谦一贯认为，考古学不是坐而论道，不是发思古之幽情，而是通过研究历史来总结经验教训。"夏商周断代工程"的完结，为他带来的是更加深入、长远的思索。此后，他将自己的研究视野投向了"原初中国"，直抵文明源头去叩问。在这探寻的路程中，位于河洛地区早期文明版图上的信息给了他无尽的信心。

第五章

开启河洛古国

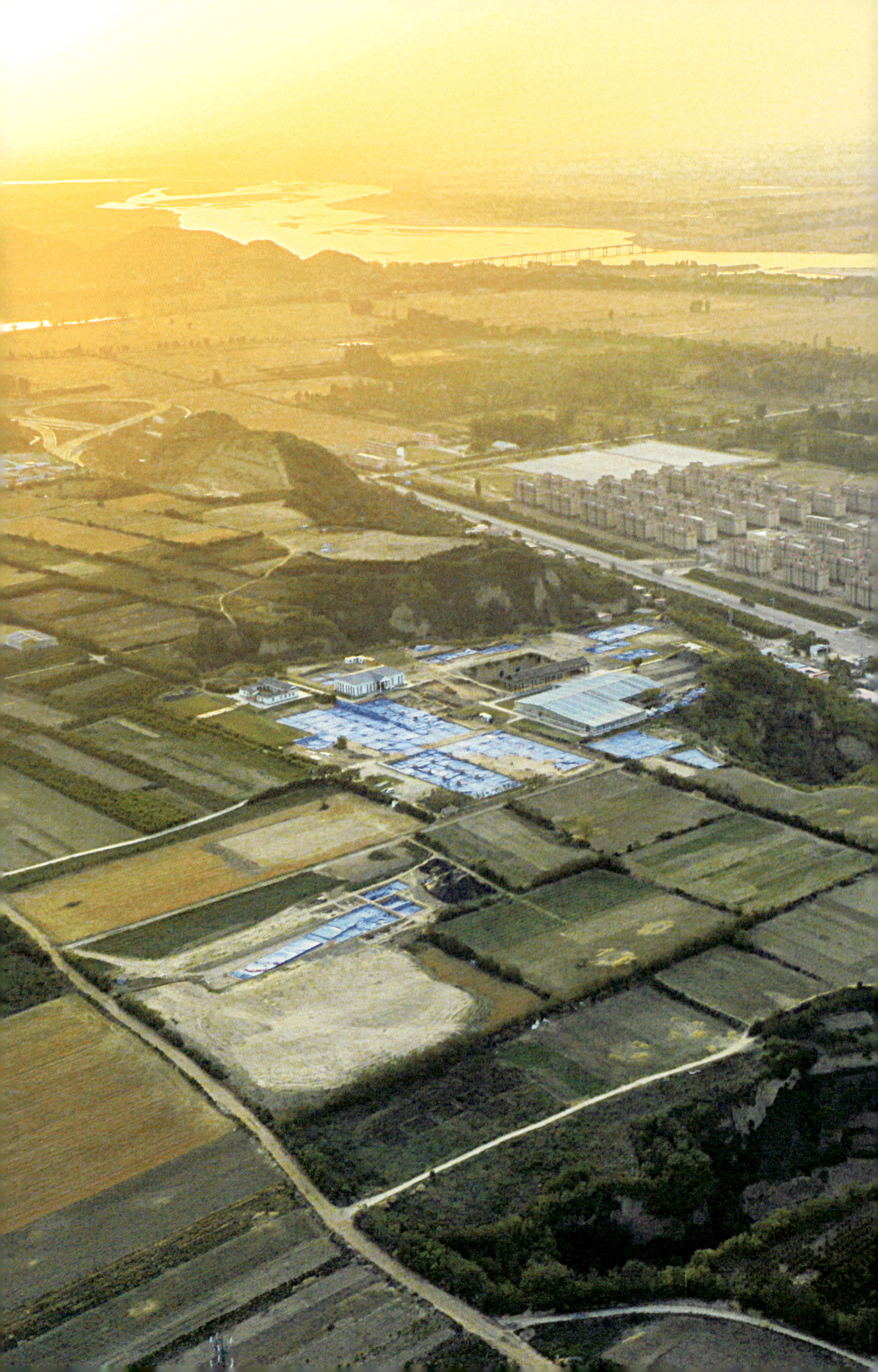

第五章　开启河洛古国

一大早，李伯谦挟着初冬的寒意，来到郑州中华之源与嵩山文明研究会的办公室。2018年10月，众望所归，他被推上了这个研究会会长的位置。研究会的小院是原来的黄河博物馆，是20世纪50年代典型的俄式建筑，是中国最早记录、展示黄河文化的地方。尽管郑州城市飞速发展，这个位于城市核心区的建筑还是被小心翼翼地保留下来了。2004年，它作为城市的优秀建筑被明文保护起来，后来得以修缮恢复新生。

这几天，李伯谦请来了王巍、韩建业、何努、王炜林、靳松安等人，想让大家再去双槐树遗址看看。双槐树遗址这7年的发掘一直是在李伯谦的注视下进行的，他的足迹也踏遍了发掘现场的角角落落，现在研究会里一直在探讨要给双槐树遗址下个初步的定义。在对双槐树遗址下定义的最后阶段，他还是想多听听意见，尤其是希望听到反对的、质疑的声音。李伯谦既有坚定的自信，也有忐忑的期待，一边问他们考察遗址归来的时间，一边拿起手边的遗址示意图对周围的人说："双槐树遗址是仰韶时期难得的大遗址，除去北边这一块被黄河侵蚀掉的，残存面积就达到117万平方米，有三重环壕也是清晰的，每一圈环壕都有对外通道……"李伯谦的话语如绵绵细雨般安然温柔，周围的人都已习惯这份平和，因为他的平和是建立在精神的富有和充实的基础之上的。其实，李伯谦比许多年轻人更充满活力，因为考古于他就如同恣肆汪洋的黄河，奔腾不羁，他总要为自己寻找一条河道，要么撒出去，开创新地，要么收回来，滋润内心。

李伯谦、王巍等专家在双槐树遗址考察（郑州中华之源与嵩山文明研究会　供图）

　　嵩洛之子李伯谦从家乡这片土地走出去，一生与考古结缘，其实又没有走远。夏商周断代、五帝时代的文明起源、仰韶文化分期和发展模式，倾注了他毕生的智慧和心血。当年的少年学子，回归家乡，不管是叶落归根还是什么，到最后基本上都落脚到了双槐树遗址上。这其中的情结、情怀，实际上是一种归属，也是一种宿命。从这儿走出去，最后又回到这儿来，河洛的水流始终在这块土地上书写着这样一个人生轨迹。

　　2000年，"夏商周断代工程"结束之后，李伯谦并没有纠结于年表的学术论辩，他将目光又投向五千年文明的历史深处。基于对学术问题的思考，他打报告提出了为期三年的"中华文明探源工程"预研究，这个预研究的目的是希望把夏代再往前推1500年，把中华文明的历史摸清楚，给五千年的文明历史勾画一个清晰的图谱。

我们引以为傲的五千年文明，必须要追溯到传说中的黄帝时期，黄帝时期和史学中的五帝时代、考古学中的仰韶文化时期相对应。黄帝究竟是信史还是传说，这是古代文献研究和现代考古实证的待解之谜。

2100多年前，当司马迁开始撰写被后世尊为中国第一部信史的《太史公书》时，世间关于黄帝的事迹众说纷纭、莫衷一是。司马迁曾亲自巡游各地，考察古老文献中记载的历史事件。他删减掉了各种矛盾和离奇的故事，只保留下他认为最可信的内容：黄帝是少典的儿子，因生在一个叫"轩辕之丘"的地方，号轩辕氏，起初居于有熊，又号有熊氏。黄帝"生而神灵，弱而能言，幼而徇齐，长而敦敏，成而聪明"。

司马迁对天生聪颖健康的黄帝异于常人的描绘，以及他用如椽之笔对黄帝时代的宏大叙事，至今依旧给我们留下无数的谜团，中国土地上关于黄帝的遗迹和传说也成为我们文化最为丰富的宝藏。无论怎样解释这段历史，黄帝都是我们中华民族的伟大象征和符号，他的故事和形象是闪烁在中华大地上那段文明初创时期里最温暖的光泽。

距今5000年左右，随着全球气候的周期性变化，中国黄河流域的气温开始下降，亚热带气候的温暖、湿润，逐渐为温带大陆性气候的寒冷、干旱所取代。环境的变化会让人陷入混乱和痛苦。苦难，同样是人类文明诞生与发展的动力。人类早期渔猎游牧的生活是不稳定的，先祖逐水而居，居无定所，对自然环境的依赖性很强，而我们的农业也恰恰是从那时候开始进步的。黄帝时代开始了堪称"国家"雏形的岁月。新石器时代晚期，母系氏族社会逐渐过渡至父系氏族社会，经过长期的兼并与融合，逐步形成了华夏、东夷、苗蛮三大部落。炎、黄二帝在阪泉大战，以黄帝获胜而告终，两个部落结为同盟，一个强大、完整的华夏集团很快形成。与此同时，以泰山为中心的东夷集团，覆盖今天河南省中部、南部及洞庭、鄱阳两湖等地的苗蛮集团也相继形成。这其中，黄帝统领的华夏集团最为强大，其次就是东夷集团蚩尤统领的九黎部族。在那个相对封闭的时空中，这三大集团依托黄河、长江等水系，不断地创造着属于自己的文化。后来又发生了我们熟知的故事，《史记·五帝本纪》也记载："蚩尤作乱，不用帝命。于是黄帝乃征师诸侯，与蚩尤战于涿鹿之野。"胜利者依旧是黄帝部落，也许就是从那时起，黄河开始承负文明缔造者的责任。

黄帝在距今5000多年前的那段历史时空里，创造了无数丰功伟绩。他制定国家的职官制度，负责监督天下诸部落；经常封祭山川鬼神；以神蓍推算和制定了历法；氏族成员由以游猎为生逐步转向以稼穑为生，促进了生产力的发展；始设陶正之官，专司制陶，并掌握了纺织技术。黄河孕育的中华文明，几乎都是循着黄帝的脚步在前进，人们在疑惑、欣喜的交替往复中，依然能触碰到那些曾经真实的片段和先祖们曾经真实的体温。

如果缺失了这段令人充满想象的历史阶段，中华文明便不可能在短短的1000多年后，经尧、舜、禹、夏、商、周，迅速走向成熟，更不可能在春秋战国时期出现百家争鸣的局面，各种思想横空出世、恩泽千秋。以黄帝为代表的那个时代，是中华文明的源起，更是一段真实的历史。

黄帝给中国北方，尤其是中原地区留下无数有据可查的历史遗迹，李学勤在谈到中原地区的遗址时说："黄帝铸鼎塬、登封王城岗这些地方，都不是空穴来风，虽然有些是民间传说，可是它有史实的素地。这个素地怎么解释？那是将来我们科学研究的结果，而不是作为前提。

所以对于五帝时代，我们要认识到，中国的商代和古埃及的新王国时期是差不多的，中国的夏代和古埃及的中王国时期也是差不多的，差不了几十年。而中国的五帝时代就相当于古埃及的古王国时期，两个文明古国都有很多的神话传说、很多的故事，而且其中一些东西听起来好像很不可信，可它却是历史的存在。至于说五帝究竟应该怎么解释，也许正是因为有了这些令人疑信参半的神奇传说，我们民族的文化记忆才变得瑰丽而神奇、丰富而精彩。考古学中与黄帝同时期的仰韶文化使中华文明的源头容颜初展，更促使我们去认识黄帝。"

我们再看仰韶文化的分布，它是分布在中原地区、黄河中下游地区的一种新石器时代的彩陶文化。距今7000—5000年，持续时间2000年左右，以渭、汾、洛诸黄河支流汇集的关中、豫中西、晋南为中心，北到长城沿线及河套地区，南达鄂西北，东至豫东一带，西到甘、青接壤地带。从1921年渑池仰韶村遗址的发现到2000年，全国有统计的仰韶文化遗址共5000多处。

继仰韶文化之后的龙山文化、二里头文化、商周文化因遵循突出王权的发展道路，从而保证了社会的持续发展和文明的延续，成为中华大地绵延不绝的核心文化。

李伯谦在实践中体会到有必要打破以夏商周为中心的王朝体系，构建一个立足整个青铜时代的考古学文化系统。他如同一位持灯者，穿越夏商王朝的历史隧道，探索中华文明的起源。进入21世纪后，李伯谦逐渐将工作重心集中到对中国早期文明的探索上来。他认为考古不能过窄，搞夏商周的不懂新石器，搞新石器的不懂夏商周，不可能有大的发展；应该立足于夏商周这个阶段，再往前追溯中华文明的起源。

对于中华文明起源的研究，李泽厚先生曾经给知名学者赵汀阳先生三个建议：1.物之所言比言之所言更有力，所以一定要重视考古学的

苏秉琦先生

证据；2.中华文明的初始秘密就藏在新石器时代的物证里；3.要特别注意苏秉琦的思想。考古界泰斗苏秉琦先生是考古学界的哲学家，他的学术风格就是善于在实证的基础上展开几近哲学的分析和推想。

苏秉琦先生的"满天星斗"理论就是一个具有思想性的历史解释模型。他认为我国数以千计的新石器时代遗址可以分为六大板块：一是以仰韶文化为代表的陕豫晋邻境地区，也就是传统意义上的黄河文化的中心地区；二是以泰山地区大汶口文化为代表的山东及邻省一部分地区；三是湖北及其相邻地区，其代表是巫山大溪文化；四是长江下游地区，最具代表性的是浙江余姚的河姆渡文化；五是以鄱阳湖—珠江三角洲为中轴的南方地区；六是以长城地带为重心的北方地区，最具代表性的是内蒙古赤峰的红山文化和甘肃的大河湾文化。

苏秉琦在考古学文化区、系、类型理论的基础上连续提出中华文明起源的"满天星斗"说、中华文明起源形成发展的"多元一体模式"

与文化之间的碰撞融合机制、中华文明起源形成研究的"古文化、古城、古国"三部曲、中华文明起源形成发展的"原生型""次生型"和"续生型"三类型说。

苏秉琦先生是李伯谦人生中非常重要的老师，在李伯谦众多的老师之中，苏先生和李伯谦这对师生像是无话不谈的朋友，经常一起探讨问题。上学时住校的李伯谦，一看中午差不多快到饭点了，一点儿也不客气，就到苏先生家蹭饭去。苏先生也无所谓，来了也就来了，没有什么特别的招待，家里有什么就吃什么。师生两人一边吃饭一边交谈，往往在谈话之间，苏先生妙论迭出。李伯谦既填饱了肚子，又装满了脑袋。

李伯谦至今回忆这些往事时还感慨颇多："我受苏先生的教导不仅仅是在课堂上，很多是在平时的生活当中。苏先生讲话是非常含蓄的，你要是不注意的话，他讲的要点稍纵即逝，讲课也是如此。我当学生的时候，他那时候不是讲新石器考古，而是讲秦汉考古，常常讲了很多，我也不知道从哪里着手。苏先生有很多重要的思考，这些思考都是他在不经意间说出来的。作为学生，你就要去品味，学会去理解，在这个基础之上提出自己的看法、想法。所以，我觉得苏先生是考古学界最重要的老师之一，对考古学的发展做出了前无古人的贡献。

"苏先生提出中国古代文明有三个阶段：古国、方国、帝国。他还特别论证了'什么叫古国'，古国是高于部落的、相对独立的政治实体，但他并没有给古国界定是个什么国。这个概念我觉得是非常重要的，是没有框框的。要不然，我们还在沿用以前的传统，将历史分为原始社会、奴隶社会、封建社会这样的阶段。我觉得苏先生这个观点是符合马克思主义的社会史学观的，完全、真正、实实在在的马克思主义。苏先生提出这样的观点时年岁已经相当大了，但是他一直在考古的最前沿。苏先生坚持自己的独立思考,只要有时间就会到遗址现场,在实践中带学生、思考问题。

"中原地区在仰韶文化时期是连续的,和周围区域有着一般性的相同地方,但苏先生当时是把半坡、庙底沟当成两种文化来看的,搞新石器时代考古的,包括我们的朋友、老师,都不太同意。但是苏先生的这种思想是非常可贵的,他说半坡是半坡,庙底沟是庙底沟。现在这个思想对不对呢?最近有人写文章,很认可苏先生的这种观点。总而言之,这是可以讨论的问题。苏先生又提出文明形成的三个类型——原生型、次生型、续生型。他讲东北红山是属于原生型的,仰韶属于次生型,再往后就是续生型。尽管我是学生,但我跟苏先生说,您把中原看得太低了。实际上,我们现在来看,各有各的原生型,红山文化有它的原生型,中原地区也有。从中原地区来看,它在仰韶文化早期半坡类型这个阶段,代表是姜寨遗址,它是很典型的原始时代部落阶段,或者叫部落联盟阶段。再往后发展,我觉得应该把灵宝西坡遗址拿出来说,西坡遗址非常壮观,大房子、广场与姜寨不太一样,而且它的墓葬、墓坑有3米多,墓主人腰上佩有一个钺。我特别看重这个钺,钺就是军权的象征。军权进一步发展就是王权。我的学弟、吉林大学的林沄教授提出了一个重要观点,他说'王'字,三横一竖,就是从钺逐步演变而来的。我觉得非常有道理。它已经到了一个新的阶段了,或者说是个过渡阶段。社会继续发展,就出现了双槐树遗址。"

严文明先生以中国农业起源为出发点,思考中国文化形成和发展演变的问题。他认为:"中国的农业起源在黄河流域和长江流域,分别为粟作农业和稻作农业的起源地和发展中心。这两个流域恰巧在中国的中部,势必对周围地区产生较大的影响。中国地方那么大,各个地方的自然条件和经济文化也不一样,明显看出有不同的层次。在两

第五章 开启河洛古国

河流域优势文化的影响和吸引下，自然会形成有中心、有主体、有外围的一个整体。我把它形容为重瓣花朵式的格局。我为什么要讲中心呢？我并没有认为当时中原史前文化的发展水平是最高的，我想强调的是它居中的地理位置，它处的那个位置使它可以吸收各个地方文化的优点，也对各个文化产生了影响。这个位置所起的作用，如果开始还看不清楚的话，后面中国从夏、商、周、秦、汉一直到北宋时期，都城都建在中原，就凸显了中原的特殊位置。如果不注意这个事实的话，中国的整个历史就没法讲清楚。中国文化有一个中心，位置在中原，好比花心，每个文化区好比一个花瓣。围绕中心的是黄河流域和长江流域两个主体区域，这两个区域的范围很大，黄河下游的山东地区和燕辽地区、上游的甘青地区，长江下游的江浙地区、中游的湘鄂地区、上游的巴蜀地区，都是具有自身特点和发展谱系的文化区。这些文化区就好比内圈的花瓣。在这一圈花瓣的外面还有很多文化区，从东南顺时针数起有闽台、粤桂、云贵、青藏、新疆、内蒙古、东北等文化区。这些文化区好比是外圈的花瓣。所以整个中国文化就好似一个重瓣花朵。我要特别强调的是，三重结构是一个整体，就像一朵花，花心和花瓣是不能分离的。从文化层面讲，中心和内圈最发达，外圈稍稍滞后，水平也稍低。这就加强了外圈对内圈的依存作用，也就是文化上的凝聚力和向心力，是中华文化连续发展而从未中断的重要原因。"

20世纪80年代，张光直先生提出了他的"多元一体"的"中国相互作用圈"模式，将公元前4000年的中国新石器时代文化分为九个文化系统。他指出公元前5000年以前，各地史前文化互相分立；公元前5000年左右，新的文化出现，旧的文化不断扩张，"到了约公元前4000年，我们就看见了一个会持续1000多年的有力程序的开始，那就是这些文化彼此密切联系起来，而且它们有了共同的考古上的成分，这些成分把它们带入了一个大的文化网，……到了这个时候我们便了解了为什么这些文化要在一起来叙述：不但它们的位置在今天的中国的境界之内，而且因为它们便是最初的中国"。"我们也不妨便径称之为中国相互作用圈或中国以前相互作用圈——因为这个史前的圈子形成了历史期间的中国的地理核心，而且在这个圈内所有的区域文化都在秦汉帝国所统一的中国历史文明的形成之上扮演了一定的角色。"张光直先生还认为中国广大地区的文化有密切联系，它们相互作用，形成一个整体，成为后来中国版图的基础，但是这个作用圈没有一个中心。

李伯谦尽管不同意自己老师把中原文化列为次生型文化，但老师的哲学思考还是给了他很多启示，他在《中国考古学思想发展史上的一场革命——重读苏秉琦考古学文化区、系、类型理论札记（提纲）》中提出："考古学文化区、系、类型体系的六大区系说是对20世纪70年代末以前我国考古发现和研究成果的概括，反映了我国民族文化的基本格局和发展演变规律，为重建中国上古史奠定了坚实的基础。"他在文中还指出："中国地域辽阔、环境复杂、文化传统多样，各区、系、类型文化在自身发展的一定阶段，自然而然便会产生各有特点的文明因素。苏秉琦先生的'满天星斗'说正是以文学的语言对这种状况作出的如实的描述和概括。文化的发展从来不是孤立的也不是同步的，各区、系、类型文化在发展过程中，充满了碰撞和融合，发展的步伐也有快有慢，有的势力不断增强、扩展，融合甚至同化发展迟缓的弱势文化，成为具有强大向心力和凝聚力的主体文化；有的发展缓慢，渐次成为强势文化融合、同化的对象，融入主体文化或成为主体文化的附庸。这种发展趋势大约从仰韶文化庙底沟类型时期起步，至少到河南龙山文化晚期开始的夏代便已形成以中原文化为核心的多元一体格局。在这一过程中，有曲折，有反复，但总的趋势却是像滚雪球一样越滚越大。苏秉琦先生用'多元一体'四个字来说明中华文明起源、形成、发展的过程和模式，是最为贴切不过的了。"

在文明进程的阶段划分上，李伯谦和中国大多数考古学家一样，根据对中国新石器时代、青铜时代乃至早期铁器时代的研究，基本认同中华文明和国家的起源、形成和发展的阶段，是苏秉琦先生提出的古国—方国（王国）—帝国三大阶段。

古国阶段大体处在公元前 3500 年—公元前 2500 年，是社会复杂化发展的必然结果。关于古国的性质，李伯谦说："古国显然已不是新石器时代早中期那种基本平等的社会结构，但又与以后学术界公认的已是典型阶级、国家社会的商周不同，我认为它处在从基本平等的氏族部落社会向阶级、国家社会过渡的阶段，一方面它已有明显的社会分层和个人权力突显的现象，另一方面还保留有强固的血缘关系，看不到显著的对抗和暴力痕迹。对这一过渡阶段，国内有学者称之为'邦国'，我则觉得它和西方学术界所说的'酋邦'比较相像，中国古代也有特指少数民族部落首长为'酋长''酋帅'的。"有鉴于此，李伯谦比较倾向用"酋邦"来指称这个发展阶段。

古国或曰酋邦进一步发展便进入了方国或曰王国的第一个小阶段，其代表就是长江下游的良渚文化良渚遗址和黄河中游的中原龙山文化陶寺遗址。以红山古国、凌家滩古国、仰韶古国为代表的酋邦，发展到以良渚王国、陶寺王国为代表的王国第一个小阶段，以夏商王朝为代表的王国第二个小阶段，以西周、东周王朝为代表的王国第三个小阶段，再到从秦至清灭亡的帝国阶段，便构成了古代中国从文明、国家的起源、形成、发展到衰亡的全过程。

在研究中国向文明演进的过程时，李伯谦逐渐把重点放在研究文明演进的模式和路径上,他说:"从良渚、红山文化出土的东西看,那是一种神权崇拜。而仰韶文化,中原地区出土的东西就很简单,这里可能是祖先崇拜,祖先崇拜更注重的是血缘关系。那么为什么红山文化、良渚文化都曾经发展得非常辉煌,但是最终垮掉了,没有延续下来,而仰韶文化最终发展壮大起来了呢?从仰韶到龙山,再到二里头,一直没有断,这与中原地区重视社会关系、注重血缘的传承有很大的关系。"

李伯谦在他的《文明探源与三代考古论集》一书中提出了中国古代文明演进的"两种模式"、文明形成的"十项判断标准"、文明进程的"三个阶段"等重要学术观点,其中"十项判断标准"为:

一、聚落规模是否出现了分化?在星罗棋布的小型、中型聚落群的中心是否出现了大型、特大型聚落?

二、大型、特大型聚落是否出现了围沟、城墙等防御性设施?

三、大型、特大型聚落是否出现了大型宗教礼仪活动中心和建筑?类似陕西临潼姜寨仰韶文化遗址的中心广场和大房子的功能此时是否发生了变化?

四、作为大型、特大型聚落有机组成部分的墓葬,在规模上是否出现了分化?是否出现了特设的墓地?

五、大型、特大型聚落是否出现了专业手工业作坊和作坊区?是否出现了集中一处的大型仓储设施?

六、大型、特大型聚落是否发现有专门的武器和象征最高权力的权杖、仪仗等一类器物?

七、大型、特大型聚落是否发现了文字和少数上层人物垄断文字使用的迹象?

八、大型、特大型聚落是否发现有异部族(异文化)居民日常生活遗留下来的遗迹和遗物？

九、各级聚落之间是否存在有上下统辖关系的迹象？

十、大型、特大型聚落对外辐射（交往）的半径有多大？辐射的渠道和手段是什么？

李伯谦说："对上述诸方面考察之后，要通过分析做出综合判断，这些情况和新的变化是否反映当时社会已经产生阶级分化和斗争，是否已经产生管理和统治机构，以及集军权、神权、王权于一身而突出王权的最高首长。如果这些都已存在，那么便可认为当时的社会已是阶级社会，已经有了国家机器，已经进入了文明。"

李伯谦着眼于文化因素分析方法，富有创见地提出了古代文明演进的两种模式：神权模式与王权模式。他在2018年接受赵富海的采访时曾对自己的观点有过这样的表述：研究一个社会，应从不同点来切入，最重要的是模式问题。不同地域，文明演进有不同模式，本质上有两种，即神权模式与王权模式。文明演进模式的提出站在一个全新的高度分析概括古文化、古遗址，很有独特性。我们在研究分析古文明时，可以用政权、宗教来概括，但没有文明演进模式有概括力。考古学提倡见物见人，运用文明演进模式是对这一理念的科学践行。

对于不同的模式、不同的前途，李伯谦作了详细论述：在古代文明演进过程中出现不同模式的原因可能是复杂的，这里既有环境的因素，也有文化传统的因素，但究竟什么是主因，似乎一时还难以说清楚。不过，考察不同地区、不同文化文明演进的全过程，我们便会发现，不同模式发展的前途并不一样，有的盛极而衰，逐步消亡了；有的则向更高层级迈进，继承发展下来了。

红山文化是最典型的崇拜神灵的文化，一切为神灵服务，创造的社会财富大都用于宗教活动。良渚文化以灿烂的玉文化闻名，尽管有军权、王权的因素，但主要还是神权。贵族墓葬内出土几百件玉器，有璧、琮等，都是礼天的神器。当时制作这么精美的玉器，要消耗大量的财富、人力，做好了却是为了陪葬，大量的社会财富被这样消耗掉。而在中原地区，同样规模的墓葬，如灵宝的西坡遗址，仅随葬几件陶器、玉器，玉器还比较粗糙，仅钺和斧两类，均为兵器。"王"字由"钺"字演变而来，这恰恰是军权、王权的象征。敬神灵的文化如红山文化、良渚文化，走着走着就没法延续下去了。仰韶文化是敬祖先的，要考虑传宗接代，考虑今后的可持续发展，所以不会把大量社会财富消耗折腾掉，而是注重社会财富的积累、生产力的发展，这是它能够延续发展的原动力，所以中原地区最早跨入了文明的门槛。

中原地区的墓，随葬的东西很少，过去都把这种情况看作落后的表现，但现在换一个思路来看，可能并不是落后的表现。陶器是人类天才的创造，也许有着更神圣的意义。在向文明迈进的路上，不同地区走的途径不一样，以至于文化模式不一样。仰韶文化从进入分层社会开始，社会上层即选择了在军权、王权结合基础上突显王权、发展王权的道路，并为后继者所传承，这应该是仰韶古国创造的文明模式得以发展数千年绵延不断的根本原因。"中原模式"的"生死有度、重贵轻富、井然有礼、朴实执中"的特点成为后世中国文明的核心特质。

李伯谦着重指出，距今5300年前后，中原地区的仰韶文化、北方地区的红山文化及稍后的长江下游的良渚文化先后进入了高于部落之上的、稳定的、独立的古国时代。此时，中原地区考古学文化特征并不突出。但在此后的进一步发展中，各地区古国选择了不同的发展道路或演进模式。中原地区的仰韶古国表现的是以军权和王权结合为基础并突出王权的道路，红山古国则选择了神权道路，良渚古国选择的是由军权、王权和神权相结合并突出神权的道路。以神权为核心的演

第五章　开启河洛古国　　113

进模式是崇尚祭祀、耗费社会财力竭泽而渔式的发展模式,后续发展动力显然不足;以世俗化的王权为核心的演进模式却更加务实、更加稳健,走可持续发展的道路,具有较强且持久的发展动力。因此,原来非常繁荣的中心聚落萎缩下去,而中原这个落后的地区却慢慢发展起来。尤其到了仰韶中晚期,彩陶文化辐射得很远,影响力很大,最终中原地区成为中华文明总进程的核心与引领者,形成华夏文明的主干和根脉。中原地区的发展更多融合了中国北方地区社会运作的特征,并在这个基础上广泛吸收了周围文化的因子。

　　傍晚时分,李伯谦终于等到了那些专家从双槐树遗址回来,其实他们每一个人都不是第一次去双槐树遗址,尽管已实地考察数次,仍不舍得错过任何一次近距离察看双槐树遗址细节的机会,每一次去他

2020年冬,专家学者在双槐树遗址考察(郑州嵩林书院　供图)

顾万发向李伯谦介绍双槐树遗址的出土文物（郑州中华之源与嵩山文明研究会　供图）

们都能发现双槐树遗址的发掘有进展，也能给他们带来新的体验。与会专家们基本都是当今中国深具影响力的考古大家，他们走遍大江南北，看过的文明古迹不计其数，双槐树遗址的厚重底色却给他们留下抹不去的印象。这几位专家大都是生于20世纪50年代和60年代的人，或多或少经历过岁月风雨，不仅充满了对考古的热忱和忠诚，还都有不随世俗之见的独立思考，行就是行，不行也不会违心地去打诳语。这一代的考古人，几乎每个人都可以成为一本书，但装订的不是年月岁数，而是人生的一个一个故事。李伯谦也做了一辈子的考古，考古也是他的一个执念，一种愿意亲近的欢喜。这种欢喜，让他心无旁骛，对于文明的思索也更加独特。

　　大家聚集在一起，尽管各自都保持着学者的优雅，但并不影响他们在思想上的碰撞和观点上的质疑、争论、探讨……韩建业认为双槐树遗址是河南仰韶中晚期规模最大的中心聚落，也是黄河流域同时期最大的聚落，其地理位置十分重要，三重大而深的环壕布局、大型宫殿式的建筑、三处排列整齐的墓葬都十分罕见。靳松安也认为双槐树遗址是一处超大型的仰韶文化中晚期聚落，从发现的三重环壕、带围墙的高规格建筑基址、大型夯土广场来看，双槐树遗址无疑是嵩山北麓地区的一个文明中心。

王炜林说，双槐树遗址的发现对认识距今 5500 年以前的仰韶时代在中国文明进程中的地位与作用具有非常重要的意义。双槐树聚落已具备了早期都邑的性质，不仅规模大而且有非生活类遗存，如"北斗

韩建业在双槐树遗址考察（郑州嵩林书院　供图）

双槐树遗址考古发掘现场（郑州嵩林书院　供图）

九星"文化遗迹、彩陶作坊、高台建筑等，代表了当时文明的模式和特色，说明当时的社会已经分化，形成了专司社会管理的阶层和都邑。聚落从布局上初步显现了中轴线，如从南往北一字排开的广场、高台建筑及南部夯筑土墙、东西北设壕的特殊功能区、大型水池等，这种布局对中国古代城市的规划产生了深远影响。双槐树"北斗九星"等文化遗迹对中国古代天文宇宙观的研究具有非常重要的意义。仰韶文化之所以能完成中国文化的第一次整合，重农业、重发展民生是其中的重要原因，而农业与天文的关系非常密切。

何努认为，双槐树遗址越来越显现出都邑的特点，尤其是疑似宫城社坛或墓葬祭坛遗迹的发现，决定了遗址微观聚落形态研究应从都邑考古来开展。双槐树遗址是一个很好的范例，更适于从考古实践的角度提炼古国的理论标准。

李伯谦在"巩义双槐树遗址考古发现"专家研讨会上第一次提出了他思索许久的"河洛古国"这个名字。文明进程中的古国时代和黄河文化核心地域的巩义河洛镇实现了时间和空间的交融，让冬色变得和煦明朗。这一刻，大家也都随之被温暖了，为李伯谦的神来之语感叹，他们似乎都在这一刻看到了双槐树遗址呱呱坠地的新生。

李伯谦笑了，有着孩子般的天真，让人动容。他总是含着微笑，自然亲切，这种善意是尘封的记忆之页，偶尔翻动一下，只是为了抹去灰尘。

后来，郑州市文物考古研究院把这一天的会议形成纪要，这是关于双槐树遗址第一次正式的专家会议，形成了双槐树遗址考古工作未来发展规划的基本蓝图。

"巩义双槐树遗址考古发现"专家研讨会会议纪要

2019年11月27日下午，"巩义双槐树遗址考古发现"专家研讨会在郑州市召开，来自北京大学、中国社会科学院考古研究所、中国人民大学、陕西历史博物馆、郑州大学、河南省文物考古学会、河南省文物局、郑州中华之源与嵩山文明研究会等单位的领导和专家参加了本次会议。

与会领导和专家到双槐树遗址进行了现场考察，并听取了郑州市文物考古研究院院长顾万发关于"双槐树遗址重大考古新发现及相关问题"的汇报，围绕着双槐树遗址的重要新发现进行了认真讨论，一致认为：双槐树遗址是目前黄河流域发现的仰韶中晚期最大的都邑性聚落之一，是嵩山北麓的区域政治中心，具有很高的科学价值，对研究中华文明起源、中华文明礼制发展、中原地区文明化进程有重要意义。

与会领导和专家对今后的考古发掘与综合研究提出了如下建议：

1. 制订细致周密、职责清晰的持续发掘计划。

2. 开展区域系统调查和综合研究，分析其和同时期重要遗址的关系，进一步分析各聚落遗址的功能和地位。

3. 加强多学科研究和周边区域考古学文化相关遗存的研究，寻找相互印证的关键证据。

4. 加强对双槐树遗址的聚落、社会、制度、精神等文化方面的研究。

5. 名称建议为"河洛古国"。

李伯谦内心慢慢清晰了一个脉络，双槐树遗址—河洛古国—原初中国，尽管他知道自己的想法还要完善发展，甚至修正，但河洛古国巨大而厚重的帷幕已经慢慢开启，它给我们带来的已知和未知都将是我们文明史上的一个绚丽篇章。

第六章
发现中原仰韶文化时期最辉煌的都邑

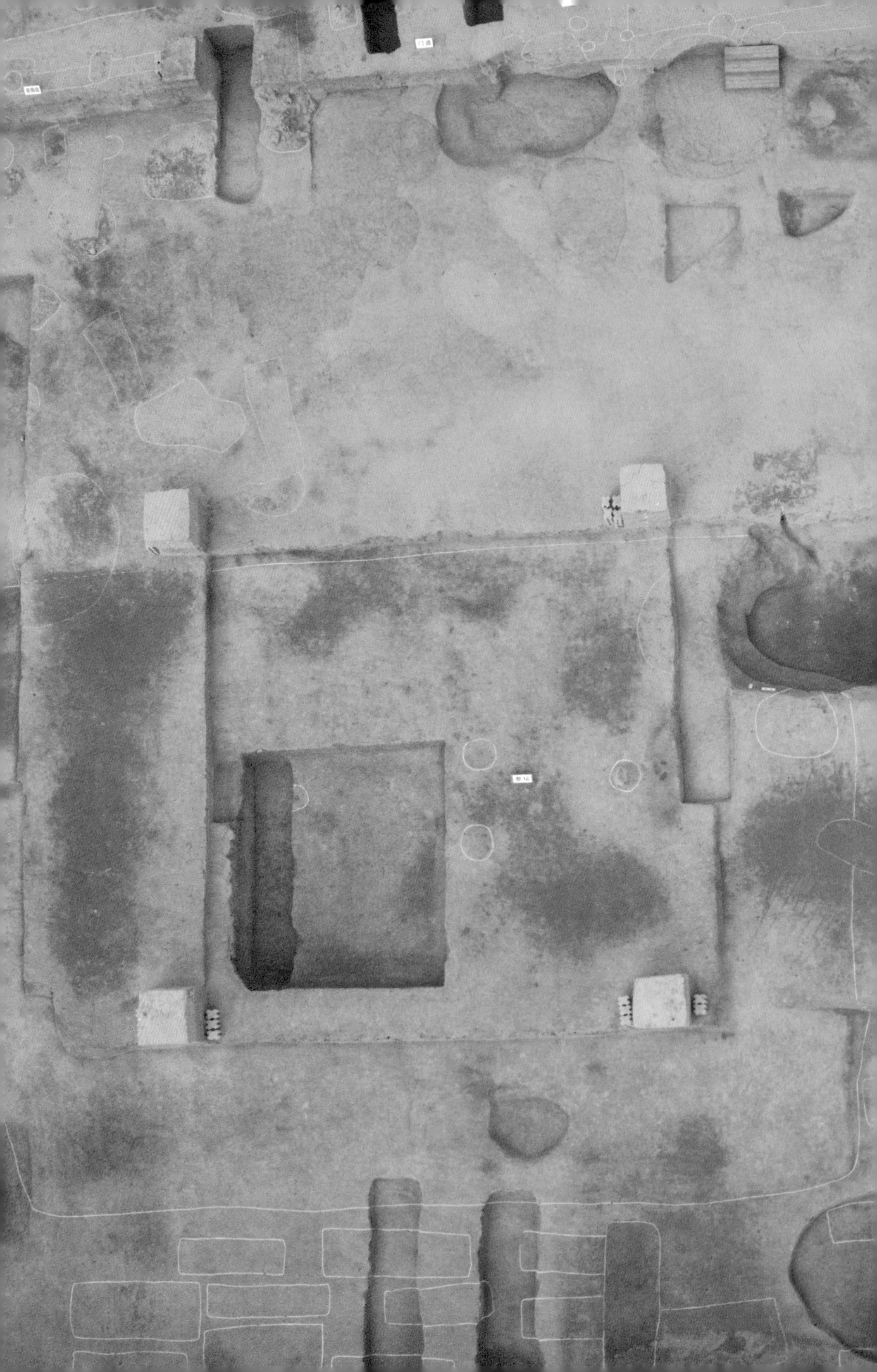

第六章 发现中原仰韶文化时期最辉煌的都邑

夏天的雨说来就来，傍晚时分下起了雨，莫多闻让大家早些收工。自从和郑州市文物考古研究院签了合作协议，来自北京大学的莫多闻团队作为郑州地区环境考古课题组的人员已经在双槐树遗址待了几年了。今天取样工作忙活完了，与往常一样，大家还要赶回驻地。他们要开始对这些取样标本进行逐个分析和系统研究，只有这样，才能对双槐树遗址距今5300年前后仰韶中晚期的古环境有一个更加客观、全面的认识。双槐树遗址当年的自然环境到底是什么样子的？河洛古国为什么要在这个地方建造城邑？这都是他们团队要解决的问题，很多考古专家也共同期待着答案。

据北京大学莫多闻团队的分析调查，今天的双槐树遗址位于巩义市河洛镇黄河南岸和伊洛河东岸的河湾台塬上，遗址的地理坐标为北纬34°48′56″，东经113°5′12″。这里地处中国黄土高原东部边缘区域，地貌类型属黄土丘陵，海拔181.409米，以第四纪黄土沉积物为主，地貌单元相对破碎，沟谷深切，分布较密。遗址区域属半湿润季风气候，年平均气温约14.5℃，年平均降水约600毫米。与气候相适应的自然植被是含松树和灌丛草本植物的落叶阔叶林，目前遗址区域已全部被辟为农地。

在仰韶中晚期，遗址所在地的地貌特征、周围大区域的宏观地貌格局都与现代类似。遗址所在的黄土台塬与北侧黄河滩地的高差比现在的高差小5—10米，台塬区内沟壑规模小于现代，当时整个台塬面更为开阔完整，而且伊洛河口以西的黄河南岸有基岩分布，可以帮助

双槐树遗址现在的地貌（郑州市文物考古研究院　供图）

这里的人们阻挡和减缓黄河向南侵蚀。

距今 5300 多年前的古国的王或许也像莫多闻的团队一样，带领他酋邦的人来勘察过这里的地形地貌。清流潺潺、岸柳成荫的伊洛河形成的美丽河湾，应该吸引住了他的目光。伊洛河再往前走，与东去的黄河在邙山北汇合，宽阔的水面形成了一清一浊"泾渭分明"的现象，令人惊叹。王那时候不知道，多年之后会有个叫曹植的人作出千古名篇《洛神赋》。倘若预知，他也会认定这是自己当年感怀的回响。当然古国的王考虑更多的是都邑的建造和子民的生活，这里的地貌和土质条件使其成为发展粟、黍等旱作农业的理想场所，附近黄土台塬地区的旱作农业足以满足他们大型聚落的饮食所需，不远处的伊洛河和黄河可以捕鱼抓蚌，而河谷的沼泽地与黄河沿岸的森林则可以成为他

第六章　发现中原仰韶文化时期最辉煌的都邑　　　123

们的天然猎场。在这大河交汇之处依河而生、依河而居，人们可以世世代代繁衍生息。渐渐地，建造都邑于此的念头在王的脑海中形成了蓝图。

我们不知道古国的王在建造都邑时经历过怎样的天象观测、地形勘测的过程，以及怎样的心路历程。但今天看到的双槐树遗址的格局，能够帮助我们揣测到一些端倪。王把他的古国建立在伊洛河畔，都邑坐北朝南。它的西北边，是从秦岭绵延而来的邙山，一直向东北绵延

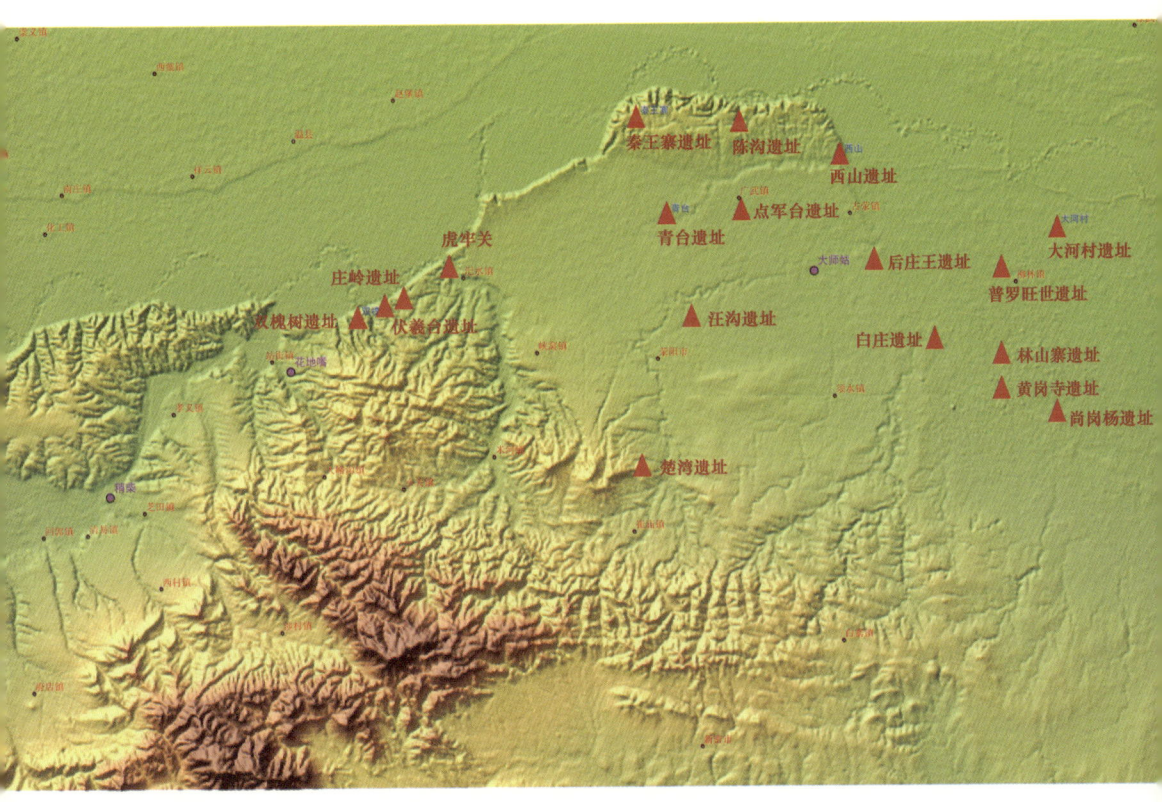

双槐树遗址周边地形图（郑州市文物考古研究院　供图）

广武山（郑州市文物考古研究院　供图）

猴山（郑州市文物考古研究院　供图）

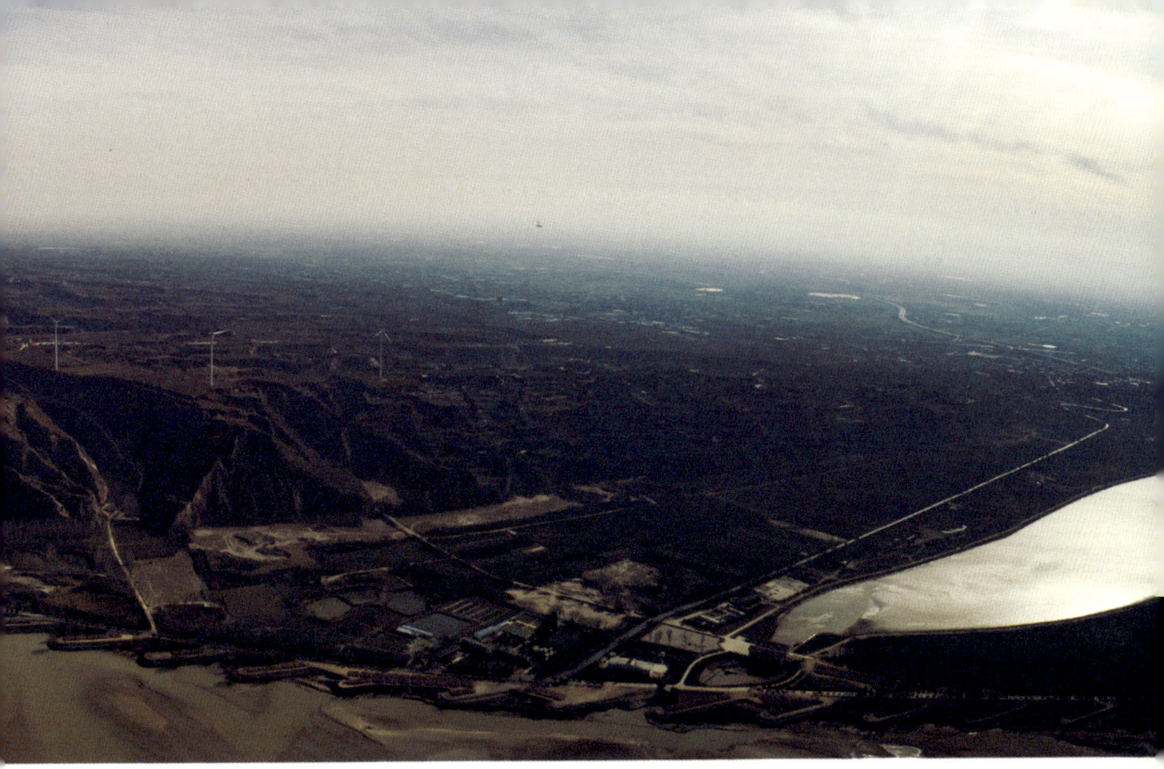

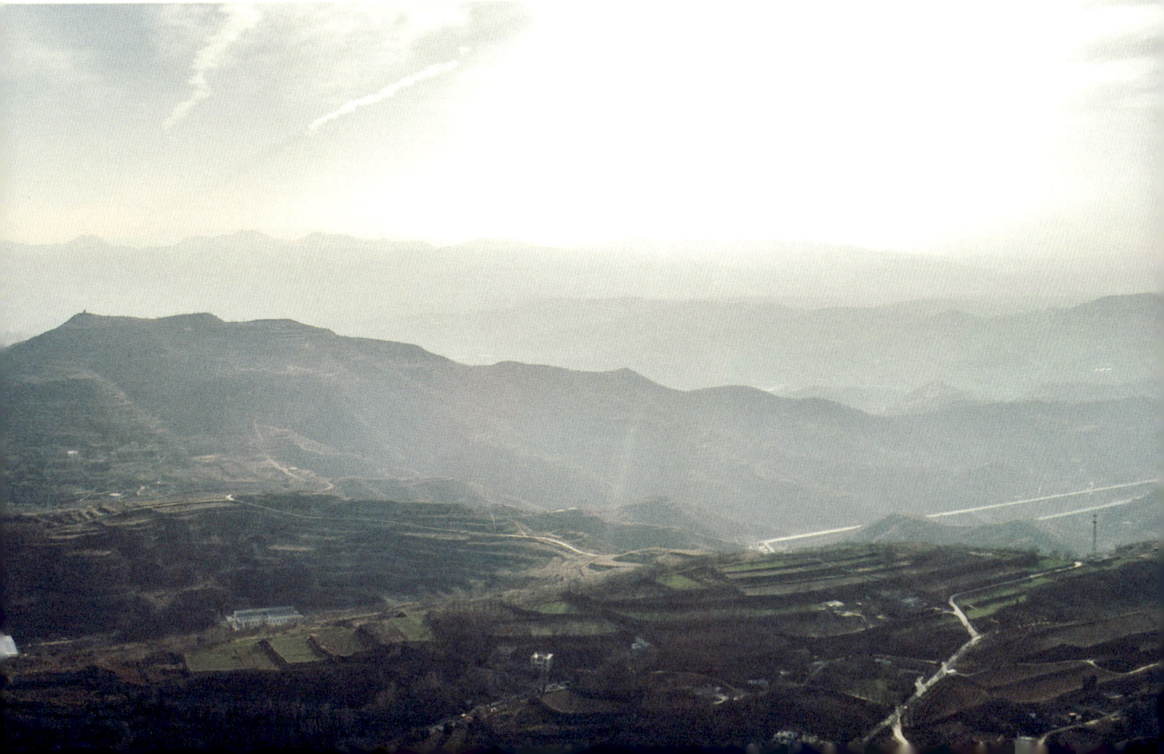

中岳嵩山（李志兴　摄）

第六章　发现中原仰韶文化时期最辉煌的都邑

数百里，抵达桃花峪一带。它的北边是历史上著名的大伾山，《尚书·禹贡》曾记载："东过洛汭，至于大伾。"后来南滚的黄河冲断邙山，搬走大伾山，只给双槐树遗址这里留下一段雄峻突兀的山体。当年的大伾山隔掩着黄河，与伊洛河形成古国地形的座椅之背。双槐树遗址的南边是华夏的圣山——嵩山，青龙山、五指岭、伏羲山自西向东一字排开。正中面对双槐树村的叫万山，当地人曾给它取过一个有趣的小名叫"猴山"，或许就是这个万山的峻极峰，让王下了选址的决心。威风凛凛的王来到这里，背依河洛与大伾山，遥望着万山的最高峰峻极峰，刹那间，他的身、心、灵抵达了峻极峰之巅，仿佛上达天庭，向天神禀报自己的宏愿。王凭借着自己的灵性，在北边的大伾山和南边的万山之巅之间画出了都邑的中轴线，他将动员他的子民沿这个中轴线修筑一条"御道"。"御道"只属于王自己，这是他沟通天地的必经之路。接下来，王要在这里确立下中间之位，为四方取"正道"。此时的王也许已经开始领悟天、地、人之道，他要在此施政教，治下民，让子民乃至社稷得到天地的护佑。他希望国泰民安、天下太平，正道长久、永存于世。他的这些最初的"建中立极"的理念，让此后的这座都邑"坐北朝南，殿宇接天"，所有建筑的修筑都依中轴线而布局，宫城在整个规划结构中处于核心位置。

　　王的目光也不仅逗留于这宏大的都邑上，他的整个古国有着辽阔的疆域：西面是洛阳盆地，再远有庙底沟、西坡、姜寨……东面是一片广阔的平原，是他要开疆拓土的地方。为了让古国都邑成为固若金汤之地，王考虑了很多。尽管有广武山天险，他还是在东方依次建造了秦王寨、陈沟、汪沟、楚湾、青台、点军台、西山、大河村等聚落和要塞，以形成对都邑的拱卫。距今5300年前后，一个繁盛的古国自此崛起。

第六章 发现中原仰韶文化时期最辉煌的都邑 129

从最新的考古成果中我们知道，新石器时代文化历经数千年的持续发展，到仰韶中晚期才真正开启了社会复杂化和文明起源的进程。当时社会文化快速发展，政治制度开始变革，构建大型设防式的中心聚落及统领型城邑成为社会发展的趋势。

同样，距今6000年以前，位于陕西姜寨的仰韶先民已经具有了这种选址布局的意识。姜寨遗址位于西安市临潼区北约1公里，南依骊山，北望渭水，西南为自南向北而流的临河。遗址北距现在的渭河干

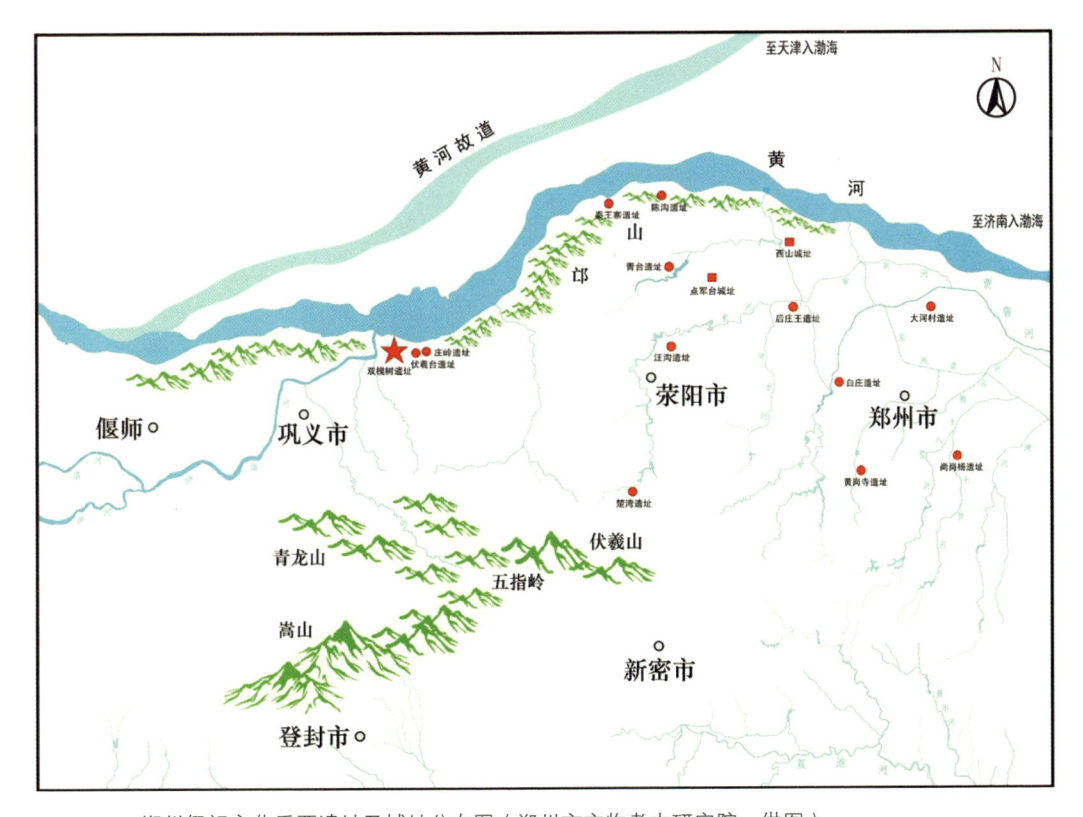

郑州仰韶文化重要遗址及城址分布图（郑州市文物考古研究院 供图）

流约4公里，根据地质及水文资料，渭河古道曾在遗址附近，仰韶时期的姜寨处于临、渭两河交汇处的三角地带。这个三角地带，以河来看，属于临河、渭河的二级阶地；以山来说，属于山前的黄土台塬。山前的河谷平原地势平坦、土质肥沃、水源充足。对姜寨人来说，这里适合原始的锄耕农业。除此之外，周围还有丰富的野生动物和植物资源可供渔猎和采集，因此这应是新石器时代先民居住和开展生产活动的良好场所。从姜寨遗址的地理位置我们可以看出，类似这样有意而选的栖息地的自然环境的特点，在仰韶文化早期的聚落遗址中已经初现端倪。

郑州乃至环嵩山地区一直都是中国新石器文化发展和中华文明起源的重要地区，多年的考古调查、发掘和研究表明，郑州地区的古文化发展一直连绵不断，尤其以仰韶文化遗存最为丰富。迄今为止，在郑州已发现的仰韶文化堆积均以中晚期遗存为主，文化内涵呈现出高度的一致性，形成了比较庞大的仰韶文化中晚期聚落群。目前，郑州地区经过正式发掘的仰韶文化遗址主要有双槐树遗址、大河村遗址、西山遗址、后庄王遗址、站马屯遗址、点军台遗址、青台遗址、秦王寨遗址、庄岭遗址、汪沟遗址、伏羲台遗址、尚岗杨遗址、水地河遗址等。它们主要分布于郑州市区及西北郊贾鲁河上游区域，西、南两面至伏牛山余脉的低山丘陵地带，东至古圃田泽，北至黄河，其间分布有贾鲁河及其支流索河、枯河和须水河。这里构成了一个相对独立的地理小单元，成为仰韶人理想的栖息之地。

顾万发说，所谓的王者之居，对山川地理条件的要求首先是要尽可能地实现对大区域和重要交通线的监控。郑洛地区沿黄一线自古都是最重要的东西通道，这一东西通道在巩义至汜水一段，由于南部地区丘陵山地的阻碍，收敛于黄河南岸阶地和平坦开阔的黄土台塬区域。

第六章 发现中原仰韶文化时期最辉煌的都邑

河洛古国西依黑石关，北靠黄河邙山天险，南凭嵩山屏障，东出虎牢关直面华北平原。面对东面的辽阔大平原，古国的王似乎早已看破了军事格局，因此他将西山、点军台两座城布局在此，作为守护古国的前哨，与大河村形成掎角之势，起到了军事防卫的重要作用。而秦王寨、汪沟、庄岭、伏羲台等中小型聚落也把守在它的东北方。同时，尚岗杨、后庄王、水地河等大概20多个中小型聚落穿插其中，将河洛古国牢牢守卫，形成拱卫之势。或许当时这些酋邦各有功用，我们可以猜想西山遗址是当时王部署下的操练军事人才的基地，而青台遗址被辟为古国天象观测的科研堡垒，汪沟遗址则是桑蚕养殖与丝绸加工的特色小镇，大河村遗址是制陶者的艺术部落。

尽管我们今天还不能完整、准确地描述河洛古国的缔造者为什么把自己的都邑选择建在双槐树地区，他又是怎样布局这城池、聚落来构建整个古国的气象，但我们至少可以从现有的考古发现来判断它的轮廓。经过考古学家的初步判断，当时有可能整个洛阳盆地都归古国管辖，河洛古国至少囊括了三门峡以东和黄河以北焦作盆地的范围。从遗址的地理位置、规模、文化内涵分析，它是迄今为止在黄河流域发现的仰韶文化中晚期规模最大的政治文明核心聚落群和唯一的大型城址群。随着以双槐树遗址为核心的郑州地区仰韶中晚期遗址考古材料的不断丰富，人们也认识到了双槐树人选址布局的智慧，它所体现出的兼容并蓄的文化传统，今天依然让人为之惊叹，或许这正是中华文明得以延续的重要因素之一。

随着双槐树遗址正式发掘工作的不断开展，历经近8年时间，这座东西长约1500米、南北宽约780米、残存面积近117万平方米的城邑逐渐露出了它的轮廓。双槐树遗址所在的这片黄土台塬区域，近乎平坦开阔的地面十分有利于大型聚落和多重环壕的布局，疏松的黄土利于开挖和修建既宽且深的壕沟。当初，考古人员也正是探出了这些宽大的壕沟，才让双槐树遗址渐渐走入人们的视野，让人们认识到它不同寻常的价值。与其说三重环壕是为了将整个城围住，形成严密的防御体系，不如说三重环壕的营建是为了凸显礼制的功能需求。如此巨大的工程，他们当时没有任何现代化的挖掘工具，这一方面让我们不得不感叹双槐树人精细的社会分工和严密的组织能力，一方面让我们有理由猜测，当时居住在这个中心城邑的是一个具有王者级别的人物，他制订了兴建这样一座城邑的计划，并发动周边那些中小型聚落的人们为他服务。

清晨，旭日东升，来自周边聚落的人们，无论是强壮的男人还是柔弱的女人，从半地穴式的房子里走出来，开始每日的劳作。修筑壕沟不仅是首领的指令，壕沟在他们心目中也是无比神圣的象征，所以他们即使辛苦工作到日落也毫无怨言。晚上，男人们在夜色里围着篝火落座，在享用女人和老人们早已为他们准备好的晚餐时，会愉快地谈论他们即将要完成的伟大工程，为自己能够参与建设这座中心城邑而感到自豪。就这样日复一日，围绕新都邑的壕沟在他们手中和心中一点点筑成。

迄今双槐树遗址并没有出现类似西山遗址那样的城垣，这也与考古学家许宏概括早期文明中的城邑往往"大都无城"一致。许宏认为，夏、商、西周时期的都邑遗址大都由宫庙基址群及周围广大的郭区组成，城市中有松散的郭区而无外郭城城垣，呈现了一定的原始性。事实上，"大都无城"也真正显示了广域王权国家强盛的国势、军事及外交优势，甚至和当时王的"天下，宇内"的思想有关。我们今天从"邑"字和"郭"字的本义也可以看出，"邑"，甲骨文作"ᘮ"，上部是一个围合的城域，下部是一个人跪坐的形态，意为人居之所；郭（墉）本作"✥"，省作"🐝",象城垣四方各设门亭之形。邑是没有城垣的居邑,郭是建有城垣的城郭。

考古学家冯时认为,居于中心的王都由于有诸侯的藩屏,实际已无须再建筑高大的城垣。早期国家特殊的政治结构及君王内治而重文教的传统,也决定了王都必须呈现没有城垣的邑的形制。《周易》"夬"卦的《象》云:"'告自邑,不利即戎',所尚乃穷也。'利有攸往',刚长乃终也。"王于邑告命,不能以深沟高垒将他与诸侯彼此分隔,邑无城垣,不利于战事,但利于教命远播。

仰韶中晚期,大型都邑进一步启动社会复杂化进程,开始向国家的形态迈进,但是并非所有的社会复杂化核心区都能成功地迈进国家,只有那些确立了都城的社会形态、拥有区域行政管理能力的才能成功地进入国家。当国家的政治话语权在各个城市聚落达成共识之后,便有了真正意义上的国家。正如著名考古学家张光直先生所说:"中国最早的城市的特征,乃是作为政治权力的工具与象征。"费孝通先生也把近代中国的城邑叫作"在权力居于武力这种政治系统里面统治阶级的一种工具。它是权力的象征,也是维护权力的必要工具"。这个界说,完全适用于中国最古老的城市。

从双槐树遗址所发现的三重环壕来看,这或许是"大都无城"的源头。王在自己的疆域范围内,让自然地理优势和诸侯之堡成为古国可靠的军事保障,在自己居住的中心建立一个宏大的都邑。当然双槐树遗址也具有《周礼》所记的"凡国都之竟有沟树之固"的特征,挖壕以避兽害,也划分了王的领域。双槐树遗址的三重环壕围起来的邑,就是典型的"不设防的城邑"。如果我们将目光放得更远,会发现早期文明形成的时期,大多数王权国家都承袭了这种"不设防的城邑"。

或许当时的国家首领有着朴素的政治观念,他们认为政治地位固然重要，亲民也一样重要。筑起一道城墙具有某种象征意义，但这样就将王与百姓隔开了，这是他们内心所不能允许的。理想中的政治莫过于百姓发自内心地对王臣服、崇拜，而王的自信当然也来自百姓对其执政能力的认可。于是，他们用一道壕沟表明身份与等级即可，无须更多的设防，这正是大国气度的显现。至于构筑高耸的城墙作为都城的基本政治要素便是后来的事了，这或许是历史风云变幻下的无奈之举——当军事防御与侵犯成为国家的常态，城中的人和王都感到建设军事防御设施的紧迫性与必要性，便有了高耸的城墙作为都城的最后一道堡垒。

学术界普遍认为，广义的"城"指人们在聚落上构筑的区隔性设施（以防御性为主）及拥有这种设施的聚落，这种设施一般为城垣，但也包含其他的构筑物如壕沟、栅栏等，以及部分利用自然之险形成的防御系统。环壕是新石器时代早期、中期文化遗址中普遍存在的防御设施。事实上，一重环壕的修筑即可起到防御、排水的功能，那双槐树人出于何因要耗费如此之大的人力、物力修筑这三重环壕呢？根据考古人员的发掘与研究发现，这三重环壕并非在同一时间修筑而成，第一重环壕和第二重环壕修建时间大体相同，第三重环壕修建时间相对较晚。但是它们是在聚落繁盛时期共存的，这种规制也是考古人员判断这座城具有高等级性质的重要依据。

2019年8月28日，第二届"中国考古·郑州论坛"举行。来自全国各地的数百名考古界专家、学者齐聚郑州，以"新中国考古学70年"为主题，进行为期两天的主题报告、学术研讨等活动，回顾了新中国考古学取得的丰硕成果。会议的最后一天，与会专家、学者一同参观了巩义双槐树和荥阳青台两处新石器时期的遗址，这当中自然少不了中国考古学会副理事长、北京大学考古文博学院教授赵辉的身影。

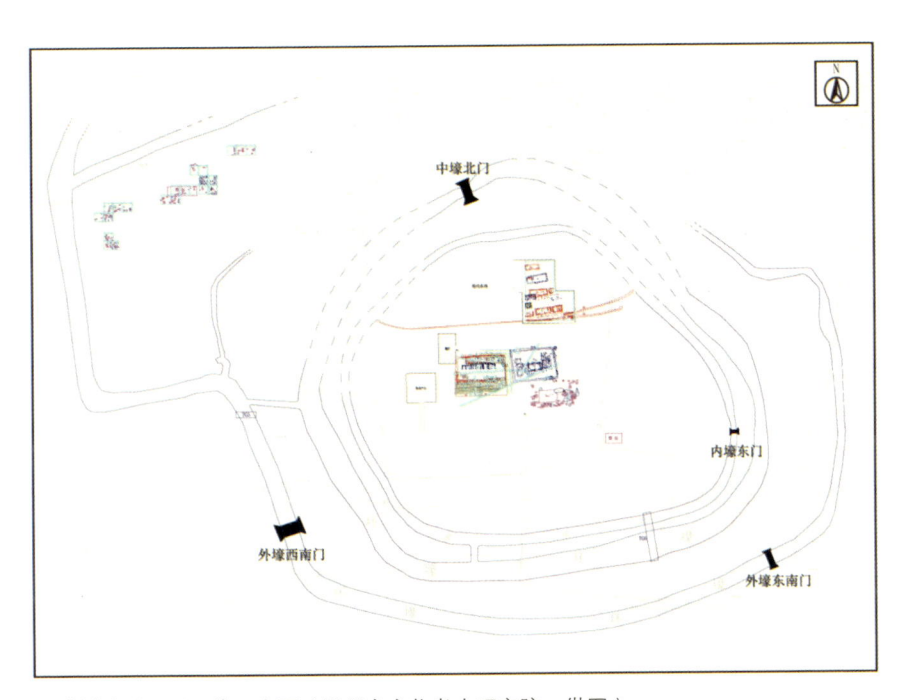

第六章 发现中原仰韶文化时期最辉煌的都邑

双槐树遗址三重环壕示意图（郑州市文物考古研究院 供图）

双槐树遗址壕沟剖面（郑州市文物考古研究院 供图）

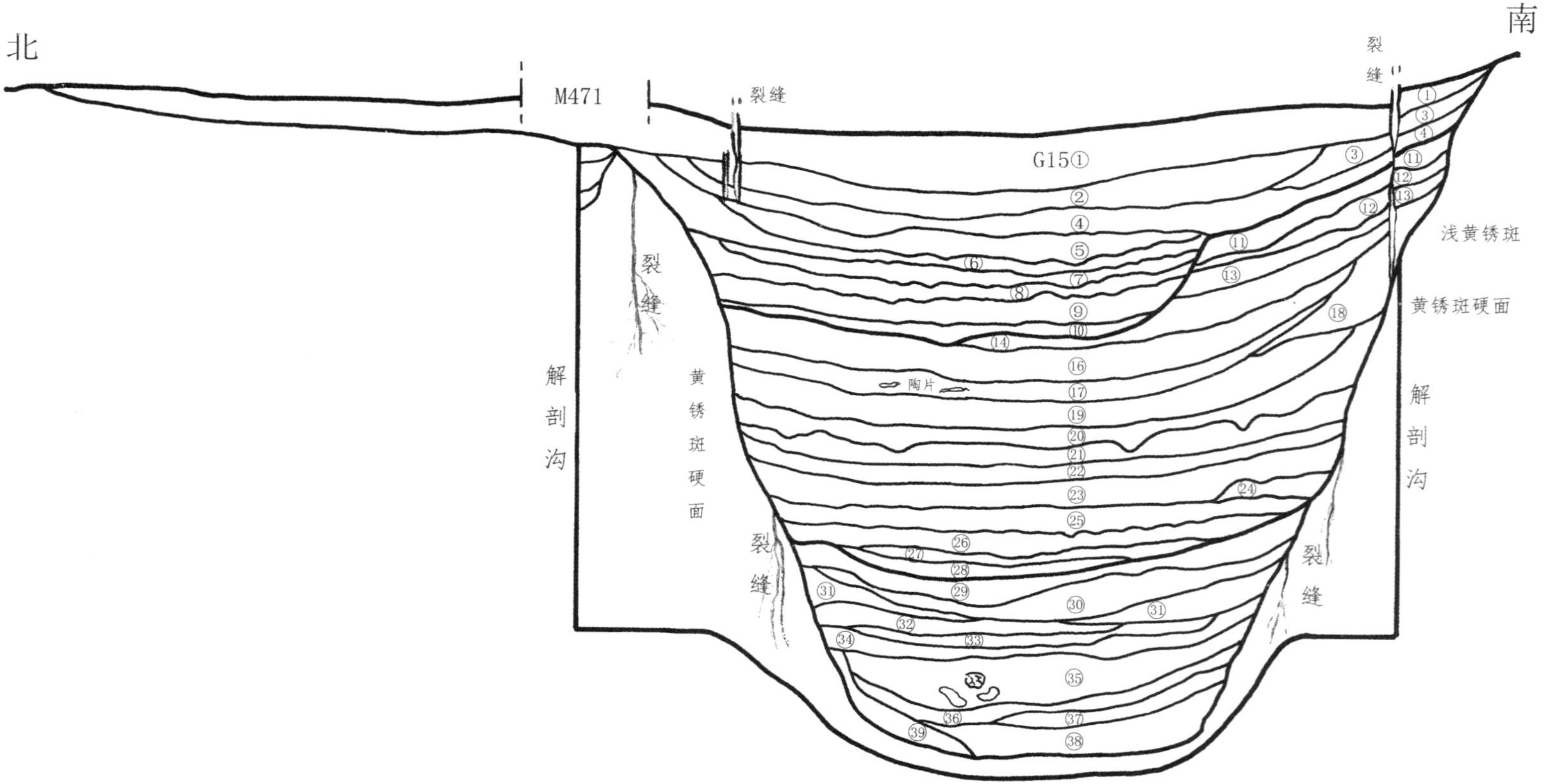

双槐树遗址三重环壕的内壕剖面图（郑州市文物考古研究院 供图）

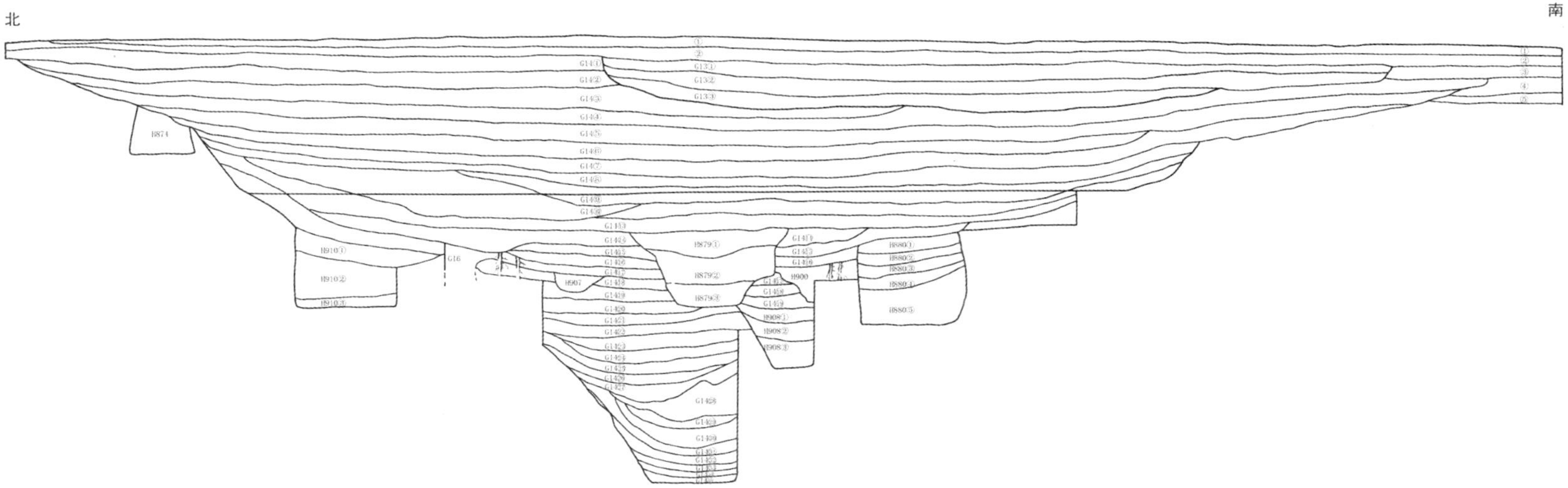

双槐树遗址三重环壕的中壕剖面图（郑州市文物考古研究院 供图）

双槐树遗址三重环壕的人文内涵示意图（郑州市文物考古研究院　供图）

　　这是赵辉第一次见到初露端倪的双槐树遗址，三重环壕的结构给他留下深刻的印象，他说："双槐树遗址算是一个基本完整的居住区，跟三重环壕的结构有很大关系，而且今后很可能会有更重要的发现，足以支持或者解释这个历史时期社会的发展程度。我可以肯定地说，这个遗址的规模在当时比较大，但是不是王权聚集区，可以作为下一个考古阶段的目标。"

　　顾万发将自己的大部分精力投入到双槐树遗址的研究中，为了彻底弄清楚三重环壕的形态，他和考古队对双槐树遗址进行了更深入的分析与解读。考古队员们分别在内壕、中壕、外壕做了大的剖面，从

第六章　发现中原仰韶文化时期最辉煌的都邑

目前所做的三重环壕剖面来看，围绕遗址的三重环壕形成了严密的防御体系，并有对外通道。内壕周长约1000米，上口宽6—15米，深4.5—6.15米。中壕周长1500余米，上口宽23—32米，深9.5—10米。外壕残存周长1600余米，上口宽13.5—17.2米，深8.5—10.5米。三重环壕分别通过木桥和实土的门道与外界相连。从目前局部解剖形态判断，内壕和中壕始建于遗址二期，外壕始建于遗址三期，三条壕沟到遗址四期偏晚阶段逐渐变平。

三重环壕的设置不仅是都邑的格局，也让我们猜测古人的想法。或许双槐树人早已经观测到每年在冬至、夏至、春分和秋分四个特殊的日子里，太阳会沿着三条特殊的轨迹运行。其中夏至日的太阳轨迹距离观测者最近，冬至日的太阳轨迹距离观测者最远，而春分与秋分两日，太阳轨迹正好位于夏至日和冬至日的中间。如此的数理美学让古代先民惊讶，这三条轨迹从此构成了他们对历法认知的重要参照系，周而复始运行的太阳与苍天带给他们无限的能量。他们一边据此更好地安排农时与生活中的重要事件，一边将观测到的这种现象应用于自己的生活空间，三个具有象征意义的圆环是他们宇宙观的表达。

20世纪80年代初，考古人员曾在辽宁省发现了新石器时代晚期红山文化的牛河梁遗址，生活在距今5500—5000年的人们构筑了包括祭坛、女神庙、积石冢在内的"坛庙冢"三大祭祀遗迹。其中，祭坛的形制即为三重圜丘，即由三层同心圆构成的中间高、四周低的圆形土台。由此，祭祀与国家的政治生活有了密切的关系，被中国历代君主奉行不辍，一直延续了两千多年，而祭天更是被推崇到了无以复加的高度，成为国之大祀。今天我们依旧能够在北京的天坛看到明清两代皇家的祭天之所，祈年殿为三重檐圆殿，殿顶原本覆盖着上青、中黄、下绿三色琉璃，寓意天、地、万物，清乾隆时改三色瓦为统一的蓝瓦金顶。圆殿内部开间还分别寓意四季、十二月、十二时辰及周天星宿，这是中国古代明堂式建筑仅存的一例。

双槐树遗址三重环壕的含义可能还需要我们更多的发现和认知，但对它的范围的确定已经让我们见识了这座城邑的规模。除了环壕给我们展示了它的王都气象，城内的整体布局形式也让我们看到了王的天地中轴之观。

发掘资料显示，内环壕的中部有一道城墙，将内环壕划分为南北两个区域。城墙北侧是一处大型中心居址遗迹，在居址南部修建有两道围墙，主体长370多米，与北部内壕合围形成封闭的半圆形结构，面积达18000多平方米。两道围墙系夯筑而成，墙中发现密集规整的承重木柱，墙上两处门道错位明显，形成典型的瓮城结构。墙内发现有瓮棺等奠基祭祀遗迹，时代为遗址三期。

这样的布局告诉我们它极有可能是河洛古国王者或贵族的居所。在目前考古发掘约十分之一的范围内，巷道相通的大型房址布局十分密集。其中，第四层下目前揭露房址共四排，时代为遗址三期。由南向北第一排为F36、F13、F20，第二排为F12、F11，第三排为F10，第四排为F40。四排带有巷道的大型房址之间建有通道，房址前均分布有廊柱遗存，特别是第二排中间的F12房址，面积达202平方米。在房子的前面发现了用九个陶罐摆放的遗迹，有的学者认为它可能是"北斗九星"的图案。在建筑中心发现一副首向南并朝着门道的完整的麋鹿骨架，位置在"北斗九星"北端，北极附近。居所的最北处还有一座大型池苑，这或许是他们精心建造的园林景观。

位于城墙南侧的分别是大型夯土建筑群基址、大型版筑夯土遗迹、重要墓葬、祭坛等，另有数量众多的房址、灰坑、人祭坑及兽骨坑等遗迹。其中，大型夯土建筑群基址中的一座大型建筑基础遗迹有可能是河洛

第六章　发现中原仰韶文化时期最辉煌的都邑　　　　　　　　　　　141

古国的一座面阔多开间的殿宇式建筑；位于内环壕的墓葬二区明显经过了严整的规划，中部的祭坛可能承载了双槐树人最重要的精神寄托；在内环壕之内的西北角、东南角还零星分布有一些制陶作坊的遗迹。双槐树遗址发现的仰韶文化中晚期的三重大型环壕、具有最早瓮城结构的围墙、封闭式布局的大型中心居址、大型夯土建筑群基址、采用版筑法夯筑而成的大型连片块状夯土遗迹、4处共1700余座经过严格规划的大型公共墓地、3处夯土祭坛遗迹、制陶作坊区、池苑、道路系

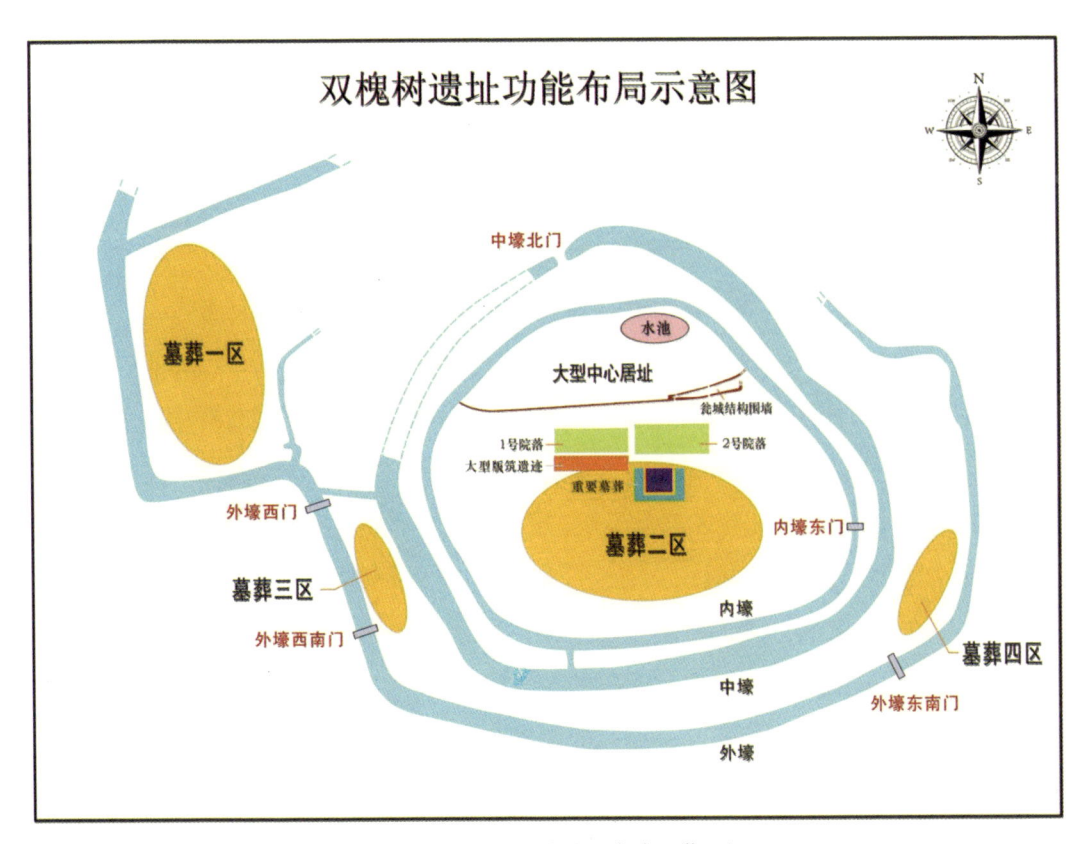

双槐树遗址功能布局示意图（郑州市文物考古研究院　供图）

统等一系列完善的基础设施足以表明这座都邑的完备。

　　细心的考古人员将双槐树遗址的城邑规划与布局绘在图纸上。我们可以发现，整座都邑中位于南部的大型夯土建筑群基址似笔画"横"，或许意味着"土地"，而北部的大型中心居址似半圆形，或许意味着"天"，这种布局形制寓意着整个都邑的贵族都居住在天上。位于其中的房子的间距与排列都是按照中轴线理念来布置的，在这个半圆形结构南侧的大型祭坛和重要墓葬也是紧挨着中轴线分布，这说明双槐树人内心"敬天法祖"的观念很强。

　　从这些都邑的布局特征上我们可以看出，最初的政治礼制已在这里萌芽，仰韶人有了身份、阶级的差别。王为了将自己的权力具象化，指挥子民修建了用以明礼乐、宣教化的建筑设施，包括宫庙、御道、祭坛和祭祀坑等。最初，这里是氏族部落或部落群举行公共活动的场所，之后随着社会的发展、私有观念的产生、贫富的分化，这些公共建筑逐渐成为这座城邑权力、身份和地位的象征。

　　这种布局思维我们也可以在姜寨遗址中寻找到联系。根据考古发现可知，仰韶文化早期的姜寨人懂得把选好的聚落用地根据自己的实际需求分区使用，遂萌发了聚落规划的思想。姜寨遗址一期的聚落轮廓呈椭圆形，内有壕沟，壕沟起着防御和排水的作用，壕沟内主要有居住区、陶窑区和墓葬区三个部分。壕沟呈半圆形环绕在居住区的北、东、南三面，西面临河。

　　位于中心居住区的房屋布局整齐，最大的特点就是这些房屋围成圆圈，呈中心对称的状态。北边的房屋门朝南开，东边的房屋门朝西开，西边的房屋门朝东开，南边的房屋门朝北开，总之是全部面向中央。中央是一片 4000 平方米的广场，周围略高，向中央逐渐低平。这种布局使得周边的房屋都方便直接地与社会活动的中心广场产生联系，

第六章　发现中原仰韶文化时期最辉煌的都邑

在面貌上明显地体现了团结向心的氏族公社组织原则。位于遗址东部集中规划的公共墓地是原始氏族社会房屋布局思维的另一个表现，他们把死者按生前聚居的情况集中一区埋葬，反映了原始居民对灵魂或死后有知的信仰。实际上，这种居住区与墓葬区隔离开来的布局是符合卫生条件的一个重大的进步。

我们从姜寨遗址中找到了早期仰韶人对于居住空间布局最初的思索，但是到了仰韶中晚期的双槐树遗址，我们可以看到这座城邑的建设已经过深思熟虑。

夜灯下，双槐树遗址的工作人员仍在忙碌。针对三重环壕之内的重要文化遗迹的历时性与共时性的研究仍在进行之中，密密麻麻的记录显示了已发现的文化遗迹之间有一种无比复杂的关系，但还无最终结论。顾万发说，这些记录目前能说明的一个阶段性结论就是：三重环壕、内壕之中的大型中心居址，以及居址前面的大型院落，这三个工程具有共时性，它们大概的共时时间是从双槐树遗址的第二期到第四期的早段，年代在距今 5300—5000 年，这意味着河洛古国曾经历了三百年左右的繁盛时期。根据研究所得的初步结论可知，双槐树遗址是一座经过精心选址、科学规划的都邑性聚落遗址，是迄今为止在黄河流域发现的仰韶文化中晚期规模最大的核心聚落群和唯一的大型城址群，这些发现证明双槐树遗址具备了早期文明的王都气象。

郑州大学教授张国硕对双槐树遗址的定性抱有谨慎的态度，他认为，双槐树遗址中的大型宫殿建筑、三重环壕和带有祭台的大墓说明它有可能是早期的古国都邑，但是若想确认双槐树遗址为古国都邑，则有一些问题需要解决。

首先，双槐树遗址一带地处伊洛平原和华北平原西缘之间，大体可分为河谷、丘陵、山地三种地貌，地势起伏明显，北有黄河阻隔，地域狭小，交通不便，生态环境并不优越。当时为何选择在这里建造大型聚落让人难以理解，该聚落的军事防御体系是如何构建的也需要深入分析。其次，双槐树聚落如何控制和影响周边地区？势力范围有多大？反映在考古学上是何类文化遗存？这类遗存有哪些早期国家文明的特性？有关这些问题的材料目前尚不明晰，有待今后进一步探明。最后，该遗址发现的墓葬大多没有随葬品或随葬品差异不大，所反映出的等级社会特点不突出，与早期国家应具有的主要特征不完全相符，其原因也有待认真思考。

这样的思索和探讨会将河洛古国带入一个更深的历史命题之中，如果它真的是同时期中原最大的仰韶中晚期遗址，那么它到底重要到什么程度？它会不会就是传说中的黄帝都邑？这其中还有很多的要素需要去证明。顾万发与他的团队带着这些认可及建议赋予了双槐树遗址新的活力。事实上，从双槐树遗址的发现开始，顾万发就邀请许多国内优秀的考古科研团队、考古专家参与研究。近 8 年时间，双槐树遗址大大小小的"证据"累计起来成千上万，将它们全部系统组合、比较、论证、研究的确是个巨大工程。顾万发心里清楚，考古学是一门十分严谨的学科，每一步的论证都必须有根有据，考古材料需要经得起现代科学的检验。这些热心的来访者带着认真的态度和专业的素养对双槐树遗址一步步地进行发现与论证，对遗址的研究起到了非常宝贵的促进作用。

按照目前的考古测年的结果，河洛古国在双槐树地区曾繁荣过约三百年。那么，河洛古国的先民因为什么离开了这块世代生息的土地？他们又走向了何方？河洛古国的文明又以什么方式传承？这些都是我们要解答的问题。

郑州市文物考古研究院在对环壕的解剖中意外发现了多处地震引

双槐树遗址地震裂缝遗迹（郑州市文物考古研究院 供图）

发的裂缝遗迹。这些裂缝遗迹位于遗址内壕和中壕东南部的解剖沟内，呈东西条状，交叉错乱，缝内有淤积的黄土，还有明显的地层错位现象。顾万发专门请来北京大学的地质专家到现场确认，专家确定这是地震引发的裂缝，并且震级在6.0级以上。很多人好奇，判断地震的裂缝干什么，这又能说明什么，顾万发却格外兴奋："这太重要了，这为文明探源及中国早期古史的论证提供了难得的考古学证据。"

《今本竹书纪年》中关于黄帝有"一百年，地裂，帝王之崩皆曰陟"的记载。唐代天文学著作《开元占经》引《尚书说》也记载："黄帝将亡则地裂。"这表明，黄帝部落的迁徙有可能是因为发生了地震。民间有"九龙分黄城"的传说，即黄陵附近有九条沟渠，这似乎是黄帝时代"地裂"这一重要事件的另一种故事化的表述，新郑也有"黄帝城"是由天上九龙下凡修建的神话，尤其是青台遗址所显示出的超新星爆发迹象也给了我们很多思索的空间。双槐树遗址这些遗留下来的地震遗迹，或许真的印证了文献中的记载和历史传说，从一个侧面让我们相信这里曾是轩辕黄帝的居所。

双槐树遗址的地理位置和所处时代非常重要，伊洛汇合后在这里流入黄河，遗址呈现出的景象与内涵，契合了《周易》中"河出图，洛出书，圣人则之"的记载。李伯谦认为，不排除双槐树遗址是黄帝时代的都邑，而且它是一处经过精心选址和科学规划的都邑性聚落遗址，周边的青台、汪沟和洛阳的苏羊、土门等多个遗址，特别是西山、点军台、大河村仰韶文化城址组成的城址群对双槐树都邑形成拱卫之势。无论是从遗址的地理位置、规模、文化内涵还是其所处的时代，无不凸显了双槐树遗址在中华文明中的中心地位，它至少应是仰韶文化中晚期黄河流域政治文明的核心。

以往国内大部分学者认为中原的中心地位是从夏代才开始形成的，双槐树遗址实证了河洛地区在距今5300年前后这一中华文明起源的黄金阶段的代表性和影响力，填补了中华文明起源关键时期、关键地区的关键材料的空白，也以考古学的实证材料表明，以双槐树遗址为中心的仰韶文化中晚期文明是黄河文化之根、华夏文明之魂。

越来越多的考古发现让当年司马迁简略的文献记载丰富了起来，并接近了历史的真相。就现有的考古材料来看，古国兴衰的印迹不仅记载了一个国家和民族成长、发展的历史，而且让今天的我们有理由相信黄帝时代的存在。黄帝是华夏民族社会组织发展之初的典范，也是感召、凝聚华夏民族的核心人物。他通过一系列的兼并战争，实现了氏族部落的第一次大融合，为华夏民族的形成奠定了基础，而且他总结了前人的治世之道，不断有新的创造发明，推动了生产发展，开

第六章　发现中原仰韶文化时期最辉煌的都邑

双槐树遗址最新发现的文化遗迹（郑州嵩林书院　供图）

启了华夏文明的全新阶段。

今天，距离双槐树遗址 30 多公里的郑州已是中原地区繁华的都市，宽阔的街道、鳞次栉比的高楼大厦将形形色色的人群聚合，耸立于地面之上的斑驳的古城墙与现代化的生活样态也并不违和；它们的存在，似乎在强调中华文明的血脉一直未曾中断。生活的一切其实并没有被颠覆，人的生命就是在这样的时光中流逝，承接往日的荣光，又创造今天的辉煌。像双槐树遗址这样的历史遗迹是每座都市的文化象征，它们与五千多年的文明、与当下城市的精神和灵魂同在，串联起政治、经济、文化、生态的发展脉络，见证一个城市的传承与变迁。

第七章
翻开五千年前的建筑地书

门道

第七章　翻开五千年前的建筑地书

　　仲春的田垄上漫溢着露珠，此时双槐树村的颜色慢慢多了起来，不再是灰蒙蒙的黄土和干枯暗淡的枝丫的单调，远处黄河与天空的交界线也比往日更加清晰分明。这个时节，风渐渐暖和起来，缩进袄袖里的手伸得出来了，新的发掘任务也来了。作为驻地的考古领队，汪旭风尘仆仆赶来，给一支新组成的考古民工队派活儿。这些考古民工多数来自附近村落的村民，除了种田，他们倒是乐意干这种"文化活儿"，同样都是与土地打交道，但是拿着手铲就好像分量不一样了。新来的队员第一次用手铲还是有些生疏，平整探方壁的时候，来回铲刮费了很大力气，但是在领队的指导下他们很快就适应了。最近考古队制作了一批长柄的刮铲，刮剖地面时不用再弯腰蹲在地上，极大地提高了效率。那天王巍来到工地，兴奋地干了好大一会儿，说一定要把这个"神器"推广出去。

　　回想起几年来在双槐树村驻扎的日子，汪旭越来越觉得这里亲切。这片黄土台塬上，他不知道来来回回走了多少遍。在村头树下乘凉时，大家常常开玩笑似的幻想，以后高精尖的科技发展到了一定地步，考古人戴上一副能透视地层的眼镜，一眼望去便知道这地底下埋了什么，一目了然，或许那时就不必再这么整日整日辛苦地挖了。这两年，事业单位取消福利奖金，田野考古的补贴也取消了，考古队员的生活自然受到影响，可发掘的任务却越来越多，一些人便想换个工作，去搞研究。汪旭不是没想法，但想法不能影响干法，何况大家都是如此，包括院长也一样。最重要的是，考古人大多数都是只要拎上手铲，就

郑州市文物考古研究院的工作人员在双槐树遗址发掘现场（郑州市文物考古研究院　供图）

再也放不下了，何况双槐树遗址也揪着大家的心。对未来科技的美好期许或许还要再等待些时日，可眼前的双槐树遗址已经在他们一铲子一铲子的挖掘中露出了眉目。牛奶会有的，面包会有的，双槐树遗址的未来也会有的。

双槐树遗址考古工地上，除了长柄刮铲这个新"神器"，还有他们自己发明的另外两大"神器"，一个是"地层比对标尺"，一个是他们自制的表格。所谓"地层比对标尺"，不是一把真正的尺子，而是最早发现遗址的双槐树村村民在20世纪70年代挖的一个大蓄水池，考古队把蓄水池的东壁和西壁做了两个大的剖面，可以清楚地看到地层情况：地层一共分为七层，其中第一层是耕土层，第二层是扰土层，第三层至第五层是仰韶文化晚期遗存，第六层至第七层是仰韶文化中期遗存；位于东壁的剖面上还有一个窖藏坑，可以清楚地看到陶罐、

双槐树遗址的蓄水池剖面（郑州市文物考古研究院　供图）

红烧土块、蚌壳、兽骨等文化遗物。有了这把"尺子"，考古队员在探方内一层一层清理时，心中就像有了示意图一样，出土文物也在断代上有了可靠的依据，民工们也有了形象的教材。

　　至于那张表格，是大家工作伊始按照领队顾万发的要求绘制的一张有关所有发掘出土的文化遗迹的历时性、共时性研究的表格。每一道城墙、每一条壕沟、每一座墓葬、每一块遗骨、每一座房子、每一片陶片、每一个器物……所有的文化遗迹细节原原本本、真真切切地记录其中，琐碎而庞杂。双槐树遗址文化堆积厚，遗迹间叠压关系复杂，考古人员初步将该遗址文化遗存分为五期七段：第一期为裴李岗文化时期；第二期相当于大河村二期偏晚阶段（即庙底沟类型晚段）；第三、四、五期相当于大河村三、四、五期，其中四期分为三段；另外还存在丰富的大汶口文化、屈家岭文化等周边文化因素。待这张表格全部绘制记录完毕的那一天，它将回答我们：双槐树遗址中几个时期的文化遗迹分属于什么类别？哪些是同时代的？哪些是不同时代的？哪些是纵向的？哪些是横向的？考古过程中的信息记录、信息采集、状态原真保持和修复，这些看起来简单的技术工作，有时候甚至比考古的最初发现还重要。这两年郑州市文物考古研究院启动了"考古发掘过程信息采集与遗迹复原新技术研究"项目，对考古调查识别，发掘过程中数字化记录、保护、扫描、修复、储存、复原等都有过尝试。我们期待有一天，他们这个队伍是中国考古的精锐之师，不仅给我们呈现考古的实证，还会奉献出遗迹完整复原的奇迹。或许这样的结果，还需要考古人未来几年、十几年甚至几十年的辛苦付出，但是我们无比期待那一天的到来。

20世纪50年代，在发掘西安半坡遗址时，考古学家石兴邦带领考古队员借鉴了苏联考古发掘的经验，采用了大面积开探方的发掘方法以揭示聚落布局全貌。此后，大面积揭露探方发掘法在中国的考古工地上被广泛使用。此次双槐树遗址的发掘，顾万发也沿用了这种方法。他们先是对三重环壕进行了基本的勘探；双槐树城邑的面貌有了轮廓之后，又开始了城壕之内的剖析；内城的布局、遗存搞清楚之后，城内的情况尤其是建筑物的发现是他们至关重要的破题之作。5000年前双槐树人到底在这座巨大的城池中建造了什么样的房屋呢？房屋是分析社会阶层关系的一把钥匙。进入内城之后，在针对大型中心居址的房基进行发掘时，考古队员们显得格外谨慎，就像扫清外围、攻破城池之后进入了巷战，每一个点都会小心翼翼。他们仔细将房基、居住面、居住层、破坏层和后期堆积区分开来，着重找出与房屋相关的当时人们活动的地面遗迹。

在对内环壕进行发掘时，他们逐渐探出内城中部有一道城墙，这

第七章 翻开五千年前的建筑地书

道城墙位于内壕的北部、大型中心居址的南部,主体长 370 多米,与内壕的东西两端连接,把内壕北部的大型中心居址围合成一个封闭的半圆形。另有两道墙体在大型中心居址的东南端,呈拐直角相连接。在拐弯处和东端 35 米距离范围内各发现门道一处,两处门道位置明显错位,形成较为典型的瓮城建筑结构。

瓮城被认为是中国古代城市的主要防御设施之一,是为了加强城邑或关隘的防守而在城门外修建的半圆形或方形的护门小城,属于古代城市城墙的一部分。今天我们可以看到的仍存于世并且保存完好的

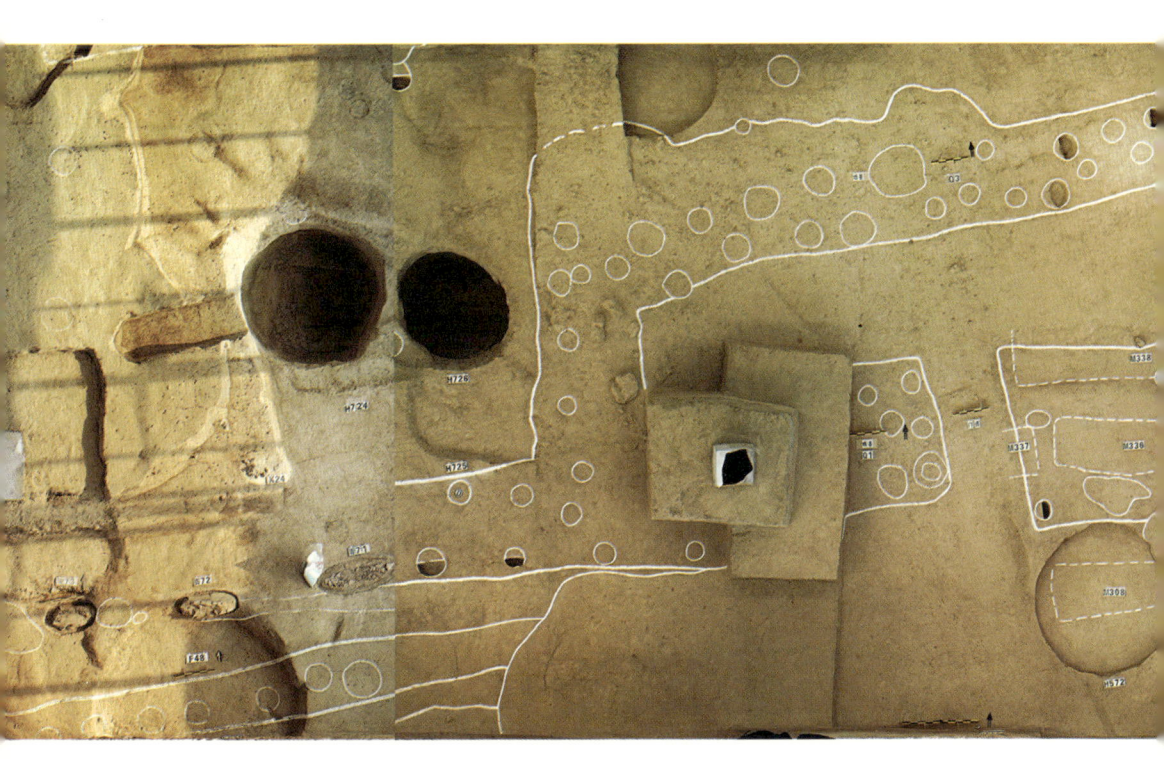

双槐树遗址的瓮城结构(郑州市文物考古研究院 供图)

瓮城是南京明城墙13座明代内城门之一——中华门，素有"天下第一瓮城"之称。昔日的城门关隘，工程之雄伟，结构之复杂，设计之巧妙，让人不禁感叹古代中国人民的智慧与才干。

仰韶文化时期房屋的特点是伴随着中国原始农业发展而形成的。整个仰韶文化时期的遗址分布区域处于中国黄土分布最广袤的地区，对于早期氏族聚落而言，这些地区的自然条件最适于原始农业的发展。仰韶人在这里逐渐形成了一套适合黄土地带原始粟作农业经济的生产方式、氏族聚落生活方式和意识形态。黄土的底色铸就了他们"建筑创作"的基础，他们能够迅速了解黄土地带的特性——地下水水位较低、土质结构均匀、保温条件比较好，因此便有了半地穴式房屋的创意。

红烧土房屋应是仰韶人内心所追求的"豪华住宅"。他们以木为骨，以草为筋，拌泥砌筑成泥坯之后，用大火烘烤整个房屋，直到其变成红色。他们早已领会到了烧制陶器的原理，而且将这种原理运用到自己的建筑作品里。或许，红烧土房屋是他们烧制的一件别样的"陶器"，这件"陶器"冬暖夏凉，坚固美观。

今天，红烧土房屋的作品依然屹立在郑州大河村遗址博物馆中，这座被中国考古界称为"天下第一屋"的房子屹立于此已经5000多年了。大河村遗址博物馆馆长胡继忠说，对这座房子的体检、试验、加固，绝对是个细致活儿。对于房基表面及柱洞内的积尘、粉化物及苔藓死亡体等，科研人员要借助毛刷、竹刀等工具手动清除，稍有不慎就可能对房基造成损害。作为曾经的河洛古国的一个大型聚落，大河村人从距今6800—3500年一直坚守在此，历经仰韶时期、龙山时期和夏商时期，其延续时间之长、文化层堆积之厚，在国内也十分罕见。大河村遗址目前共清理房屋基址50余处，其中一处占地近50平方米的仰韶文化房基空间布局保留完整。虽然"天下第一屋"的屋顶早已不在，

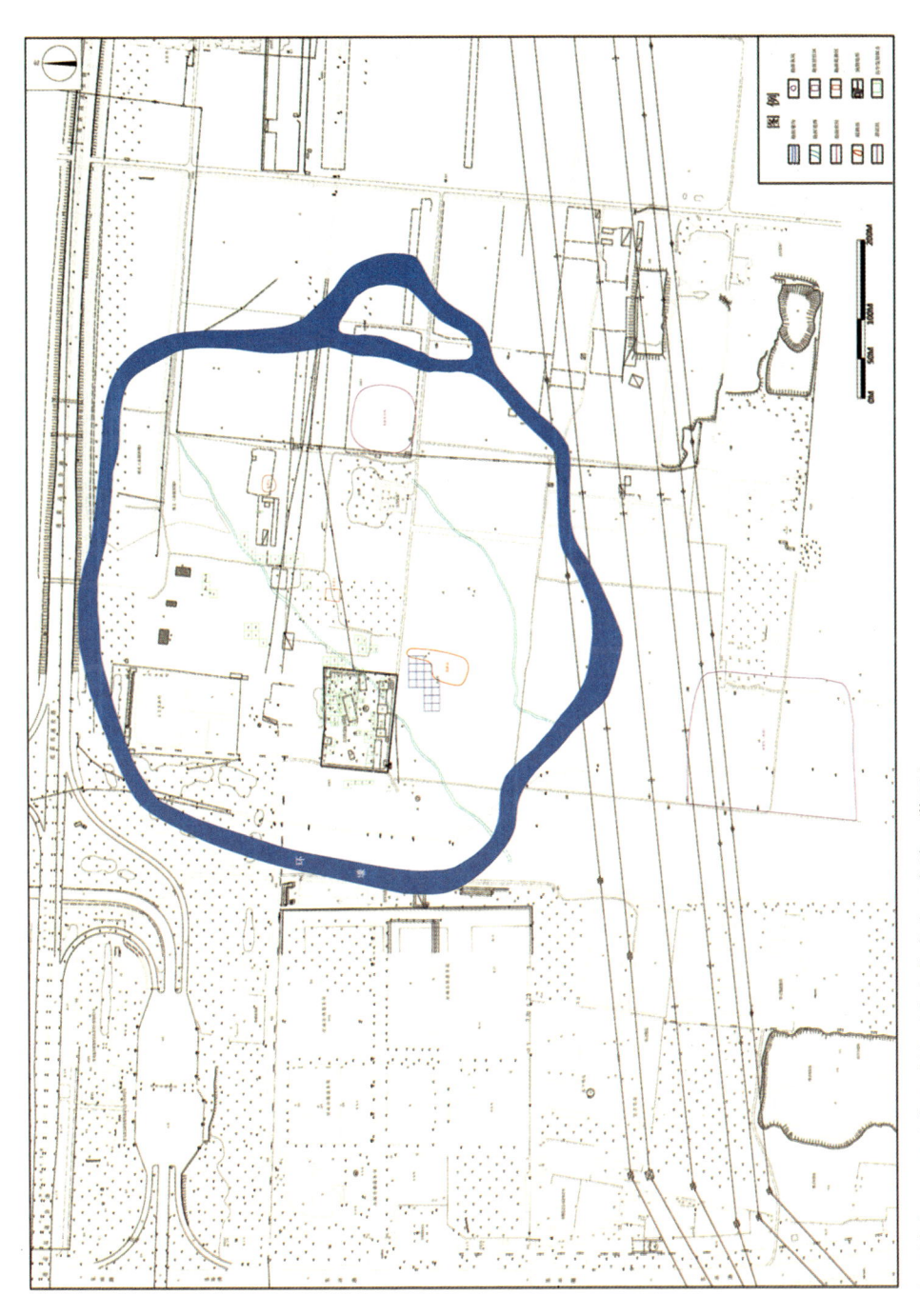

第七章　翻开五千年前的建筑地书　　　　　　　　　　　　　　　　157

大河村遗址平面分布图（郑州市文物考古研究院　供图）

大河村遗址房址遗迹（郑州嵩林书院　供图）

大河村遗址房屋复原示意图

但 1 米多高的墙体依然存在，四个房屋东西排列，其中一间屋内还有一个套间。据考古学家分析，这四间房屋都独立具有生活和起居的功能，这说明当时大河村人已经萌发了私有制和家庭的观念，他们正在迈入文明社会的门槛。大河村遗址的"天下第一屋"给了今人见证仰韶文化时期房屋的机会。从这些以往出土的仰韶文化时期的建筑遗迹可知，仰韶人普遍掌握了建造红烧土房屋的技术，开创了一个全新的时代。这种类型的房屋，从半坡文化时期开始，一直影响至仰韶文化晚期，延续了 3000 多年。

双槐树遗址瓮城城墙北侧的大型中心居址，可能是这座城邑的王与贵族的生活之所。这里有比较密集的四排房址，在其前方还有两排间距、直径基本一致的柱洞，说明这些房子已经具有廊庑结构。随着

双槐树遗址大型中心居址遗迹（郑州嵩林书院　供图）

双槐树遗址大型中心居址分布图（郑州市文物考古研究院　供图）

第七章　翻开五千年前的建筑地书　　　　　　　　　　　　　　161

江苏师范大学刘效彬副教授在双槐树遗址发掘现场提取房屋建筑材料标本（郑州市文物考古研究院　供图）

这些房址遗迹的大面积揭露，考古队员还发现这些房子之间布设有科学规划的巷道。

而另一座十分奇特的房子引起了大家的注意，这座房子编号为F12房址，位于大型中心居址的第二排中间，也就是在整个大型中心居址的中心，面积达202平方米，在它的内部有用九个陶罐摆放而成的图案遗迹。

对于顾万发来说，这些陶罐的发现与判断并不偶然。几年前，青台遗址发现的"北斗九星"文化遗迹已逐步形成定论，这给了他们很好的心理准备与发掘经验。巩义双槐树遗址与荥阳青台遗址距离不过30公里，如出一辙的"北斗九星"文化遗迹表明在距今5300年前，仰韶时期的先民已经掌握相对成熟的"天象授时"的方法，他们用"北

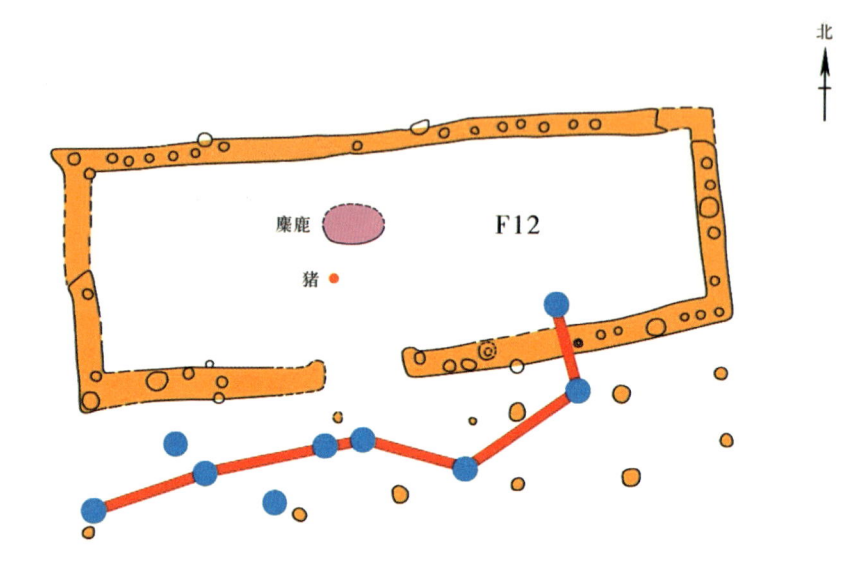

双槐树遗址 F12 房址平面示意图（郑州市文物考古研究院 供图）

斗九星"一类的天象来观察节气，指导农业生产。

这一次与青台遗址不同的是，顾万发发现这里并不仅仅是九个陶罐的排布与摆放，在"北斗九星"文化遗迹的上端，象征北极星位置的附近，也就是古人所认为的北极——宇宙的中心还发现有一副首向南朝着门道的完整的麋鹿骨架。麋鹿象征北方，它的位置也恰巧在 F12 房址的中心。饶有趣味的是，在麋鹿骨架的南边，还有一副象征南方的猪骨架，不过目前考古队员还不能确定这副猪骨架与麋鹿骨架是否同属一个房屋，与其他遗迹是否在同一层位中，它具体的信息尚待整理与确认。

在古人眼里，麋鹿是一种神奇的瑞兽。《逸周书》曰："夏至之日，鹿角解。"鹿是属阳性的山兽，因阳气盛极而衰，鹿角在夏至脱落，

第七章　翻开五千年前的建筑地书　　　　　　　　163

双槐树遗址 F12 房址（郑州市文物考古研究院　供图）

是自然界万物更替的结果。而麋鹿与鹿不同，麋鹿的角朝后生，属阴性，在冬至二候"麋角解"，意味着阴气渐退，阳气初生，一年到头否极泰来。所以，统治者把麋鹿脱角视为吉祥的象征，并把麋鹿与一年中最重要的节气冬至相关联。此外，道教中有"三蹻"的说法，"三蹻"指龙蹻、虎蹻、鹿蹻，它们是帮助神巫上天的飞行工具，其中鹿蹻日行千里，往来如飞，可与上天沟通。

居住在F12这座大房子中的这位高贵的王，开门见山地用这样的文化意象向今人展示了自己的身份和地位。5300年前，很多天文知识还未普及于众，而农业的丰收与天象息息相关，这位王掌握着天地之间的巨大秘密，知道世间还有太多未解的玄机，他既是王，也是巫觋。我们可以想象，这位王在位于古中国中央这座我们今天暂且叫着F12的大殿内踞坐，与天地沟通，推演星象运转、山川变化，不断思索、寻找河洛古国与天地之间相对应的时空关系。

顾万发认为，F12房址布局在此，如果将"北斗九星"竖起来，即把它前面的回廊立起来观看，相当于房中的主人头顶"北斗九星"，脚踏这座房子，人在中间。用"北斗九星"代表天，方形的房子代表地，这位王就在这天地之中心。或许，他就在这样的思索与遐想中，逐渐梳理清楚了最初的天、地、人之间的微妙关系。他甚至想象自己骑乘麋鹿，在冬至这个重要的时间节点，上天入地，巡游天下。

李伯谦曾说，通过双槐树遗址的发掘与研究，我们找到了"君权神授"的更多证据。"北斗九星"文化遗迹、麋鹿的发现也许就在告诉我们，这是王的居所，王的权力来自上天。这或许就是后来中国几千年王权社会"君权神授"最好的例证。

青台遗址的"北斗九星"应该属于科学观察的遗迹，双槐树遗址的"北斗九星"也许是王者的尊贵象征。如果后者与前者一样，也是有意而为之，那么黄帝为"北斗之神"的传说有可能就找到了真凭实据。有关 F12 房址的很多问题仍在研究中，我们尚不能得出某些肯定的结论，很多类似的考古难题，就是在不断的争论与探索中被一点点解开。我们无比欢欣地期待着更多惊喜被发现，更多谜题被破解。

现在我们的王可以走出来了，他从自己殿内的麋鹿祭点站起来，跨出 F12，走过星斗陶器，向南越过瓮城门，来到内壕的南区。我们今天通过发掘知道，双槐树遗址内壕南区里，由北向南依次排布着大型夯土建筑群基址、大型版筑遗迹、墓葬和祭坛。

这座古国的王怀着对盛世的信心，差人建造了这座宏大的宫殿建筑，他在此集会、议事、宴饮、娱乐，接受周边属地子民的朝觐。子民在一年中有四次朝觐王的机会，这些逐渐演变为后世成熟的政治制度。这一天，又到了朝觐王的日子，子民怀着紧张激动的心情在宫门之外恭候多时，那里正是他们祭拜祖先的地方，而右边（西）是祭祀土地神、粮食神的祭坛。气势恢宏的两座建筑带给人们威严庄重之感，不由得让人匍匐在地。此刻，王在他们的心目中变得愈加神圣。

依据双槐树遗址现有的发现我们可以看到，双槐树遗址整个建筑群的夯土地基面积为 4300 平方米。地基全部采用版筑法夯筑而成，西北部夯土地基保存较好，残高约 1.9 米。主体建筑以道路为界，分为东西两个区域，其上建筑密布，时代上至少有三次大的迭代。目前暴露有三处大型院落，其中一、二号院落布局较为清晰。这些建筑群与北部的大型中心居址形成了"前殿后寝"的格局，似乎是后来王朝宫殿礼制建筑营建的前身。"前殿"通常是统治阶级处理政务、举行大典、集会议事的地方，而"后寝"则是王与贵族们生活起居的地方。正如《周礼·考工记》所录："匠人营国，方九里，旁三门。国中九经九纬，经涂九轨。左祖右社，面朝后市。"后世人们依古制一如既往。明朝迁都北京后，按照《周礼·考工记》中所述的原则，在天安门通往午门的中轴线东、西两侧修建了太庙（祭祖）和社稷坛（祭土地神和五谷神），以虚实结合的风格，形成了对称而又不同的建筑格局。

一号院落位于夯土基址西半部，平面呈长方形，面积1300余平方米，时代为遗址三期。院墙基槽内填土经过夯打处理，南墙偏东位置发现有主门道，门道有对称的柱子，并有多层台阶迹象。门外东侧发现门塾1处，西侧对称位置也有相关迹象。该院落主体建筑编号为

双槐树遗址大型夯土建筑群基址（郑州嵩林书院　供图）

第七章　翻开五千年前的建筑地书

双槐树遗址一号院落南墙偏东位置门道遗迹（郑州市文物考古研究院　供图）

F76，其平面呈长方形，面积达308平方米。北墙墙体外发现有柱础石，整个院落南墙外发现有平面呈长方形、面积近880平方米的活动面。中国社会科学院考古研究所研究员何努认为一号院有可能是河洛古国的庙堂建筑，而这个庙堂建筑之前还有大型广场。

二号院落位于夯土基址东半部，平面呈长方形，时代为遗址四期早段。整个院落面积1500余平方米。围墙现存基槽通过夯筑而成，墙中发现规整有序的承重木柱，墙体内外侧发现有扶壁柱和扶壁墙遗迹。该院落发现门道3处，其中1号门在南墙偏东位置，门道为"一门三道"，门外东西两侧各发现门塾1处。院落内发现大型建筑基址，柱础密集，柱网结构明显，同时在它之前还发现有类似干栏式的建筑。依据现有结构，研究员何努认为二号院整体来看可能是一座重要的宫殿建筑，而这座干栏式建筑或许是用来展示万国来朝时的进贡之物的。另外，在一号院落与二号院落之间还发现有清晰的运输货物的通道。

双槐树遗址发现的二号院落大型宫殿建筑是古国的中心，我们有理由推测5300年前河洛古国的王曾在此居住，他颁布过重要的法令，也举行过封赏大典，更接受过百官、子民的朝贺。这些所有的重要事件都少不了宴饮。宴饮生活已是当时王与贵族的礼制所需，因此这座

双槐树遗址二号院落（郑州市文物考古研究院　供图）

大型宫殿又承载着社会交往、情感沟通的功能。仰韶文化步入中晚期，定居式的原始农业经济社会已经形成，黍、稻等农作物种植进一步发展。仰韶人在有了富余的粮食之后，开始发展酿酒业，正如《周礼》所云："以飨燕之礼，亲四方之宾客。"这些或喜乐或豪壮或婉约的感情融于这一杯酒中，集于这座庞大的宫殿之上，使官员与属地的子民得以聆听王的圣意，更拉近了王与子民心灵之间的距离。

2002—2004年，由中国社会科学院考古研究所、河南省文物考古研究所等单位组成联合考古队，在灵宝西坡遗址的中心部位也发现过两座特大房址，其中房址F105是半地穴式与地面式相结合的大型建筑，由主室及四周回廊和斜坡式门道组成，整座房屋的建筑面积达516平方米，筑造工艺十分复杂。它的夯土基座有2.75米，是一个面积达

372平方米的房基坑。西坡人在房基坑上部建起了半地穴主室，主室四周的回廊最宽处达3.55—4.70米，斜坡式长门道的两侧还有立柱支撑的顶棚，宽大而有气势的顶棚彰显了主人的华贵，考古人员推测这座建筑的屋顶可能是四面坡式的方锥形。而另外一座西坡遗址的房址F106室内面积有240平方米，居住面下有多层铺垫，地面和墙壁还涂饰了红色朱砂。宏大的规模、复杂的建筑技术和特殊的位置显示这两座房屋不是一般的居住空间，而应该是整个聚落举行公共活动的大型宫殿。

仰韶文化中晚期，仰韶人常常喜爱将宫殿扩建，而集中出现在聚落遗址中心的宫殿，他们更会精心装饰，让地坪更坚硬、平整、光滑，多呈青灰色，甚至还在有些建筑墙壁上涂朱砂（如西坡遗址F106）或绘画（如大地湾遗址F411）。这说明大型宫殿建筑在仰韶文化中有着重要功能和地位，除了类似宗教的活动，仰韶人在宴饮集会时，对礼仪环境有特殊要求。

处于仰韶文化时期的甘肃天水大地湾遗址中，考古人员发现过一座距今5500—4900年的宫殿建筑F901，它的结构分为主室、侧室与后室，主室房基保存基本完整，呈长方形，室内面积达120多平方米。这座宫殿建筑遗迹中还留有部分墙体、柱体、灶台，还有一个正门、两个旁门、两个侧门，正门门道与门道顶棚面积约5平方米。大地湾遗址F901主室的装修工艺也是十分用心，它室内夯筑有坚硬的黄土地基和精心处理过的地坪。大地湾人在夯筑地基上面铺了由草筋泥团制成的烧土块，再铺一层由砂粒、小石子和料姜石煅烧后制成的材料组成的"混凝土"。

另外，考古人员还发现这座建筑的主室墙体厚度仅有0.40—0.45米，由内外三层砌成。中间层为密集的木骨和草泥，木骨的柱洞深度达1米多，四周墙体内木骨柱洞有142个，间距非常小，大约每0.2—0.3米就有一个。这种由密集的木骨作为墙的主体、辅以草泥与红烧土外层再加立附墙柱的模式是仰韶文化时期房屋墙体营造技术的重大进步，如此使墙体更轻薄、更结实，并且能比以往的墙筑得更高，使建筑物本身显得更宏伟气派。同时，F901主室内的四周墙壁包括附墙柱的外表、灶台、室内大柱外表等裸露的部位，都以料姜石粉涂抹装饰，形成坚硬、平整、光滑的表面，开启了中国人最早的整体室内装修粉刷墙壁的施工作业。

整个仰韶文化时期的房屋建筑，从半坡类型的主要以木骨垒墙为主要特点的形制，逐渐发展至中晚期的红烧土墙的结构形式，再到后来的土木混合结构类型，这一变化过程奠定了5000多年东方建筑以土木结构为主要特征的建筑工艺思维。与此相应，仰韶人的精神文化活动也开始变得异常丰富，他们不仅深刻领会了制作彩陶的技术和理念，还会将刻画、雕塑等原始艺术的技法应用至建筑中去。如许多文化遗存反映了古人的生殖崇拜，大地湾遗址第四期F411房内地面画有不少阳刚的男子围绕仰卧的女子的情景，这似乎是在表现一种男女交媾的习俗或反映宗教崇拜的意识观念。今天，我们并不能知晓谁是那座房屋的设计者，那或许是仰韶人集体智慧的显现，但这些设计精巧的建筑物给了我们窥视往昔王者贵族、平民男女日常生活的机会。

双槐树遗址一号院落的南部为大型版筑遗迹。该遗迹叠压着一号院落的南墙及墙外活动面，平面为长方形，时代为遗址四期晚段。最宽的地方南北保留有13版。夯面及夯窝痕迹明显，为圜底集束棍夯，夯窝直径约4.5厘米。夯土是古代传统建筑的一种材料，是经过夯的动作将空隙压实而形成的更结实的泥土。这种材料亲近自然，造价低廉，可以就地取材，十分方便。双槐树遗址发现的夯土版筑遗迹应该是采

第七章　翻开五千年前的建筑地书

双槐树遗址发现的大型版筑遗迹（郑州市文物考古研究院　供图）

用了当时中国最为先进的土木工艺法式——版筑法。

1995年，考古人员在郑州西山遗址也曾发现这种夯土版筑技术的应用。西山遗址城墙宽3—5米，城角加宽加厚，夯层厚4—5厘米，夯窝呈圆形，底面倾斜不平，深0.3—0.5厘米。考古人员初步推断为集束棍夯，即工匠们先在城墙内外两侧挖沟，就地取土，在经过平整的高低错落的生土基面上夯筑起建。同时，他们在城墙筑造中已经有意识地使用夹板、穿棍和立柱，使西山城具有了营造城池等防御设施的意味。

在双槐树遗址中还有几处非常重要的宗教建筑，其中墓葬一区发现一处，墓葬二区发现两处。目前已发掘的一处位于二区第四排墓葬分布区域偏中部位置，祭坛平面呈长方形，面积近260平方米。祭坛用土纯净，其上发现柱洞四个。祭坛附近分布有较大型墓葬，所有墓葬在祭坛附近不呈直线分布，而是有意拐折避让。

这个祭坛表面疑似生土的结构让人心生疑惑，领队顾万发也觉得不能够轻易下定论，还是应该认真解读遗迹本身。于是他们在这个黄土台旁边做了一个巨大的灰坑，这样从侧面可以看到黄土台立面被解剖的地层，他们发现这个黄土层下面是活土，这样便可以确定它作为祭坛的功用了。另外，从祭坛上的两个柱础来判断，祭坛上原来可能埋藏有两个高大木柱。顾万发说，它有可能是通天柱，是祭祀时象征沟通天地的媒介，但是目前也只是猜测，不能定论。

至于古人为何要用纯生黄土来垒这个台子，还要从文献的记载中追溯答案。自古以来，行路难是所有人的共识。因此，每当天子或大人物出行之前，或是重大的节假日到来之际，大臣们都要号令百姓"净水泼街，黄土垫道"，以示尊敬。双槐树遗址的祭坛用纯生黄土修筑而成，足以说明这位首领的尊贵。

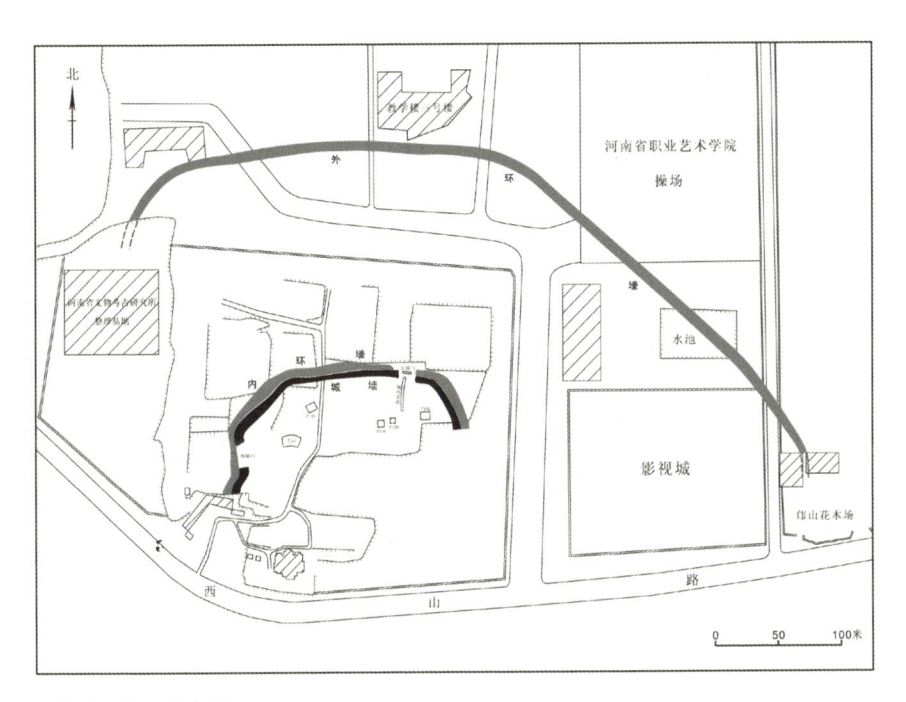

第七章　翻开五千年前的建筑地书　　173

西山遗址平面分布图

西山遗址发现的城壕、城墙（郑州市文物考古研究院　供图）

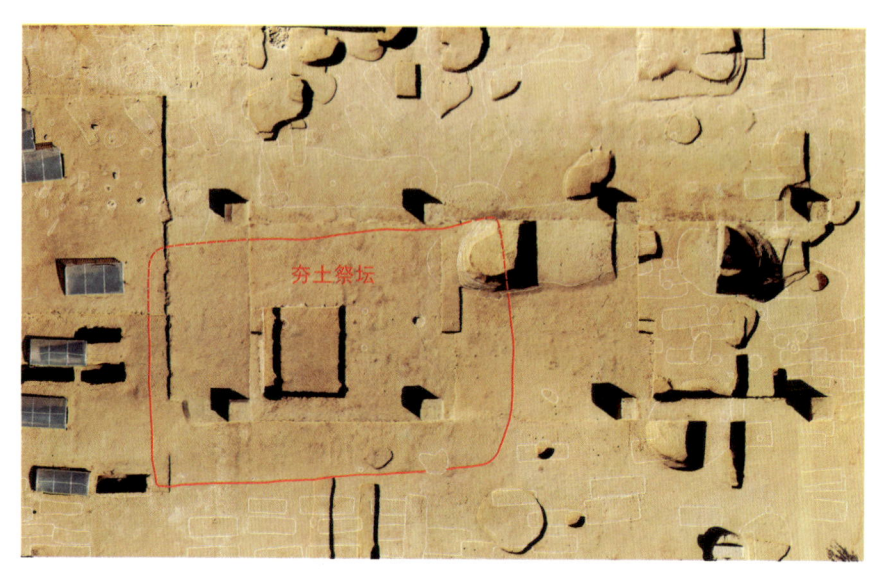

夯土祭坛

双槐树遗址发现的墓葬和祭坛（郑州市文物考古研究院　供图）

　　深圳大学教授、城市建设史学者、建筑学家王鲁民从专业角度分析了祭坛的性质。双槐树遗址中壕紧贴内壕设置，在其西偏北方位有出入口存在，在其西南方位有一段壕沟与内壕连通。这个连通使得由中壕西北入口进入中壕圈的人只能向东环绕进入内壕，内壕的东南方有进入壕内的唯一出入口。这个出入口的位置决定了祭坛应是坐西朝东。由于中壕和内壕之间不存在建筑或其他设置，所以设置中壕的核心任务是形成特殊的进入路线。如果把内壕、中壕的出入口和内壕里的祭坛串联起来，可以看到一条迂回的从祭坛右前方接近祭坛的线路，这就使得祭坛和古代文献中的明堂联系起来。按照相关文献，明堂要由"西南""迁延入之"，迁延即迂回，而明堂要由西南入的说法是建立在明堂本身坐北朝南的基础上的，脱离具体的朝向来抽象地看，由西南入，其实就是由建筑的右前方接近该建筑，所以上述线路的存

第七章 翻开五千年前的建筑地书

在应该可以证明所谓的祭坛其实就是明堂。

双槐树遗址的外壕也基本可以视作贴着中壕安排，只是在西北角放大，形成了一个容纳大量墓葬的空间，在西侧外壕与中壕之间也有一段壕沟将二者连通，这段壕沟把外壕与中壕之间的空当分作两段。在这段壕沟的南边，又有一片墓葬，这片墓葬的存在使得外壕与中壕之间的地段也成了一条引向这片墓地的通道。由于二里头遗址的宫城和偃师商城宫城内都有明堂，它们都在空间上分作左右大略相等的两个部分，偃师商城宫城内也有池苑一区，如果把双槐树遗址中的墓地与二里头遗址和偃师商城宫城中的宗庙对应，那么，双槐树遗址环壕范围略相当于后世的宫城。由于双槐树遗址环壕中墓地占比很大，房屋涉及的地段不足十分之一，我们可以认为，这里的环壕设置，因建筑和人口的容纳量有限，其主要作用是为礼仪行为服务，并实现一定的防卫功能。

这几天，陈星灿又来到了双槐树遗址的工地，陈星灿、顾万发这两个合作发掘单位的头儿、一对挚友在一起聊了许久。内壕里的南部又发现了新的叠压的大院子，它的面积超过一号、二号院落，平面呈长方形，这些新的建筑信息，让我们更清晰地看到宫城的宏大格局。地理环境的分析也传来了令人兴奋的好消息，双槐树遗址的三重环壕是建立在渐次提高的三个台阶之上的。仅是这样一个信息，就能让我们对这个黄帝都城充满无限遐想。泥土下不断剖露的面目，逐渐勾勒出双槐树都邑的气象，这给顾万发带来了新的动力和压力，他也和陈星灿进一步商榷了有关双槐树遗址种种新发现的疑问。

双槐树遗址目前发现的大型中心居址和大型夯土建筑群基址初具中国早期宫室建筑的特征，为探索三代宫室制度的源头提供了重要素材。大型院落建立在大型版筑夯土地基之上，完全具备了高台建筑的基本特征。双槐树大型院落的空间组织形式，也为芦山峁大营盘梁一号院落，古城寨廊庑基址，二里头遗址一号、二号宫殿等中国古代大型宫殿式建筑形制开启了先河。二号院落典型的"一门三道"门道遗迹，与二里头遗址一号宫殿建筑，偃师商城宫城三号、五号宫殿建筑门道遗迹及更晚的高等级建筑门道基本一致，凸显了双槐树大型建筑基址的高等级性和源头性。

因为双槐树遗址位于古人所说的神异地点"洛汭"，加之其为礼仪活动的开展进行了巨大的工程投入，故而可以认为它是一处高等级的辐射范围可观的包含祖宗祭祀和其他祭祀的礼仪中心。按照古人的思维，高等级的祖宗祭地为"都"，因而双槐树遗址应是一定规格的"都"。

我们可以想象，河洛古国的人们在春、夏、秋、冬四季变换的节点举行他们盛大的祭祀，这样重要的日子也许是王或巫觋定下的。那天，人们身着盛装，将自己最为贵重的祭牲、祭品摆上祭台，点燃熊熊篝火，王走出他的宫殿接受子民的欢呼拥戴，他的脚步声淹没在巫觋的咏唱声里，人们用棍棒打击石磬，卖力地吹奏着骨制的乐器，用身体的扭动来表达欢乐和虔诚。他们把这一年中最深沉的期待与寄望都赋予了这场重要的仪式。虽然那原始、惊心动魄的过程我们不得而知，但是其所留下的精神力量依旧在今天的华夏大地上回荡。每年三月初三的黄河南岸，今人们也身着盛装，鸣放礼炮，敬献花篮，行施拜礼，恭读拜文，高唱颂歌，祭奠中华民族的始祖轩辕黄帝。中华民族"同根同祖同源"的观念代代相传，"和谐和睦和平"的美好心愿长存不衰。

第八章

追溯黄土之下的礼俗世界

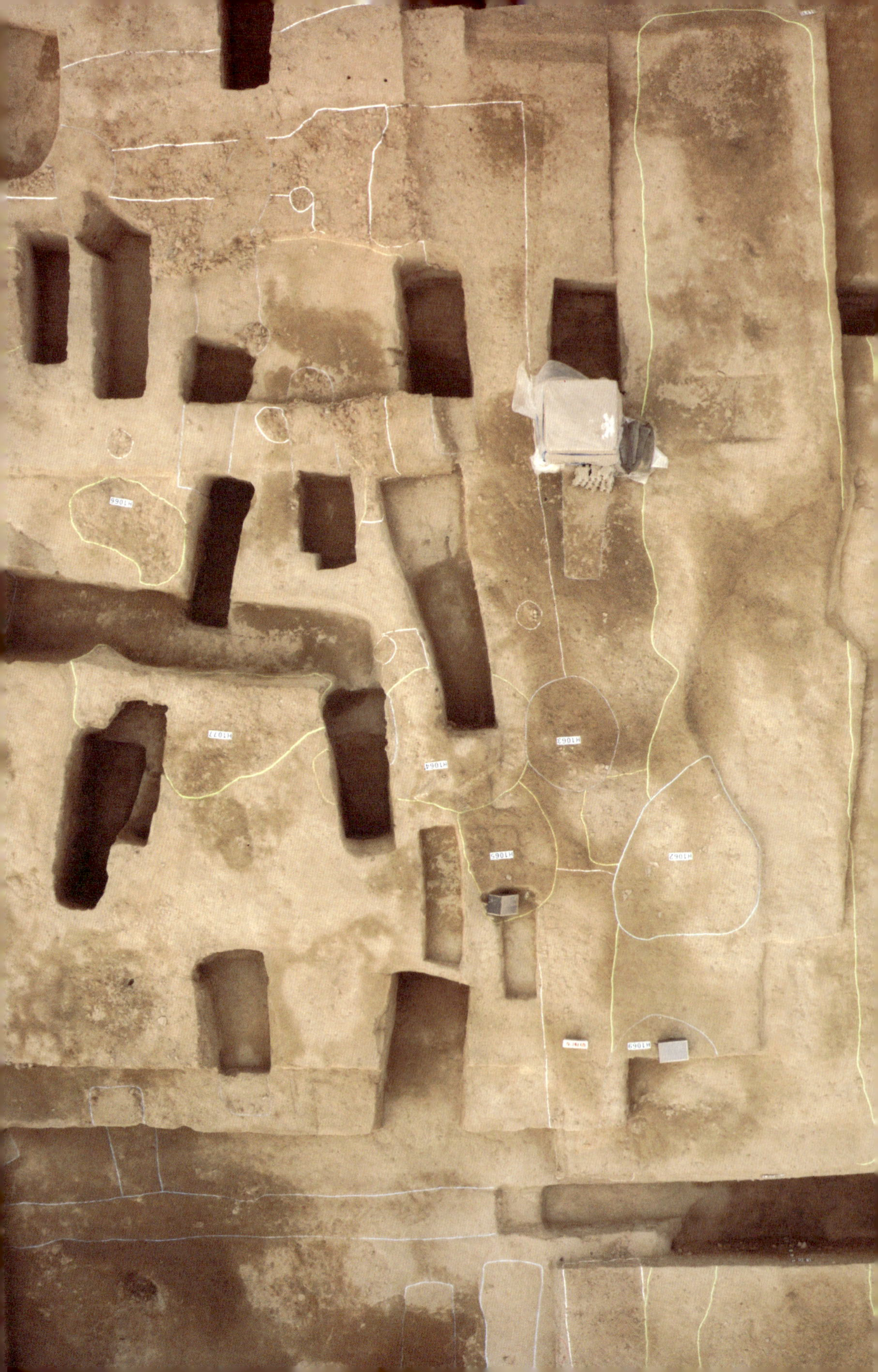

第八章 追溯黄土之下的礼俗世界

深秋的晨曦中，河洛两岸洁白的野菊花已经凋谢，冷霜凝结，寒露挂在枯黄的枝叶上，给古国的土地涂抹了一层阴郁的灰色，部落各处都异常沉寂，只偶尔听得到溪流的幽咽声。灰色晨光里人们默默地从居室中走出，涌向聚落的中心广场。就在昨晚，人们看见空中有流星陨落，那是他们的王永远停止了呼吸。现在在那座大房子里，他和他的麋鹿、他的九星陶罐一起，安详而宁静地躺在那里，像是依旧在诉说着什么或者等待着什么。

在广场中心，巫觋庄严肃穆地登上祭台，时而低头哽咽，时而仰视天空发出悲怆的呼叫，他向聚集的人群演示着上天的呼唤，传达王的最后祈愿。人们随着巫觋颤抖的声音，发出低沉的抽泣。王逝去的噩耗很快会传遍河洛两岸大大小小的聚落，或许还会传播到更远的地方，一场隆重的葬礼即将开始。

女人们为王穿上她们精心缝制的丝绸衣裳，小心翼翼地束起他的头发，为他擦洗面容，像往常那样倾诉她们的情感和敬畏。王的脸色依旧带着些许红润，仿佛与往日在殿堂之上那个威风凛凛的大人物一样鲜活。不过，几个女孩子还是给王的面颊和额头抹上了尊贵的朱砂。王被抬出他起居和推演星象的殿堂，穿过瓮城，被安置在殿堂前的广场中央，让人们对他进行最后的瞻仰。阴雨早已将这哀伤传遍大地，古国中心和属地的子民闻讯赶来，面带哀色跪立在广场中央，送别这位他们心目中伟大的人物。他的逝去是古国的损失，但是他将被人们永久铭记于心。

不远处，几位工匠正在挖掘墓坑。古国的每个管理者会按照自己生前的地位和贡献来安放自己的身躯。王生前已选好了地方，他没有给自己留下专属的土地，他死后依然要和子民在一起。生前，他曾经多次站在这里观察太阳运行的轨迹，日出与日落是天神的旨意，如同人朝生晚息，生死是必然的过程。他的逝去仅仅是完成了这一阶段的使命，他需要向着太阳西落的方向而去，待到下一个太阳升起时，他还会再为他的国家与子民建功立德。他和古国的人都知道，一个王离去，下一个王会诞生，新的王依旧被人叫着故去的王的名字，延续着他的一切，后世的人有理由相信王永远活着，永久流传同样的故事。

苍翠的松柏挺拔而立，直指天空，风呼啸着，一场盛大的葬礼即将开始。几位长者走过狭长的门道，绕过烈焰腾腾的火堆，进入殿堂。远处排列整齐的送葬人群开始缓缓而行，从东南门跨过壕沟，在广场上肃穆伫立。在哀伤的陶埙声中，几位年轻人抬着他们的王穿过广场，来到祭坛。巫觋早已在这里准备好了葬仪所用的一切，那是王生前所用的石钺、石斧、石铲和工匠们为他精心烧制的陶罐。王已经告诫他们，他生前的物品无论何等喜爱，一律不得随葬，他不需要华贵和奢侈的东西，更不希望子民为了死亡的过去而大费周章。无谓的奢靡会消耗部落的财富和人们的意志，博大的神是无形无影、无欲无求的。王是神的代言者，无须为物所绊。

巫觋站在祭台上手举权杖，望着通天柱，向天空大声呼吼。最后，裹着丝绸的王被放进了一个深幽的墓坑中央，巫觋将权杖放在他的头上示意他的离去。黄土掩埋后，人们默默走过墓穴。就这样，王慢慢地消失在所有人的视野中，他的身躯坚实地融入他深爱的黄土中，他的灵魂却永远飞扬在河洛大地的蓝天白云、绿水青山之间。

我们想象的5000多年前的这场庄严肃穆的葬礼，其实也是人类文明形式真实的演进，人类开始有意识地尊重生命、怀念亡者，进而就有了朦胧的文化启蒙。在远古的旧石器时代早期，人类多半是将逝去的同伴或亲人弃之荒野山谷，甚至在饥饿的情况之下会食之果腹。随着生存能力的提高，人类的大脑也发达起来，在各种谋生活动的实践中，逐步认识到一些自然现象与人类生存的关系，并开始萌发对自然现象期望和控制的意识，于是也就自然对人的生命归宿产生出一种幻想。大约从旧石器时代中期开始，人类已经开始有意识地对死者进行埋葬了，他们对自己的同伴产生了关怀与眷恋，更重要的是他们将这种无法疏解的情愫转化为了最早的灵魂观念与宗教信仰。他们想象同伴与亲人的灵魂未死，而是到达了另外一个世界与他们同生同在。尤其是他们的首领或长者，有着常人不具备的神秘力量，在冥冥之中掌握着自然界的威权，能够呼风唤雨，消灾降福。基于对灵魂的敬畏和对另外一个世界的幻想，古人的脑海中逐渐形成了对死者的崇拜。

考古发现，在北京山顶洞人的下室里埋葬着一名老年男性、一名老年女性和一名青年女性，他们的遗骨上都撒有红色的赤铁矿粉末，还随葬有燧石、石器、石珠、穿孔兽牙等。这是人类有意识地安葬他们的亲人与同伴的最早证据，很明显下室的位置是早已规划好的，而且在安葬过程中也有一种仪式感存在，撒下粉末和敬献祭品的行为绝非偶然发生，而是已经历过一个成熟的酝酿过程而形成了规矩。尤为重要的是，红色是血和生命的代表，古人大概认为红色能保护死者，使之免受侵害。这说明，山顶洞人已经有了灵魂不死的观念，这正是原始宗教的滥觞。陈烈先生曾在《中国祭天文化》中评价："它是万物有灵的根基，也正是旧石器时期原始宗教观念的主要内容。"

到了距今8000年前的裴李岗文化时期，专门规划的墓地已经出现。土葬深埋、装殓齐整、随葬物品齐全、实行墓祭……这些都体现了生者对死者特别的关爱和敬重，表明当时已有明显的祖先崇拜的观念。这些墓葬排列整齐，或许是为了区别亲疏辈分，说明裴李岗文化时期已出现最早的族葬或"族坟墓"习俗；有的墓地能够延续一二百年甚至数百年之久，说明族人对远祖的栖息地有着长久的记忆和坚守。裴李岗文化时期的河南舞阳贾湖遗址的大墓中甚至发现有骨笛等特殊器物，而且大墓墓主以成年男性最多，由此可见当时的社会存在一定程度的分化，男性地位已经相对较高。

大约 7000 年前，黄河流域进入仰韶文化时期，社会发展与文化水平进一步提升，人们对于墓葬的礼仪化观念更加明晰了，并且成为普遍的观念存在，在此基础上又出现了一种新的表征。公共墓地在聚落范围内出现，墓葬已有明确的安葬规律可循。仰韶文化遗址中死者的头颅都朝向同一个方向，象征死者生前同心同德，死后也魂归一处，同时也有着死后朝向祖先方向的意义。随着墓葬逐步规模化，我们看到诸多对灵魂世界与人类现实物质世界对等交流场景的营造，这些都为我们今天通过史前墓葬遗址探究生活在这片土地上的人类的思维模式、丧葬礼俗提供了丰富的原始资料和推理依据。

双槐树城邑的确定似乎是各方的共识，但墓葬可能还只是冰山一角，令人期待，引人争论。这几日，郑州市文物考古研究院的汪旭正带领着考古队日日坚守在双槐树遗址。一大早，工作站来了记者，说是要采访一线的工作人员，记者们一上来最感兴趣的就是墓葬："双槐树遗址是否有大墓？大墓是否有故事？是否挖到宝了？"汪旭笑笑说："考古工作其实是比较琐碎和平淡的，大半的时间，不是在工地挖掘就是在室内整理资料，并不像你们认为的那样神秘、有趣，盗墓寻宝都是小说里的情节。至于墓，双槐树遗址中实在太多了，大的小的都有；所谓'宝贝'，判断的标准很多，每一个出土的遗物对于我

双槐树遗址墓葬区

双槐树遗址发现的墓葬（郑州嵩林书院　供图）

们来说都很重要。我们需要从这些墓葬的遗迹、遗物中了解和复原古代人类的生活，这是一个非常漫长且需要坚守的过程。"

目前，双槐树遗址发现了四处规划严整的墓葬区，共计有1700多座墓葬。其中墓葬一区位于遗址外环壕的西北部，墓葬二区位于内环壕南部，墓葬三区位于外环壕与中环壕之间。它们整体呈排状分布，由北至南分为九排，每排之间相距15—18米。墓葬普遍为东西向，墓主人仰身直肢，头向西，这显然是经过了缜密而严格的规划的。

另外，双槐树遗址中还发现有多处瓮棺葬，这种墓葬的形式不同于严整规划的氏族墓葬，它主要用来安葬早夭的孩童。这些瓮棺葬大都位于房屋居址附近，多数位于房基墙外的西侧。瓮棺葬是用平时生活中所用的陶器来盛放早夭的孩童，一般为小口尖底瓶瓮棺或两个陶

第八章　追溯黄土之下的礼俗世界

双槐树遗址中发现的瓮棺（郑州嵩林书院　供图）

罐口部相对的瓮棺，人们还会在陶器的底部凿出一个小孔。当时的丧葬服饰也有区分，平民的孩童会用麻布，贵族的孩童会用丝绸。瓮棺葬的埋葬形式反映了仰韶文化时期的人们普遍有灵魂崇拜的信仰。瓮棺底部的小孔或许就是逝者灵魂出入的通道，圆鼓鼓的瓮罐和怀孕的妇女的腹部非常相像，将孩童的尸体置于其中就像生活在母亲的体内一样，丝绸包裹预示着"破茧重生"。有学者认为，仰韶文化时期婴幼儿瓮棺葬出现在居住区，说明建房屋时用儿童来祭祀的风俗已经开始盛行，但更深层次的原因，可能是由于儿童年幼，未行"成人礼"，尚不具备氏族成员的资格，因而不能与成人一样葬进氏族墓地；另外位于房屋居址附近的瓮棺葬也反映了父母爱子之切，孩子虽已逝去，但父母希望他们能像生前一样受到悉心的照料。

经专家论证，双槐树遗址的这批墓葬是目前已知的黄河流域仰韶文化中晚期规模最大、布局结构最为完整的墓葬。考古人员还在窖藏坑中发现了玉器的碎片，这或许与祭祀有关。另外很多窖藏坑中还发现有相当于我们今天的锅、碗、瓢、盆的器皿，甚至还有骨针、来自长江流域的贝壳，双槐树人的生活情景一下子在那个曾经的现实世界里生动复现。但在它的墓葬中，像其他仰韶文化序列的墓葬一样，并未出现丰富且贵重的随葬品，这还是让人产生了些许遗憾。大墓中的主人似乎对生前所享有的东西毫无眷恋，并没有让它们伴随他去往另一个世界。

大墓的遗憾当然也在领队顾万发心里打转，但是他心里清楚，目前墓葬规模、范围，部分重要墓葬遗迹、遗物的确定仅仅是考古研究工作的第一步，还有太多紧迫的工作需要往前推进。这些墓葬里到底是些什么人？该如何定位他们在历史长河之中的位置？他们又与周边其他同期遗址中的人有着怎样的关系？这些问题的解答并不亚于对丰

第八章 追溯黄土之下的礼俗世界

富的随葬品进行解读的难度。顾万发运用了探源工程的工作方法，组织人员，协调机构，用更加开阔的多学科分析思路，尤其是让体质人类学介入，力争快速解决这些亟待回答的问题，更希望能够建立一个仰韶文化中晚期体质人类学的大数据库。

体质人类学实际是人类学的分支，是研究人类群体体质特征及其形成和发展规律的一门科学。它通过研究考古发掘出的人类遗骸，来揭示人类自身的起源、分布、演化与发展，人种的形成及类型特点，种族、民族的分类，以及当时人类的生活、生产、生态、生命等一系列问题。顾万发知道郑州有这样一群人，他们在业内小有名气，据说能让历经千百年的人骨残骸"开口说话"，讲述那些尘封已久的故事。他找到了郑州大学体质人类学实验室的周亚威副教授，并了解了郑州大学体质人类学实验室和古人骨标本库的建设情况。周亚威副教授团队的人骨清理方法严格参照北美体质人类学中的相关标准执行，这些年，他们运用学科交叉的方法，借助体质人类学实验室丰富的人骨标本，攻破了一个又一个关于古代人类发展规律和健康状况的科研难题。

顾万发明白这项研究的结论对双槐树遗址来说至关重要。在双槐树遗址下一步的考古研究过程中，通过分析人骨样本能解决不少问题，比如当时的环境，人的生活状态、日常食谱、疾病情况、死亡原因，以及人地关系等。因此，他希望这次以郑州大学体质人类学实验室为核心，结合中国科学院、复旦大学生命科学学院等国内一些顶尖的科研力量，尽快得出双槐树遗址墓葬研究的成果。

郑州大学体质人类学实验室的科研人员首先对双槐树遗址出土的共计280例人骨进行了系统的室内整理及人口学统计工作。经鉴定，性别明确者共计220例，性别不明者60例，鉴定率为78.57%；其中男性标本117例，女性标本103例，性别比约为1.14∶1。年龄明确

河洛古国：原初中国的文明图景

郑州大学周亚威副教授现场采集人骨标本（郑州市文物考古研究院供图）

中国社会科学院叶小红博士、王明辉博士一行提取人骨标本（郑州市文物考古研究院　供图）

中国社会科学院张雪莲研究员一行提取人骨测年标本（郑州市文物考古研究院　供图）

者212例,鉴定率为75.71%。根据性别、年龄鉴定结果计算得出,双槐树人未成年期和青年期个体死亡率较低。研究人员还将双槐树遗址墓葬中的人骨进行了人像复原,发现这些双槐树人与今天的中原人面相特点有一定差距,倒是与华南地区的客家人比较相似。这正从一个侧面让我们更加清晰地认识了客家人源于河洛的史实,当然这是另一个值得研究的宏大话题。

科研人员还在遗骸里发现了一例特殊的枕骨穿孔个体,穿孔位置位于枕骨正中央,穿孔边缘没有骨质破损或愈合迹象。经过多位专家的鉴定,认为这里的穿孔应为死后人为有意识的穿孔行为。经过实验室多轮模拟实验,他们发现当时的人很可能是使用一种Y形的石器对颅骨进行钻孔。双槐树遗址发现的颅骨穿孔资料不仅为中国研究颅骨穿孔提供了早期证据,而且对于进一步阐释这种古老习俗在中国的起源和分布有重要意义。

通过对肢骨的综合研究发现,这里的女性身材较为矮小,与男性差异显著,但她们的上下肢骨颇显粗壮,普遍强于男性,这说明女性在未成年阶段所汲取的营养不如男性,而成年后却要承担繁重的体力劳动。这一发现反映出当时女性的社会地位可能较为低下,需要承担繁重的体力劳动。

来自中国科学院地质与地球物理研究所的唐自华团队也被邀请加入了双槐树遗址的项目,他们主要利用同位素分析法来分析这里的人群结构。在人的一生中,骨骼中的各种同位素(典型的如C、O、N、S等)含量处在不断变化的动态平衡中。这一平衡在人死的那一刻结束并固定下来,永远保存在骨骼中。这意味着我们去了解双槐树人骨骼中的各项元素值,能获得一些有意思的发现。

经过初步的测试研究,科研人员发现双槐树遗址中男性成员的基因相对稳定一致，单一现象较多，这说明这里的男性传承有序，已经形成稳定的阶层。从双槐树遗址中的男性和郑州其他同时期遗址中的男性的初步对比分析来看，双槐树遗址之外的男性骨骼相对粗壮，这可能证实了双槐树居住者的身份，有利于说明双槐树遗址具有中心都邑的性质。与此相反，双槐树遗址中的女性成员的基因来源非常广泛复杂，我们不难产生一些大胆的联想，双槐树遗址的贵族可能会在各个聚落里选择自己的女眷，女人也会以嫁到双槐树这里为荣，或许当时女性在社会中地位比较低下，她们可能是带着家族使命远嫁而来的和亲者，也可能是战争掠夺或邻国进献的美女。

复旦大学生命科学院的文少卿团队从古DNA的角度对177具出土的人骨进行了分析，这是一种利用现代分子生物学手段直接提取并分析保存在古代人类遗骸中古DNA分子以解决考古学问题的方法。古DNA研究能够在墓葬个体间亲缘关系研究、墓葬群体关系（族属）研究、人类遗骸的性别鉴定、古病理与饮食研究、动植物的家养和驯化过程研究、农业的起源和早期发展研究等方面发挥独特的价值。

经过几个月的初步研究，文少卿团队得出的结论是，这177个样本中男、女性别比大致为1∶1，其中母系多样性较高，而父系则是中国汉族人群三大父系中的老祖父之一。他们在实验中挑选了5个样本，并分析了这5个样本的全基因组，发现双槐树人与现代北方汉族人群遗传结构接近，混有少量南方人群成分。下一阶段，他们还要完成177个样本的全基因组测序，这套测序的结论会帮助他们厘清墓葬内部的亲缘关系、双槐树人群的遗传结构，同时他们还拟将双槐树遗址的人群数据与庙底沟文化时期杨官寨遗址的人群数据进行比较。

我们期待着科技手段带领大家解开更多有关双槐树人的谜题，了解更多有关双槐树人的故事，让我们能更加客观、清晰地认识仰韶文

第八章 追溯黄土之下的礼俗世界

化中晚期生活在河洛之地的双槐树人的生活状态与精神世界。

目前，双槐树遗址许多墓葬的发掘与清理工作还在继续，技工们正拿着毛刷和手铲如火如荼地工作着，对他们来说，双槐树遗址的未来一定会更好。人们对双槐树遗址大墓的期待还未熄灭，但是这种期待是不是应该继续，或许我们可以去对照更多的仰韶文化遗迹并从中寻找答案。

2005年，位于河南灵宝的西坡遗址的一次发掘揭露了22座墓葬，其中有一座编号为M8的大型墓葬引起了人们的广泛关注。M8墓葬中随葬有大口陶缸和一件精美的玉钺，这件玉钺放置于墓主人的右侧，且刃部朝向头侧方向。玉钺的发现让考古学家们隐隐觉得，仰韶文化时期具有礼仪性质的玉钺与墓葬规格或许存在一定的相关性。

2006年3—5月，由中国社会科学院考古研究所、河南省文物考古研究所和三门峡市文物考古研究所等单位组成的联合考古队，对西坡遗址进行了第六次发掘。这次发掘主要是为了搞清楚西坡遗址墓葬的问题，因此他们把发掘的位置定在了墓葬区的西部和北部。

当考古人员挖开一个墓口时，它的体积令在场的人惊叹不已，这是比M8规模还要大的墓葬，考古人员将它编号为M27。这座墓的墓口长达5米，宽约3.4米，填土自上而下均用青灰泥封填，坚硬无比，这一定是当时的人为墓葬设下的第一道防线。封泥中夹杂棕红色斑块，似经过夯打，其中还夹杂有大量植物茎和杂乱的树叶印痕。考古人员初步辨认出的植物有十余种，主要包括芦苇等生长在水边的草本植物和灌木。他们由此推测，这墓中的填泥很可能是取自河边的淤泥，生长在淤泥中的植物的块茎和落叶被一起挖过来，并混拌在一起填埋在了墓中。事实证明河泥的密封效果非常好，墓主人的骨架完好地保存了下来。

M27 墓葬还带有生土二层台，墓室位于正中，宽约 0.7 米。墓室东部即墓主人脚下的位置，有一近圆角方形、边长约 1.6 米的脚坑，墓室台面和脚坑上均发现有木盖板的痕迹。因为草拌泥良好的密封效果，盖板保存状况较好。在清理墓室二层台上的木盖板灰痕时，考古人员发现上面保留有清晰的编织物痕迹，这是在墓地首次发现这样的痕迹。经仔细观察，覆盖在盖板上的编织物大致有 3 幅，东、西二层台上部各有 1 幅，经纬线较细密，类似麻布；盖板中部即墓室上部有经纬粗疏的粗麻布或草编物品。

M27 这座墓葬修筑豪华、耗工费时，绝非普通人最终的安息地。它的墓主人是一位身高约 1.65 米、年龄 35 岁左右的男性，骨骼保存完好，没有任何腐蚀的痕迹。他的下颌的两颗门齿在生前就缺失了，可能是有意拔除的，为了显示他特殊的身份；也可能是在打斗中脱落的，体质人类学家发现他的右侧第 2、3 肋骨中部有骨折错位愈合现象，这应该与他生前的创伤有关。由此可见墓主人因身份特殊，生前可能经常参加竞技活动，并曾经受伤。寄生虫专家还从他的盆骨内提取了土样，经检测发现土样中存在的寄生虫卵数量远远多于其他墓主，这种寄生虫是大量食用猪肉才滋生的。猪肉在当时是奢侈的美味，只有在重要活动中才能食用，这位墓主人一定比一般人参加了更多的可以享受吃肉待遇的重要活动。但遗憾的是，他身边未发现什么贵重的随葬品。墓葬的脚坑中仅仅放置了 9 件陶器，包括一对大口缸、一对簋形器、一套釜灶、一壶、一钵和一杯。两件大口缸的上腹部，均有基本相同的彩绘图案，为红色彩带点缀一周黑点。

在发掘 M27 墓葬的同时，考古人员还在距它 6 米处的地方揭露了另一座大墓——M29 墓葬。M27 与 M29 两座墓葬大体在一条东南至西北走向的直线上，M29 墓葬位于西北处。两座墓的葬式基本相同，只

第八章　追溯黄土之下的礼俗世界

是 M29 略小。M29 的墓主人同样为一成年男性，但是骨架零乱不堪，保存状况极差。

仰韶文化的大墓随葬品远没有同时期长江流域的良渚文化的大墓随葬品丰富绚烂。2009 年 6 月，考古人员在浙北地区发现良渚文化显贵大墓，出土了大量玉器，这就是浙江省海宁市海昌街道火炬村 7 组的小兜里遗址。这座遗址东西长约 70 米，南北长约 40 米，高出周边水田约 1.5 米，呈长方形土墩。考古人员清理遗址面积约 900 平方米，共发现了三座良渚文化大墓，分别编号为 M6、M2、M5。其中 M5 的随葬品最为丰富，M5 墓葬开口南北长 330 厘米，东西宽 145 厘米，凹弧棺底距墓口达 110 厘米，是迄今发现的浙北地区良渚文化遗址中保存完好、最深的显贵大墓。

从当时的考古发掘情况来看，M5 墓葬横剖面可以分为八层，葬具朽烂后的凹弧棺底板残存厚约 4 厘米，由呈海绵状的棕褐色淤泥组成，是木质纤维朽烂后还未受到过多的外力挤压而逐渐淤积而成，有别于因为空间的存在而形成的灰白色层状淤泥，这是小兜里良渚文化墓葬中木质葬具朽烂后"板灰"的基本特征。

M5 墓葬出土随葬器物共 49 件（组），其中陶器 29 件（组），主要有鼎、甗、豆、罐、盉、杯等；玉器 10 件（组），主要有玉冠状器、串饰、隧孔珠、锥形器等，玉冠状器下端残存刻纹的象牙梳，是继 1999 年海盐周家浜 30 号墓发现玉冠状器镶嵌载体之后的第二件玉冠状器象牙梳实物；野猪獠牙 1 组，位于墓主人的头端部位；石器 9 件，其中石钺 3 件、耘田器 1 件、双孔石刀 5 件。主持此次考古发掘工作的方向明研究员说，良渚文化大墓中随葬多件双孔石刀的情况是首次发现，双孔石刀作为一种工具，已具有某种类似石钺的功能和象征意义，良渚文化大墓的众多发现表明良渚文化已经迈入了古国阶段。

考古学界也曾对西坡遗址大墓的发现展开热议，有人说："正是这些缺少奢侈品的大墓，连同那些公共性大型建筑，共同构成了中外学者研究中国史前文明最完整、最直接、最可信赖的史料，并成为我们与那个遥远过去之间的通道。"也有人说："大墓中没有贵重的随葬品，这不符合文明发展与演进的逻辑。"无论如何，在中国独特的墓葬文化中，是否有贵重的随葬品确实是我们判断文明、考证历史的重要依据，回避不得。

李伯谦也对此进行了深刻的思考，2009年，他发表了题为《中国古代文明演进的两种模式——红山、良渚、仰韶大墓随葬玉器观察随想》的文章。他认为，研究一个社会，应从不同角度来切入，最重要的是模式问题，不同地域的文明演进应有不同模式。从中国目前的考古发掘来看，新石器时代文明有两种最重要的模式，即神权模式与王权模式。其中，位于长江流域的良渚文化与辽河流域的红山文化是以神权为主，而中原地区的文化是军权、王权相结合以王权为主，王权模式强调中央集权，从社会发展角度来说它是成功的。

我们知道，李伯谦所讲的这个所谓的王权模式的成功是指史学公认的第一个王朝——夏朝，它基本上是以中原为中心，南北辐射到黄淮流域。此后，它延续至商、周，都以中原为中心，并在这个区域中进行扩展。由此我们可以发现，中国的王朝时代的开端始终是以黄河流域的中原为中心的。如果从考古成果中去找原因，我们会发现长江流域错过了一个重要的发展节点——龙山时代的300年。正是这300年，黄河文明延续它的成功模式超越了长江文明迅速进入了王国阶段。

在龙山时代还没有到来之前，北方发展出了粟作农业，南方发展出了稻作农业，几千年来黄河流域文明和长江流域文明交相辉映，交替领先，没有一方可以有决定性的优势压倒对方。距今7000年前，

第八章　追溯黄土之下的礼俗世界

北方有裴李岗、磁山文化，南方有河姆渡、彭头山文化；距今5000年前北方有仰韶、大汶口文化，南方有良渚、屈家岭文化。到了新石器时代中期，北方经历了漫长的仰韶文化，半坡、后岗、庙底沟类型交相绽放，谈不上多发达，但从未掉队，一直持续积累着自身发展的要素；而长江流域则迎来了高光时刻，良渚文化大放异彩，光芒盖过了黄河流域。这其中一个十分重要的原因，就是良渚文化是一个兼容并蓄的文化体，它不仅部分继承了本土的河姆渡、崧泽、马桥文化的基因，还大量吸收来自凌家滩文化的玉文化要素。这些新鲜的文化因子的注入，使良渚文化迸发出巨大的能量——水坝系统让世人印象深刻，超大规格的大墓及极度发达的玉器文化令人震惊。但就在龙山时代，4300年前的一场大洪水无情地结束了良渚文化走向王朝的梦，他们的王无法在紧急时刻力挽狂澜，他们的民心也随着这场洪水而溃散。

而这时，不温不火却稳扎稳打的黄河流域的人们则战胜了大洪水。文献记载，中原地区华夏部族的共工、鲧、禹等英雄式的人物曾主持治水，他们还联合了东夷少皞部族的伯益、皋陶，以及商始祖契、周始祖后稷等共同参与治水，这就很能体现一个政权实体的组织效率和王权上下通达的有效性。而后，经过龙山时代300年的冲刺，第一个广域王权文化——二里头文化来了，历史上真正的王国阶段开始了。

李伯谦后来将黄河流域的中原地区的发展总结为"中原文明发展模式"，这样的理论让很多人眼前一亮。在双槐树遗址阶段性重大考古成果对外公布的新闻发布会上，李伯谦仍旧坚持他的观点。他信心满满地强调，双槐树遗址的发现一如既往地符合"中原文明发展模式"，所以双槐树遗址没有华丽的大墓是对的。他解释说，重视民生、发展农桑、重视传宗接代和社会长治久安，不过分地把创造的社会财富贡献给神灵，而是投入社会再生产，这一模式在后世被主流政治社会继承和发扬，成为中华文明历史进程中最具代表性和引领性的发展模式和思想，也是中华文明绵延不绝的重要原因。

王巍也曾对中原这种特定的文明模式发表见解："我们说文明的特定，有社会贫富差距分化，等级制度等一系列的礼制出现，但这儿没有发现，至少是从目前的墓葬中看不出来。所以，我们不能没有期待，因为考古发掘就是这样，对还没有发现的未知，我们现阶段都不能去否定，我认为一切皆有可能。"在王巍看来，双槐树遗址还只是开始，现在的考古工作只看到冰山一角。王巍一直告诫他的学生说："千万不能说没有什么，一定说迄今为止尚未发现。因为你要给可能发现留充足的空间。双槐树遗址也是如此，双槐树遗址的重要性是遗址的规模和等级。在同时期，在全国范围内，它甚至是规模最大、等级最高的遗址。有了高等级的遗址才体现出社会的分化，我们认为社会分化到相当的程度，才能跟国家和文明相联系。双槐树遗址这一点是无可置疑的，是非常重要的。至于墓葬，我老是觉得它是不是有可能还没有发现。我也跟顾万发说还是要找，看有没有更大的，因为我们研究社会分化很容易，比如规模大、等级高的居住制度，墓葬规模大、等级高、随葬品多，便能更好地进行实证研究，所以这些都有待进一步的探索。"

仰韶文化中晚期中原地区这种重视民生、强调延续社会发展的政策方式与思维模式，我们在双槐树遗址的一些祭祀遗迹中能够找到一些证据。2017年7月23日，中国社会科学院科技考古中心的副研究员吕鹏来到双槐树遗址，位于祭坛边的大大小小的祭祀坑让他的研究有了更多的考古材料，尤其是在内壕的中心祭坛处发现的几处猪骨架祭祀坑引起了他的格外注意。

这几处祭祀坑显然是各个墓葬区的祭坛，祭祀坑是整个仪式过程中重要的道具，它意味着国家的礼遇和王的诚意。在双槐树遗址编号为 330 的灰坑中，考古人员发现了用于祭祀的 6 只幼年个体猪，猪头的朝向均是东面，年龄大概在 0.5 岁。用幼年个体猪作祭祀，可能是双槐树人出于经济方面的考虑，但是在此处同时用了 6 只个体猪，这样的规模足以说明这个地方曾举行过一场规格较高的祭祀活动。

另外，在这个大型祭祀坑的西端还出土了一个小小的瓮棺。据考古人员介绍，这个小小的瓮棺里放的竟然也是一只幼年个体猪。瓮棺可能是盛放在一个钵里面，目前来看，还分不清是一个器具还是两个器具，但是无论如何，使用幼年个体猪并且由特殊的器具来盛放它，表示这只猪与其他 6 只猪相比地位最特殊。这个盛放猪牲的小瓮棺即将被完整地提取出来，进入中国社会科学院考古研究所的动物考古实验室，等待进一步的清理和研究。将重要的文化遗存整体提取出来放入考古实验室，是目前在双槐树遗址发掘过程中使用比较多的一种考古手段。

吕鹏说："在整个遗址中，发现类似完整猪骨架的祭祀坑不在少数。通常仰韶人在举行祭祀仪式时会选择幼年个体猪，这是出于经济方面的考虑，因为这只猪刚出生，人们还没有投入更多的精力和饲料去喂养它，所以用它来祭祀是最经济的选择。"但是在另一处编号为 267 的祭祀坑中出土的一个完整的猪骨架打破了人们认知的常规。它出土时的面貌表明它应该是当时人们出于一种特殊目的而埋葬的，前肢和后肢是捆绑着的，头微微上扬，说明这只猪可能是活着的时候被埋的。而考古人员通过下颌看到它的牙齿还是比较完整的，由此判断它的死亡年龄在 1.5—2 岁，而通过测量猪下颌骨牙齿的大小判断，这具猪骨架应该属于一只家猪。成年猪长到了肉质最肥美的时候，使用其祭祀，也许是出于某种特殊的献祭诉求。在双槐树遗址，用类似的成年猪作为祭牲的现象并不多见，使用这些不计成本的祭牲，说明了墓主人拥有相当的经济实力与权力地位。

　　5000多年前，在黄河流域的中原地区，黄帝部族团结其他部族为争取生存空间和改善生产生活条件，曾与自然环境进行艰苦卓绝的斗争，他们为探索新生活做出了锲而不舍的努力。留下钱财过生活，这种看起来朴素到不能再朴素的观念，恰恰是我们中华民族延续不衰的原因之一。今天，梦想依然会在人们的心中孕育、破壳、生长，但保持切实的生活态度、让越来越多的人过上小康的日子更是我们追求的目标。

第九章
解开北斗星图的文化密码

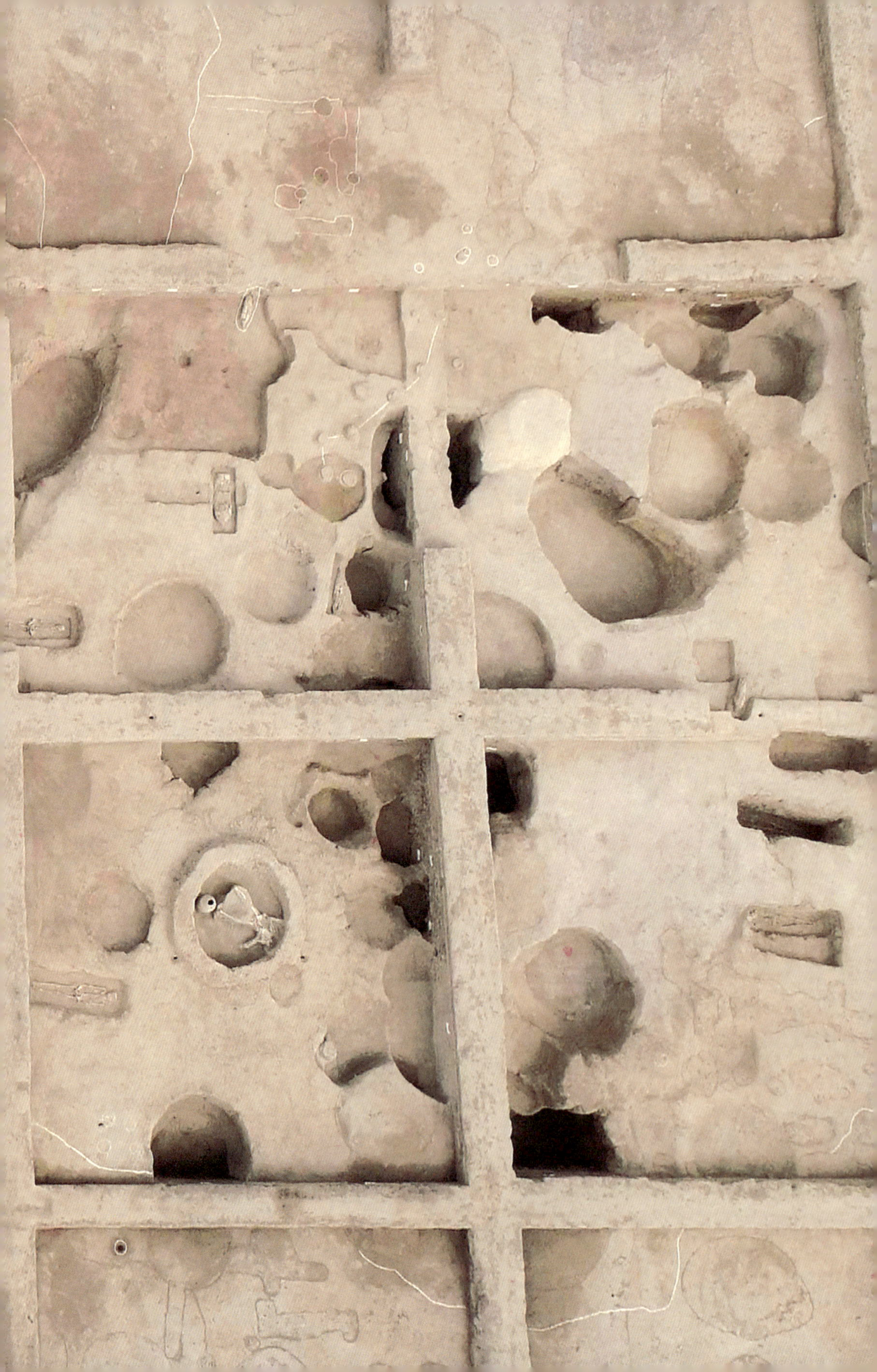

第九章 解开北斗星图的文化密码

时间回溯，5000多年前一个晴朗的夜晚，星空格外璀璨，点点光芒把天空、大河与大河岸边的伏羲台融在一起，变成了一个奇异的世界。沿着山路、河道走来的巫觋，手持权杖伫立在苍穹之下的伏羲台中央，权杖头是个黑色的星图彩陶圆罐，这个陶罐5000年后会被郑州考古人在手里抚摸。巫觋现在并不知晓5000年后的事情，他今晚要聆听来自上天神祇的声音。高举的权杖凝聚了万物生灵之力，与宇宙连接。邙山下的大河水奔流歌唱，打破夜晚的宁静。巫觋随之舞动起来，纤美与力量、生命与死亡、血腥与安然、缔造与毁灭都在这根权杖上交集。王在前些天逝去，古国的人为他举行了盛大的葬礼，这样的远逝是神对王轮值的安排。送走王的巫觋知道，他现在的职责是呼唤一个新的创世者诞生，一个新的阳光之子就要到来。

巫觋自己出生时，天上忽起大风，风后晴空突现彩虹。天有异象，众人认为他是部落的灾星，将他赶了出去。巫觋在山林中长大，独自一人，唯有星空做伴。慢慢地，他爱上了星星，深夜他总会登上伏羲台，这是观星最好的地方，夜色在高台四周升起无边的大幕，空旷而静美。他默默地躺在星空之下，心无杂念，眼中只有星光。从部落里传来的此起彼伏的歌声在夜风中回响，闪亮的星光延伸到天尽头，倒映在大河之上。

他没有责怪部落人对他的驱赶，他内心听到了神的声音，厄难让他感受到了自然的奥妙。他日日沉迷于星象，观察并记录了很多星空的秘密。慢慢地，他懂得了天上什么时候出现什么星星，地上就会下雨、会干旱、会有强风来袭。他尝试着根据星空的指引，选择时间种植粟谷。他在大河里看到了先祖伏羲的身影，证实了千年来的传说。夏天的夜晚，他观测星象得知大雨即将引发洪水，便奔向了以前那个只能远望的部落，大喊着让众人跑向高地。他的高喊惊醒了沉睡的人们，人们慌乱地涌向高山，幸运地免受洪水侵袭。后来，部落总在各种灾难前听到这个声音，人们熟悉了这救赎的声音，他也就成为部落的传说。人们都知道伏羲台是神的土地，那里有着能与天对话的人。人们试图迎接他回到部落，但巫觋已经习惯了孤独，他揣摩着日升月落、斗转星移、寒来暑往、花开花落、生老病死的种种规律，时隐时现给人指引，部落的众人也开始了他们的祭祀和供奉。

巫觋也像是真的掌握了星空的奥秘，其中"北斗九星"是最耀眼的图腾。今晚的巫觋在迎接星空的一个奇迹，神告诉他北斗星会有辉煌的光芒。在这光芒之中，会有一个名垂青史的人物降生。后来晋代的《帝王世纪》大概记载了这天晚上的事情，它描述了黄帝降生时的情景。据说黄帝是有熊氏少典的儿子，母亲名附宝。一天晚上，附宝看到北斗七星天枢星周围起了一道电光，因而怀孕，24个月以后生下了黄帝。尽管我们知道这些传说无法考证，但千百年来人们都把黄帝视为北斗星的化身，作为口传和文字的历史广为流传。

我们从仰韶中晚期郑州区域的分布格局可以看出，从西向东双槐树、伏羲台、庄岭、秦王寨、青台、汪沟、点军台、西山等遗址似乎也泛着北斗星柄的光影。5000年前的先民们最初也许只是追逐天空中最为耀眼的星星，为他们在茫茫大地上行走寻找方向，后来他们发现了北极星的方向，认识了北斗星柄构的形态，观察到它运行的轨迹和变化规律，北斗星就成为他们生活里神圣的先知，成为他们行为的规则。

河洛古国的先民中不只有巫觋一人观测天象，他们也许已经培养

第九章 解开北斗星图的文化密码

了一批天象官，对天象进行记录和研究。他们还试图将年、月、日等计时单位进行编排，以便记录和计算较长的时间序列。他们的意念跟随着北斗星的轨迹变化运转，他们会日复一日地聚集在伏羲台上，像那位曾经孤独的先知一样，把自己宁静的心放在星空之下，不仅能听到河水拍打河岸的声音，还会听到伏羲远古的召唤。他们把这些神的声音告诉王，王便让子民对应北斗星的方向建造专事观察星象的场所，自己也在宫殿里摆放北斗星图，验证巫觋的禀告。他按照这些指引安排稼穑、夯建祭坛、举行国之祭祀。今天，正是这些祭坛遗迹给我们后人留下了认识他们的机会。

离河洛镇30多公里的荥阳广武青台遗址在1922年冬天被发现。1934年，郭宝钧带队发掘。不料全面抗战爆发，郭宝钧他们把青台遗址大量的资料和发掘遗物掩埋，但战争结束后，这批东西却谜一般地消失了，成为至今的憾事。著名考古学家尹达根据当时残留的信息曾判断青台为仰韶文化时期的遗址。1951年，夏鼐带领王仲殊、安志敏、石兴邦等人又一次开始考古发掘，取得了重大突破。20世纪六七十年代，当地填河造田，将遗址破坏了22万平方米。1981年以张松林为核心的青台遗址考古队正式成立，进入遗址展开全面发掘。这一次的发掘一直持续到今天，使青台遗址成为仰韶文化时期不可或缺的重要遗址。

30多年过去了，当年的毛头小伙张松林也已经退休几年了，留下他因青台陶鏊的发现而写的论文《中国新石器时代陶鏊研究》，还有未来得及细细剖析的探方。2015年，顾万发前往青台遗址工地安排新的发掘工作时，工头指着两个探方里的陶罐说："这几个罐子连起来看还有点像勺子。"就是这句不经意的话，引起了顾万发的注意，他在那里来来回回观察了许久，本能地意识到了什么，又感觉这意外的邂逅意义太重大了。他不能确定自己的感觉，但还是立刻下了严令，

青台遗址全景（郑州嵩林书院　供图）

将这两个探方严格保护起来，尤其是这几个陶罐和它的位置不许任何人触碰。顾万发对考古中的天文迹象研究由来已久，这次的意外发现之后，他查阅大量文献典籍，翻出自己以往的笔记，又不知道跑了多少次工地反复对比、勘查，仔细清理现场，还让考古队员打开原来属于两个领队的探方之间的隔梁，在这七个陶罐组合的勺子旁边果然又发现了两个罐子，它们构成的图案正是文献所记载的"北斗九星"。九星斗柄向北，在疑似北极星的位置还有黄土圜丘，周边有同时期的四个瓮棺、臼类遗存和祭祀坑。顾万发谨慎地做出了自己的判断，这是一处有关天文星象的遗迹。

我们通常认知的天文常识是"北斗七星"，青台遗址中的星象为何多出两颗星而变成了"北斗九星"？先秦文献中曾称"北斗九星，七见（现）二隐"。有专家认为那是两颗死亡消失的恒星，也有专家称由于岁差或观察地的不同，其中两颗星比较暗，肉眼不易看到，导致七现二隐。李约瑟在《中国科学技术史·天文卷》中也曾经指出，

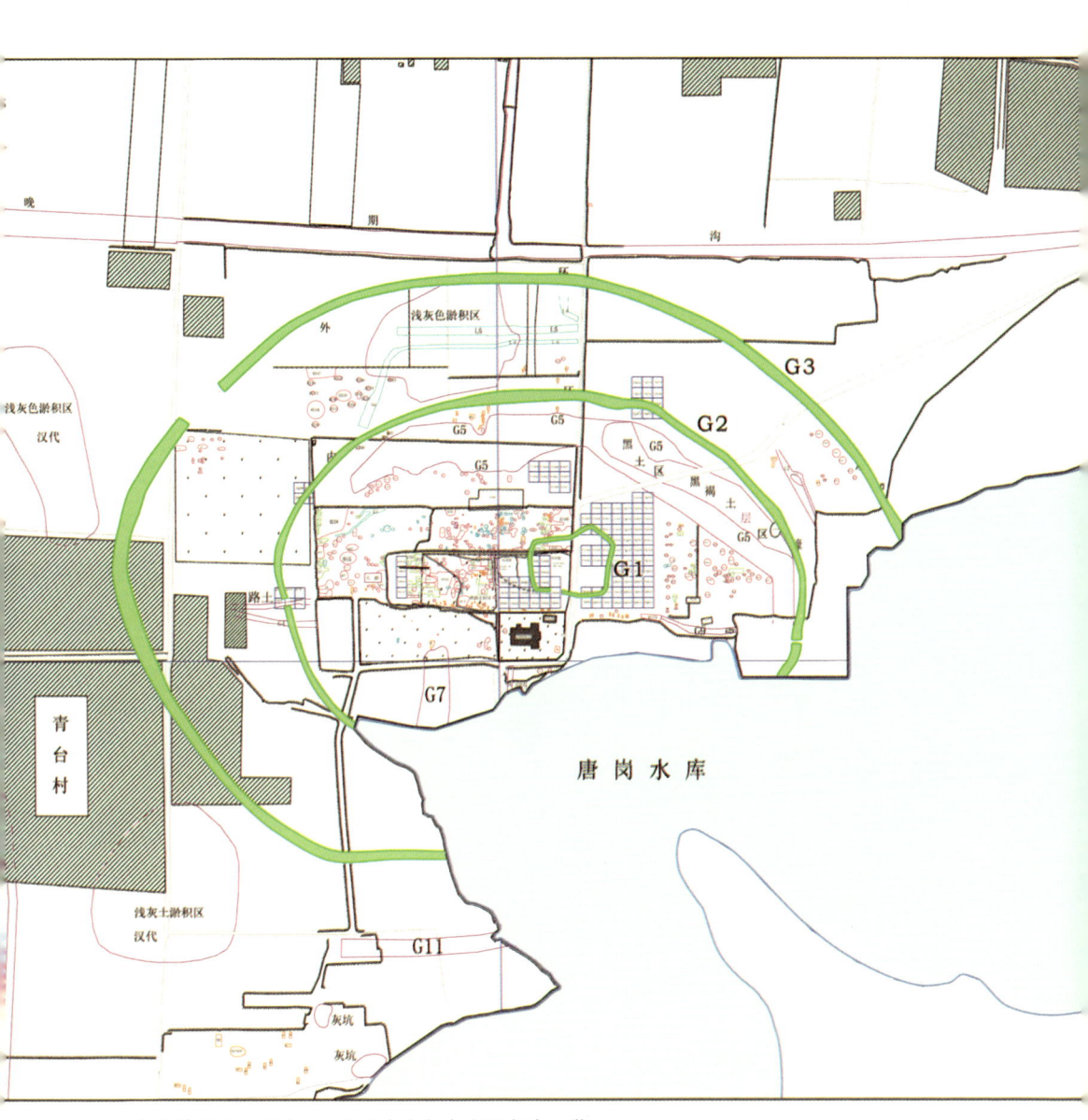

第九章　解开北斗星图的文化密码　　　　　　　　　　205

青台遗址平面分布图（郑州市文物考古研究院　供图）

中国上古有"北斗九星"之说，但由于岁差，八、九这两颗星退出恒显圈，这便是"北斗九星"改为"北斗七星"的原因，但他未指出八、九两颗星到底是什么星。我国古代一些有关占星术的书中，将天空中的"北斗七星"连同两侧两颗比较暗的星统称为"北斗九星"，这两颗较暗的星叫作"洞明"和"隐元"。《宋史·天文志》说："第八曰弼星，在第七星右，不见，……第九曰辅星，在第六星左，常见。"《宋史》中所说的弼星已经不见，难以评说。第九星为开阳之辅星，则不明确。八、九这两颗星，当在杓端之外。

有关"北斗九星"的记载初步解答了遗迹之上九罐排列的疑问，但顾万发依旧不敢贸然断言。以后的几年里他不知道陪了多少考古学家和人文学者到达现场，他们一起记录观察、研究讨论，顾万发自己

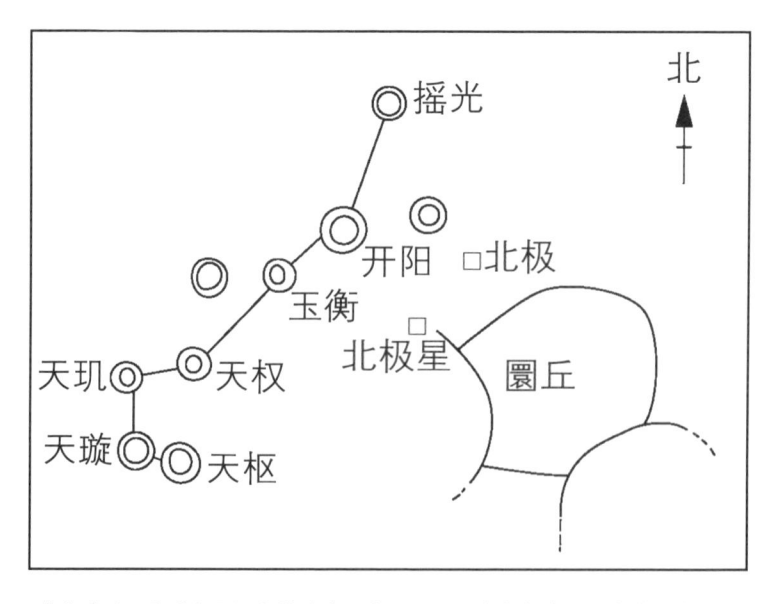

青台遗址"北斗九星"文化遗迹示意图（郑州市文物考古研究院　供图）

也写下不少关于青台遗址"北斗九星"的笔记。单是"北斗九星"文化遗迹里对应北极的圜丘他都记下不少思考，我们可以摘录一些——

再论青台遗址"北斗九星"文化遗迹的圆形夯土性质

《周礼·大司乐》云："冬日至，于地上之圜丘奏之。"《史记·封禅书》记载："冬日至，祀天于南郊。"

圜丘是一座圆形的祭坛，其形象天的形象。祭祀时主祭者面向西方立于圜丘东南侧，在鼓乐声中报知上帝降临享祭。主祭者献给上帝各种牺牲，并把一些牺牲随同玉璧、玉圭、缯帛等祭品以柴烧之让烟火升腾达于上帝。

依据《周礼》，在祭祀中代表上帝的被称为"尸"的人登上圜丘，接受王的祭享。主祭者向上帝献牺牲、酒、黍稷等，还有酢、舞（《云门》之舞，相传是黄帝时代的乐舞）、嘏、赐胙等礼仪。

远古时代，祭天之礼仪早已存在，但是还不会像《周礼》记载得这样完备。登上圜丘的人是上帝的扮演者，早期有的文化中或许还没有具体形成扮演的形式，只是以圜丘表现，或者上帝降临以看不到的形式出现等。总之登上圜丘的人并不是主祭者或当时的王，这是应该注意的。

青台遗址中"北斗九星"文化遗迹之圆形坛台的性质，值得认真论证。其整体位于聚落东南，与自古以来的天坛选址之制一致。其又位于北极附近，九星围绕，用以表示祭天之坛。其时代的王，从濮阳西水坡和双槐树遗址中"北斗九星"和建筑的关联看，应该是可以立于该圆形天坛位置附近的，即呼应天中的地理位置。祭祀的时候，具有祭司身份的最高首领应该是面向圜丘的，

青台遗址"北斗九星"文化遗迹（郑州嵩林书院 供图）

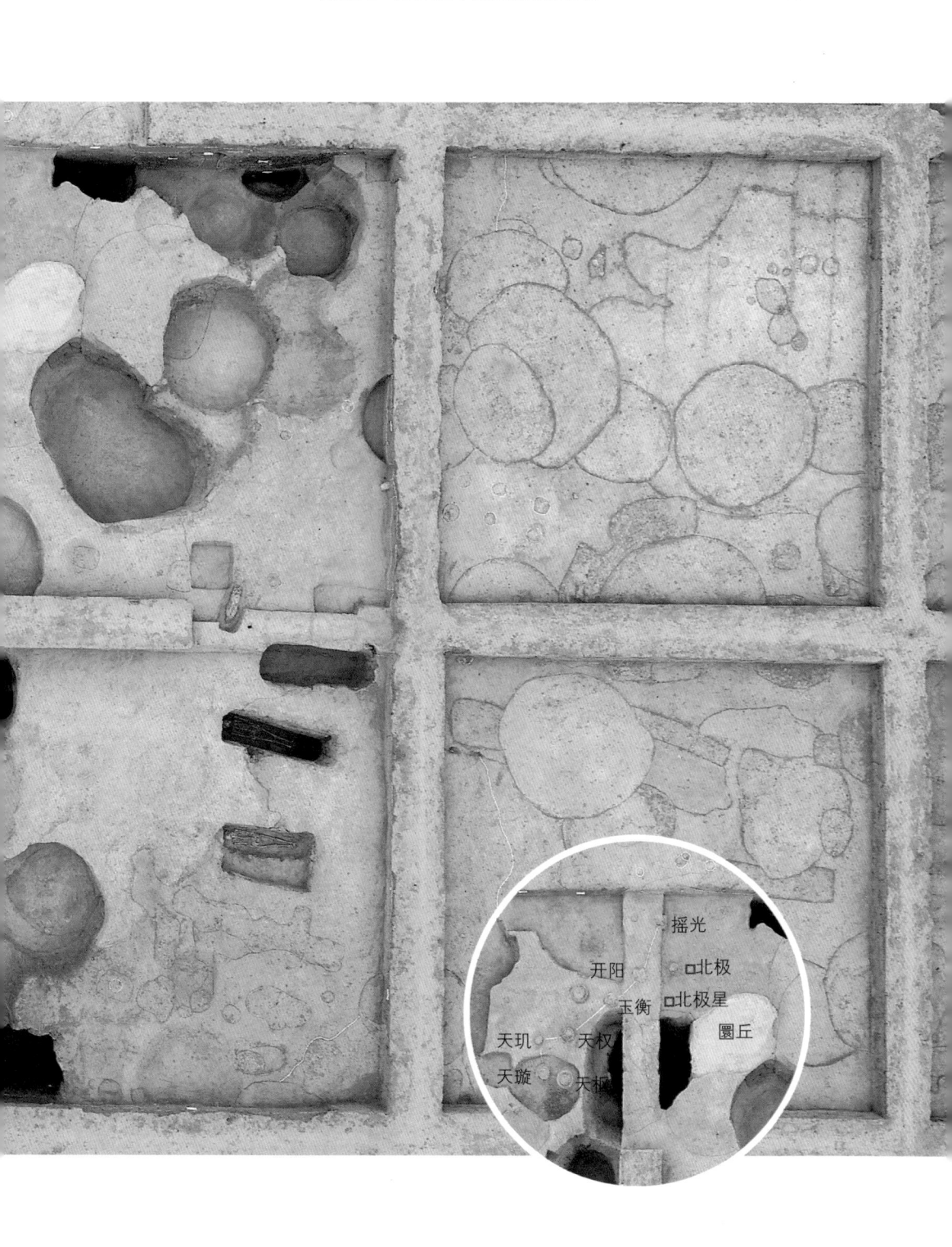

第九章　解开北斗星图的文化密码　　　　　　　　　209

即面向西北方乾卦之天位，而立于圜丘东南之位是坤位，这样位于地中的祭祀王者与位于天中的圆形天坛构成一组天地之中的呼应结构。

青台遗址"北斗九星"圜丘遗迹的性质增论

青台遗址"北斗九星"圜丘遗迹的性质，我在原来的论证中有论述。其中关于郊祭的问题，我始终认为是冬至郊祭，目的是报天之功，祭祀的对象应该是天，具体而论是北辰，同时按照《礼记·郊特牲》中郑玄对于《周礼》中该问题的理解，可能还包括太阳。

这里予以增加的解读是：

第一，按照文献可能还同时有祖先陪祭，祭祀北辰实际就是祭祀上帝，并且从洪山庙仰韶文化中期遗址瓮棺上所刻画的帝王文字画来看，当时应该已存在上帝的概念。另，冬至郊祭按照有的文献记载，其对象还有很多附属，像清王朝有所谓奉日、月、星、辰、云、雨、风、雷从祀并报告五谷收成，《周礼》记载"以冬日至致天神人鬼"，等等。

第二，关于郊祭，按照《左传》等文献记载，除了冬至郊祭，还有惊蛰郊祭。历代学者曾就两者的内涵进行争论，其中一部分人认为冬至郊祭是祭天以报天功的，惊蛰或曰启蛰之郊祭虽然也是祭天，但是其目的是祈求五谷丰登。《礼记·月令》说孟春之月，"天子乃以元日祈谷于上帝"，郑玄注曰："谓以上辛郊祭天也。"由此可见，惊蛰祭天是为了祈谷、祈年的；又依据《宋史·礼志二》记载，郊祭的对象也可能包括土地。

另，惊蛰郊祭与冬至郊祭的祭祀对象都包括上帝、天，但是

第九章　解开北斗星图的文化密码　　　　　　　　　　211

目的是有明显区别的。从《旧唐书·礼仪志一》记载"正月上辛，祈谷，祀昊天上帝于圆丘，以高祖配，五方帝从祀"来看，祈谷、祈年时，有可能祭祀对象主体内容和冬至郊祭类似，但是目的依然是不同的。另，从清代的材料看，冬至郊祭有报告五谷收成的内容，虽然与惊蛰郊祭祈求五谷丰登不同，还是有些联系的。

第三，《礼记·郊特牲》记载："兆于南郊，就阳位也。扫地而祭，于其质也。器用陶、匏，以象天地之性也。于郊，故谓之郊。"这与"北斗九星"圜丘遗迹位于青台遗址的东南郊即阳位的位置是一致的。同时该"北斗九星"圜丘遗迹所在背景为一处理过的场地，代表天体的器物用陶器表现，符合"扫地而祭，于其质也。器用陶、匏，以象天地之性也"的记载。

第四，刘敞《公是七经小传》："凡祭祀，卜日不卜辰。故郊卜辛，社卜甲，宗庙卜丁也。"《春秋》定公十五年云"夏，五月，辛亥，郊"，《春秋》哀公元年云"夏，四月，辛巳郊"，《公羊传》成公十七年云"郊用正月上辛"。宋庄季裕《鸡肋编》卷中："孟春上辛祈谷，祀昊天上帝，是日祀感生帝，皆于南郊。"《史记·乐书》曰："汉家常以正月上辛祠太一甘泉。"这些记载之用辛应该基本不是呼应冬至郊祭的，而是呼应惊蛰郊祭的，《礼记·月令》明确记载孟春之月"天子乃以元日祈谷于上帝"也是明显的例子。

第五，惊蛰郊祭之所以用辛，依据《礼记·郊特牲》记载，是由于"郊之用辛也，周之始郊，日以至"。《春秋繁露·郊义》曰："郊必以正月上辛者，言以所最尊，首一岁之事。每更纪者以郊，郊祭首之，先贵之义，尊天之道也。"这或也和辛属于古代祭祀所讲的柔日之论有关，不过这并不表明其时已有东周礼书所载的"外事以刚日，内事以柔日"之诹日的系统礼法。

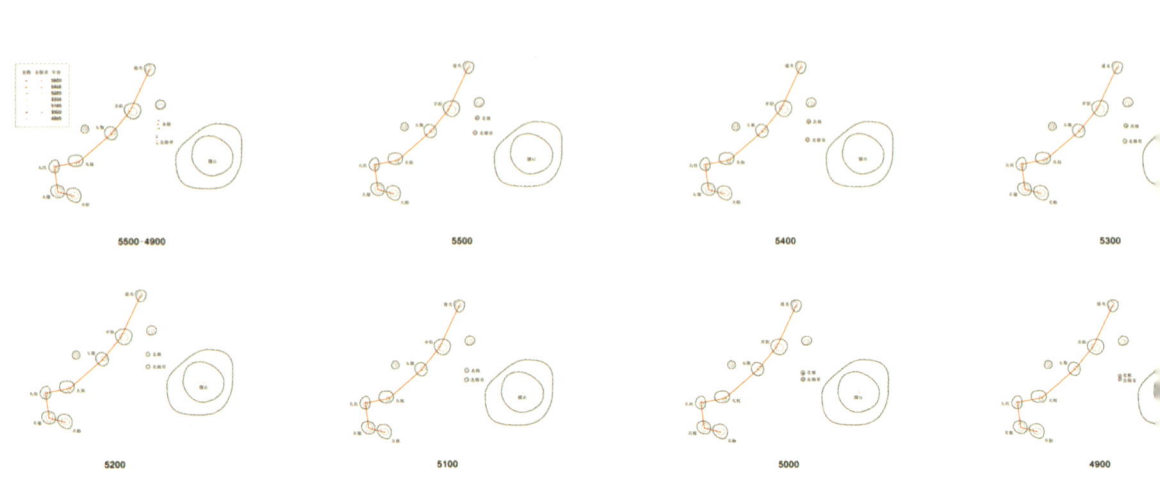

青台遗址中的北斗星与北极星示意图（郑州市文物考古研究院　供图）

　　青台遗址的"北斗九星"文化遗迹周围还有四个瓮棺，应该是祭祀遗迹，祭祀的对象就是"北斗九星"，还包括北极星和北极。"北斗九星"及其围绕的北极星和北极可以代表天，因而这些祭祀瓮棺也是用于祭天的。至于文献提及的其他祭祀对象，尚不明朗，从冬至太阳升降的天文准线存在的情况看，可能会有太阳；很可能不包括五帝，因为依据著名的龙虬庄陶器图像及陶文，五帝、五方之帝至少到了龙山时代才出现。另外按照文献记载，祭天之礼还有其他礼乐和牺牲等，在发掘区范围内暂时尚未有相关发现，但是其时应该存在。

　　红山文化遗址中有不少圆形、方形积石遗迹，学术界基本认同这些圆形、方形积石蕴含天圆地方的含义，其中三重圆形积石，冯时先生认为表示的是三衡，朱成杰先生认为是北斗星运转的轨迹。无论意义为何，其中心应该都是北极星的位置。再如良渚文化瑶山墓地祭坛、大溪文化城头山祭坛也有与北斗星、北极星相关的圆形遗迹。总之，

第九章 解开北斗星图的文化密码 213

当时存在着广泛的北斗星、北极星信仰，只不过中原地区以更为朴素具体的陶罐来象征北斗星中的个星形象，并且出现了青台遗址中这样的"北斗九星"。

我们知道，北极星和北极在中国古代是与上帝呼应的，圜丘郊祭和惊蛰郊祭的对象依照文献记载有天、上帝及北辰，古代有北极与"道"关联的宇宙观，还有北极星与"一"关联的数术，"道生一"不仅是老子的观念，也是更为古老的"洛书"中所蕴含的易理，"洛书"九宫图与八卦、九星也高度相关。所以青台遗址"北斗九星"文化遗迹祭祀的对象除了北斗星，可能还有当时的北极星，即代表了当时的上帝。河南禹州洪山庙遗址仰韶文化中期彩陶上的"帝"字造型及龙虬庄有关五帝的陶文与这一陶器中的蹲踞式五帝图像（现存4个）都对这一认知给予了证明。

青台遗址中的"北斗九星"斗柄的方向为冬至方向，这符合冬至郊祭的重要条件，北极星位置附近是圜丘，与文献记载的圜丘郊祭于冬至也相符。综合来看，无论当时是否存在惊蛰郊祭的情况，青台遗址"北斗九星"文化遗迹应该属于中华文明起源关键阶段圜丘郊祭的典型代表，是《周礼》《礼记》等文献记载并在明清依然存在的在中国传统文化中具有重要地位的郊祭祭天礼仪的早期形式。

顾万发认为："青台遗址中的'北斗九星'及用于郊祭的圜丘显然是表达祭天的意思。璇玑玉衡，以齐九政，所以可以分阴阳、建四时、均五行、移节度、定诸纪，是历法之常。由于'北斗九星'或者'北斗七星'主管全国，所以整个天下也会风调雨顺。青台遗址中的'北斗九星'圜丘天文祭祀遗迹反映出在仰韶文化时代中晚期的人们已经具备这样的思维和信仰。"

顾万发的想法最早得到李伯谦和王巍的认可，在李伯谦的倡导下，

2019年6月19—20日，郑州市文物考古研究院、北京师范大学历史学院联合召开郑州市仰韶文化青台遗址天文遗迹专家鉴定研讨会，对顾万发团队的研究成果进行鉴定。来自中国科学院国家天文台、自然科学史研究所、自动化研究所，北京师范大学，中国社会科学院，故宫博物院，郑州大学，河南省文物考古学会，河南省文物考古研究院，河南省文物建筑保护研究院，郑州市文物考古研究院等研究机构和高校的天文、考古学者及相关课题组成员实地考察了荥阳青台遗址。

30多位天文学家、天文史学家和考古学家在现场考察、认真研讨并对北斗星系进行深入研究比对后发现，青台遗址的"北斗九星"标志物每个陶罐的大小与星体的实际亮度基本一致，"北斗九星"与北极星、北极之间位置的关联与5500多年前的实际天象达到非常近似的地步，"北斗九星"与周围祭祀遗迹构成一个整体，与中国古代文献中记载的"斗建"和"冬至祭天"相符，确认为天文遗迹无疑。由此，青台遗址中的"北斗九星"文化遗迹被认为是国内考古发掘出的最早的"北斗九星"文化遗迹。

当时的会议纪要记录了以下内容：

> 青台遗址是仰韶文化中晚期的一处大型环壕聚落，发现有三重环壕，总面积约31万平方米。遗址内发现有与天文相关的遗迹，其中有按照"北斗九星"形状摆放的九个陶罐，斗柄向北，东部发现有黄土圜丘，周边分布有同时期瓮棺及不同时期的墓葬、白类遗存和祭祀坑等相关遗迹。"北斗九星"遗迹的发现，表明青台先民已具备了一定的天文知识，对北斗天体的崇拜也可能形成了一套隆重的祭祀仪式，用以观察节气、祈祷丰收等。

> 中国古代文献记载有"北斗七星"和"北斗九星"之说，在

第九章 解开北斗星图的文化密码

中国科技大学张居中教授一行来青台遗址现场取样（郑州市文物考古研究院 供图）

顾万发带领北京大学的教授考察青台遗址"北斗九星"文化遗迹（郑州市文物考古研究院 供图）

顾万发向专家们介绍青台遗址的考古发掘情况（郑州市文物考古研究院 供图）

"北斗七星"的基础上增加两星就形成"北斗九星"。其中斗柄西南的一颗星，也可能同时与黄帝时期景星出于北斗的记载有关，如果此项发现与古文献记载相互验证，将是天文学史和中国史前史的重要发现。青台遗址"北斗九星"文化遗迹有明确的考古学文化和地层关系，它的发现说明中国古代对"北斗"天象和"斗柄授时"的观测利用非常早，也非常精确。专家一致认为，该遗迹具有很高的科学价值，对研究早期天文学和中华文明起源有重要意义。

青台遗址中呈现的天文现象弥补了"中华文明探源工程"中科技文明缺失的短板，对于文明起源研究具有独特的创新意义。有关天文历法的起源，陶寺古观象台是近年来最重要的发现，但陶寺古观象台距今约4200年，青台遗址将中国观象授时的历史提前了800—1000年。

古人的天文观测往往和宗教祭祀活动紧密相联，天文遗迹既具有科学内涵，又具有信仰内涵，这对于精神文明等基础考古的研究具有重要的学术意义。

在远古时代，科学和宗教尚未分离，一些科学知识通过宗教观念得以体现。先民掌握了某些自然规律，但他们相信这就是神的意志。"神性"从一个侧面反映了当时社会的科学知识水平。因此，青台遗址中的天文遗迹的研究对于探讨认知科学的起源，尤其是天文学的起源具有非常重要的意义。

发达的天文学是中国古代文明的显著特征，它始终伴随中国古代文明的起源和发展而不断创造出新的奇迹，留下了丰富的天文学遗存。郑州天文遗迹的研究对推动中国本土以至世界的考古天文学发展具有重要意义。以郑州地区为中心发现大量仰韶文化中晚期的天文学遗存，对于探讨郑州地区在古代文明起源中的重要地位，以及嵩山文明中心的形成具有不可替代的重要价值。

青台遗址中的天文遗迹的发现从某种程度上呼应了历史文献，而且这些考古实证也有利于说明黄帝时代的存在。《开元占经》引《河图》载："黄帝治，景星见于北斗也。"在北斗星附近出现景星的时候，是黄帝治理天下的繁盛时代。因此顾万发认为，"北斗九星"文化遗迹中编号为9的一颗星，可能就是与这一记载有关的景星。

距今6000—3600年包括右枢为北极星的时代在内，在黄河流域之纬度，"北斗九星"常现不隐，终年照耀于地平线上。在开阳星旁边不远处，还有一颗被称作辅星的四等星。古代大气透明度好，通常可以看到四等星，但由于它紧邻开阳星，视力不好的人分辨起来就有一定困难。阿拉伯人称这颗星为"乘车者"，并用其作为判断士兵视力是否正常的标准。即使在现今城市灯光的影响下，视力好的人也能够判断出辅星的位置。在山东武梁祠石刻壁画中，有一幅《斗为帝车图》，图中央刻有"北斗七星"的星象。其中开阳星旁有一颗小星，小星旁有一个长着翅膀的仙人，显然是辅星的象征。一个帝王模样的人端坐在斗魁之中，周围有若干乘着云气的仙人向其朝拜，其右方有一辆马车，显然是"斗为帝车"的象征。《荆州占》曰："辅星，丞相之象也。"《春秋纬》曰："辅星近、明，则辅臣亲、厚；疏、小，则辅臣微弱、无道。"故这颗辅星虽然不很明亮，但在古代星占家的眼里，是用以判断皇帝的辅臣贤良还是昏昧的标准——辅星接近开阳星而且明亮时，辅臣贤良；辅星远离开阳星并且微小时，辅臣则昏昧、无道，这便提示帝王需要更换大臣、改革政治了。

星占家认为辅星有近、明、疏、小的变化，那么在实际情况中，

山东武梁祠石刻壁画《斗为帝车图》（郑州市文物考古研究院　供图）

它与开阳星之间真能发生这种变化吗？根据近现代观测研究，开阳星和辅星的确是一对相互之间有物理联系的双星，意大利天文学家里奇奥利于 1650 年发现了这一点。后来进一步观测发现，开阳星和辅星本身也都是一对分光双星，故开阳星和辅星是一组聚星系统，位置和光度均可发生变化，由此证明中国古代天文学家的目视观测的确有许多重要的发现。

古人看得到的"北斗九星"，我们今天看不到了，甚至使用天文观测工具也很难发现，中国科学院国家天文台研究员赵永恒先生认为第九个陶罐有可能是记录了一次超新星爆发。武家璧先生则对这颗星的超新星性质和有关年代学问题进行了专题研究，推算出这颗超新星的爆发时间大概在 5400 年前，联系《开元占经》中引《河图》中"黄帝治，景星见于北斗也"的记载，说明超新星是在黄帝时代的某一任王在位时爆发的，它的光亮曾照耀世间，给人们留下深刻印象。

顾万发把青台遗址中"北斗九星"的天文学年代课题上报了国家文物局，申请专家论证。神秘莫测的一颗星，不久或许会得到最终的认定，历史上记载的"北斗九星"会清晰地呈现在我们历史的天空中。

第九章　解开北斗星图的文化密码

人类在自身的发展过程中，不仅仅认识了自己生活的山川河流，也认识了遥远而神秘的天空，茫茫星空引导人们形成最早的哲学观。

河洛是最早记录东方人宇宙观的地方，从这个古国区域走出了两幅神秘图案，同样源自天上的星宿，蕴含着深奥的宇宙星象密码，被后人称为"河图""洛书"。"河图"的这个"河"，其实指的是星河、银河。二十八星宿也是从银河里面出来的，"河出图"的"河图"本是星图，为地理之用，故在天为象，在地成形也，蕴藏着无穷的奥秘。"洛书"之意，其实就是"脉络图"，是表述天地空间变化脉络的图案。"河图""洛书"是中华文化中阴阳五行术数之源，是远古时代人们按照星象排布出的时间、方向和季节的辨别系统。万物有气即有形，有形即有质，有质即有数，有数即有象，气、形、质、数、象五要素用河洛八卦图来模拟表达，它们之间巧妙组合，融为一体，建构了一个宇宙时空合一、万物生成演化的运行模式。

伏羲是河洛区域里最早的人文传说始祖，他的能力被一代一代人传颂。伏羲通过仰观天上的云彩、俯察地上的飞鸟走兽，预测降雨落雪、鸣雷闪电、生风起雾。他依照"河图""洛书"，根据天地间阴阳变化之理，创造了八卦，以含意深刻的符号来概括天地之间的万事与万物。"河图"最初的原型是一条白色旋转的龙，将银河画成白龙，围绕着中点运转，而这个中点就是北极星。这幅图在后来演变成了一黑一白两条龙，逐渐成为今人熟悉的太极阴阳图。

有了天地变化的图景，再基于对北斗星的认识，河洛古国的人们在这天地之间选择了自己的位置。在中国人眼中，天绝不仅是简简单单、毫无边际的苍穹，而是具有思想意志和喜怒哀乐的神奇领域。日月星虹、风雨雷电都是上天的谕示，它掌管着人间万物的生死存亡、国家社稷的兴衰成败。古人对天的崇拜诞生了最原始的宗教，也让天文学的起源与文明的起源几乎处于同一时期。

在古人的观测中，除了北极星，所有的星星都是运动的，包括太阳和月亮。这颗唯一不动的星，被称为"天极"，也就是天极神。东西南北和四面八方交叉点的那个地方叫作"中"。古人以九星为上，可能还隐藏着北极星控"北斗九星"及"北斗九星"控九天、九地的思维，天之九部、地之九州，沿周天而置，可能都来源于此。

武家璧先生在与郑州市文物考古研究院合作的课题中认为，《周礼》记载"惟王建国，辨方正位，……以为民极"，早期古国在人间建立与"天极"对应的"民极"，就是"大地之中"。"天极"的位置需要借助"北极"来确定，双槐树遗址在群山怀抱、河流汇聚的地区，土地肥沃，环境优美，河洛古国利用天象和山川背景，进行了"建中立极""观象授时"及"天人合一"等文明创造活动。双槐树和青台遗址都发现了有关"北斗九星"的遗迹，应是参照"天极"而建立"民极"留下的遗迹，证明郑州地区是中国最早的"天下之中"。"北斗九星"文化遗迹反映了当时已经具有"极下"对应"天中"的观念。

黄帝时代，双槐树人在河洛之汭"以山为郭，择天下之中而立国"，建立了中国5000多年前最大的古国。自此，中国历史上嵩山河洛之地往往被认为是"天下之中"，尔后夏、商都曾经在此建都。周王朝在从关中平原一路东进成功剪商之后，认为河洛之地"此天下之中，四方入贡道里均"，也在河洛之地的洛阳建造了自己的新都成周。巩义双槐树遗址中"北斗九星"文化遗迹的发现，是否证明了河洛之地为"天下之中"的信仰可以追溯到距今5300年前的史前时代呢？双槐树村口的两棵老槐树，一棵已没于黄土，另一棵仍郁郁葱葱，盖笼苍穹，时间的轮转到底在双槐树村留下了怎样的印记呢？

有了青台遗址"北斗九星"文化遗迹的发现，在发掘双槐树遗址时，

第九章　解开北斗星图的文化密码

考古人员就更加有了自觉意识，不会轻易搬运陶罐，尤其是对在同一地层、同一地块上的陶罐，他们更加小心谨慎。孤证难立，尤其是极为难见的天文遗迹，他们需要更多的证据。现在，他们在大型中心居址的F12房址里发现了依旧是以陶罐表现的"北斗九星"文化遗迹，在其北边还发现了麋鹿的骨架。但是双槐树遗址的陶罐与青台的相比，存在排列的差异，位置也深浅不一。顾万发邀请天文方面的考古专家前往研究，在几次为其定性的专家论证会上，专家们疑惑较多的是九个罐子的年代是否一致，是否在同一个层位，应该再作深入研究，下论断要慎重。

为了弄清楚这些陶罐与它们的地层关系，顾万发团队与工地的工人一起，顶着烈日，吃着农家饭，睡着简陋的工地房，一待就是20多天。他们将埋藏陶罐的地层一层一层揭开，一层一层分析研究，终于得出了一个初步的结论：双槐树遗址的"北斗九星"文化遗迹是埋于遗址内壕大型中心居址中最大的房屋F12房址下，F12房址里遗迹分层很多，有不同的小的堆积层。有些层位显然已经被破坏得高低不平，很可能是古人在建造或改建房屋时，于不同区域挖掘，深浅不一，从而破坏了土层。这是属于同一个遗迹中不同的小的堆积层，这一点非常关键，也是目前能够根据地层信息确定无疑的。九个陶罐中有些已完全没有陶口，很可能是被铲掉了，而有些却相对完整。另外，九个陶罐的形制不太一样，有的是较为典型的罐状，有的则接近盆的形状，高低也不一样。

对于双槐树遗址中九个陶罐的摆放不够规范的问题，顾万发认为，一方面双槐树遗址的年代距离青台遗址的年代有100多年，古人传承下来形状有了偏差；另一方面，那时的人们可能不在意精细度，只是一种形状的代表而已。有青台遗址中高规格的北斗陶罐作支撑，双槐

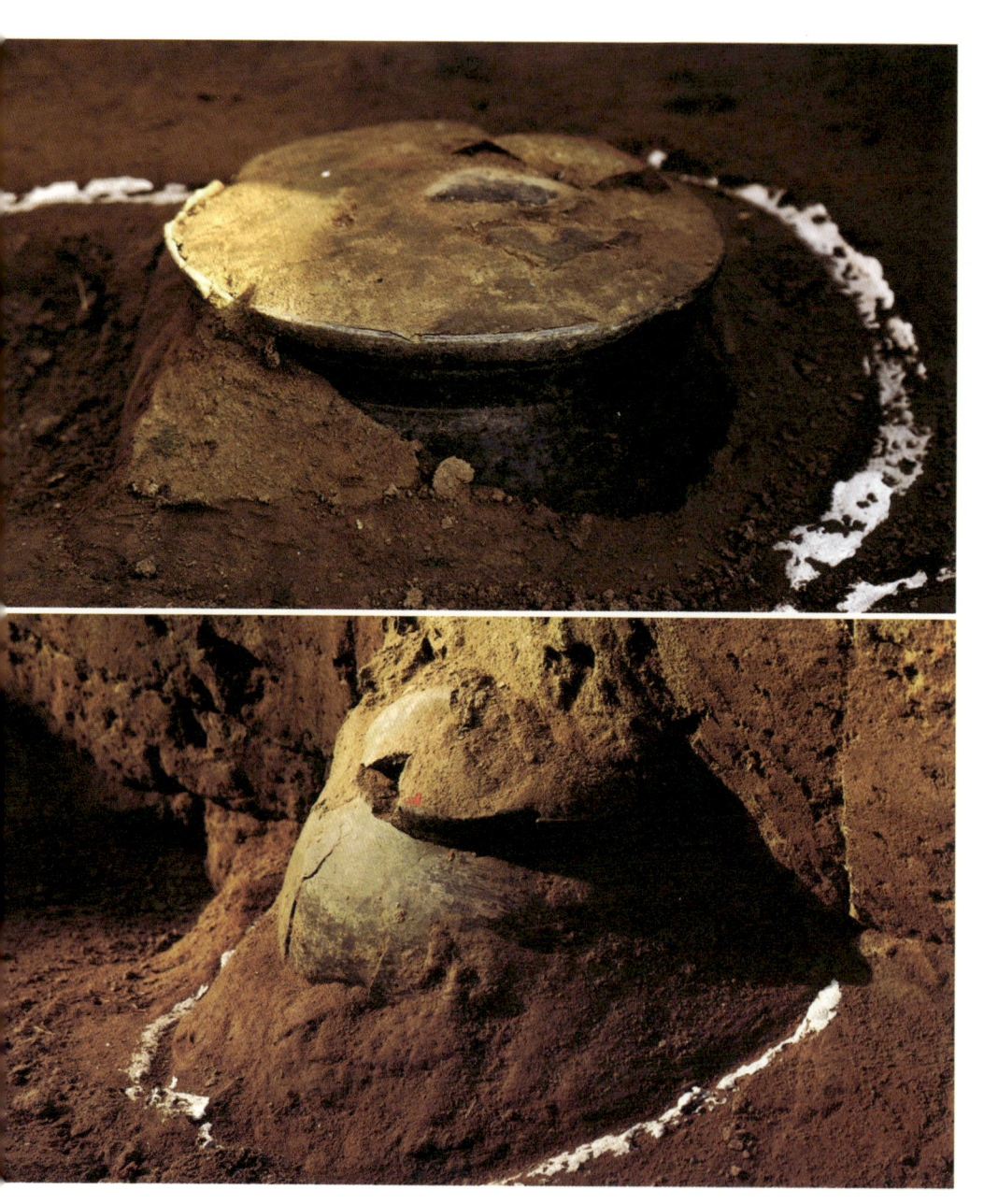

222　　河洛古国：原初中国的文明图景

双槐树遗址 F12 房址前发现的疑似"北斗九星"文化遗迹的陶罐（郑州嵩林书院　供图）

第九章 解开北斗星图的文化密码　　223

"郑州地区仰韶时代天文学考古"项目组研究人员在双槐树遗址开展日落观测（郑州市文物考古研究院　供图）

树遗址中陶罐的性质还是可以初步判定的。青台遗址中的"北斗九星"文化遗迹应该属于科学观察的遗迹，而双槐树遗址中的"北斗九星"文化遗迹可能是王的尊贵身份的一种体现形式。

在双槐树遗址中的"北斗九星"文化遗迹上端，有一副首向南并朝着门道的完整的麋鹿骨架。麋鹿代表北方，在古人眼里是一种神奇的动物。大部分鹿类在夏至开始脱角，只有麋鹿在冬至脱角，所以古人把麋鹿脱角视为吉祥的象征，并把麋鹿与一年中最重要的节气冬至相关联。

麋鹿所在的位置恰好是5000多年前北极星象征性的位置，5000多年前的北极星是现在的右枢星，而位置正好位于北斗星的第三、第

河洛星空 （李英杰　摄）

第九章　解开北斗星图的文化密码

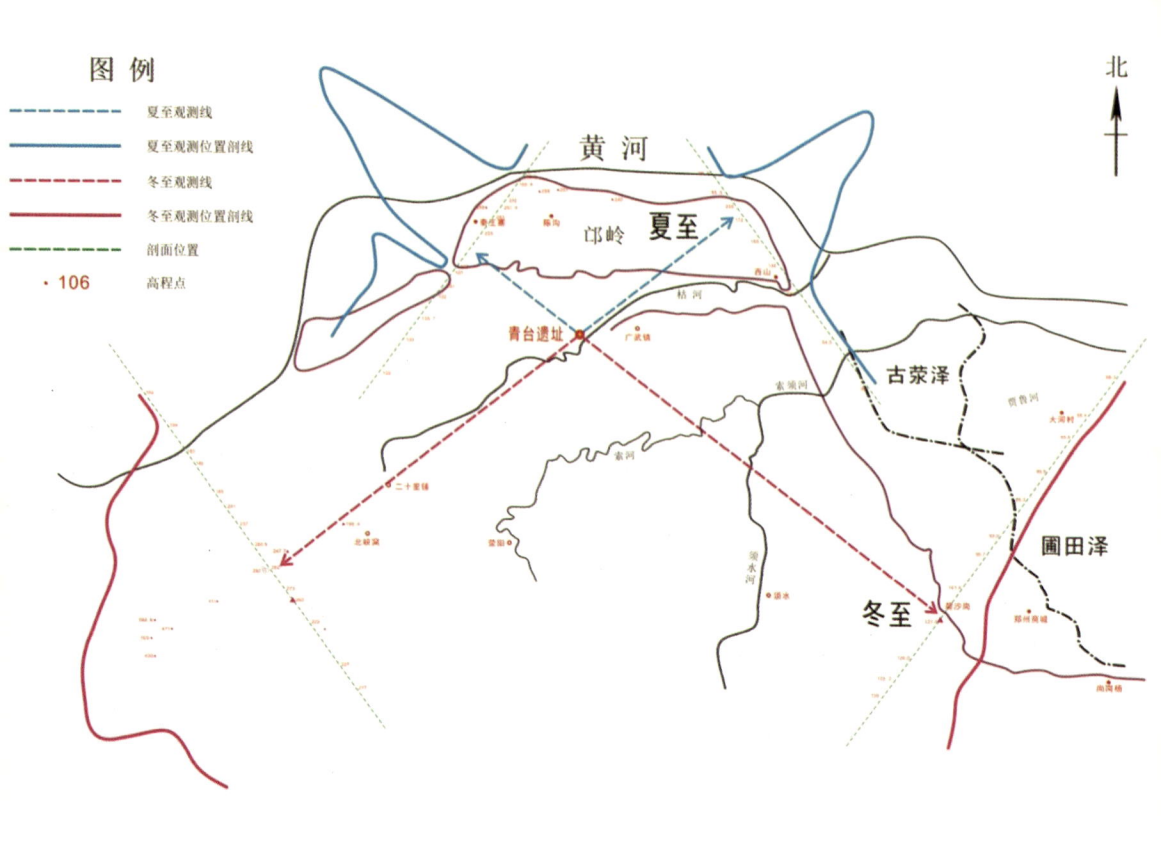

河洛地区冬至、夏至观测图（郑州市文物考古研究院 供图）

四星之间。不同于西方以黄道坐标为中心的天文体系，中国古代发展了以赤道坐标为中心的天文体系，北极星在这一体系中处于天球正北，无疑具有独特的地位，往往被视为帝王的象征。但小熊星座 α 星并非自古以来就是北极星，由于地球自转轴存在周期性的缓慢摆动，因此地球自转轴北极指向的天空位置也在发生变化，北极星的"皇位"也存在"轮流坐庄"的可能。在没有指南针的情况下，古人在夜晚通过看"北斗九星"来辨别方向。"北斗九星"的出现，让我们了解到早在5300多年前，先民对北斗星天象的观测已非常精确，对"斗柄授时"的认识也比较清晰了。

仰望深邃靛蓝的星空，双槐树先民以高超的想象巨毫，在苍冥中书写着神奇的星象符号。人类历史上起源最早的科学是天文学、数学

第九章　解开北斗星图的文化密码

和力学，为什么这三种科学最为古老呢？因为它们都和古代人的生活相关。人们从事农业的生产、举行祭祀和庆典，决定时间是一个首要的工作，所以天文学就发展起来了。天文学、力学发展到一定阶段，精确化的需要使得数学也发展起来了。从中国古代传统认识考虑，数学更侧重于与天文学的关系，因此古代天、数是不分的。武家璧先生认为，天象规律显示日出入到达最南点是冬至，到达最北点是夏至，早期人类利用日出入的地平方位制定了"地平历"。课题组在双槐树遗址进行的天文模拟观测表明，冬至日出在猴山尾，夏至日落在邙山头，夏至日出在黄河水面上，河洛古国依此制定了最早的"地平历"，把我国使用"地平历"的年代由陶寺文化提早到仰韶文化中晚期，提前了约1000多年，从而把中国古代文明的起源提前到5000多年以前。"地平历"标志着我国文明化进程的开端，尤其是具有科学内涵的精神文明在我国文明起源的过程中具有显著的地位，这是我们以前并不了解的价值和意义。

"北斗九星"、三层祭天环壕、遗址周边的伏羲台，以及发源于此的"河图""洛书"等种种巧合，让双槐树遗址更增添了一层与天有关的神秘色彩，也让我们看到早在几千年前，远古祖先就已经参透了遥远而广阔的宇宙奥秘，并将这些奥秘运用于农业生产，造就了和平富饶的双槐树都邑。

人类开始摆脱原始的狩猎采集经济进入农业文明的时候，掌握天象、天文学的知识是一个必要的前提。天文学对于农业的作用首先表现在为农业生产提供准确的时间指导。农时对于农业生产来说，要求是非常严格的，在一年中适合播种和收割的时间实际上只有短短的几天，即所谓的"抢农时"。当然我们也可以通过观察一些物候现象来了解时令的变化，但是这个变化反映的规律是粗疏的，不可能满足古人对于农业生产的要求。因此在没有任何计时设备的古代，观测天象的规律是决定时间的唯一准确的方式。古人发现天象的运动与时间的变化规律，并通过这种观测判断准确的农时，这个活动就叫作观象授时。观象授时从表面上看似乎只是一种天文学活动，但其实它从一开始就具有强烈的政治意义。在生产力水平相当低下的远古社会，假如有人通过自己的智慧和辛勤的实践，发现了天象和时间的某种联系，掌握了天象运行的规律，这本身就是一项了不起的成就。因为在古人看来，天象运动是神秘莫测的，天文学的知识在那时是最先进的东西，只能为极少数的人所掌握。观象授时直接决定了农业的生产，因此这个人可以通过这样一种形式来实现对整个氏族的统治。在远古社会，了解天象的人被认为是了解天意的人，能与天沟通，这就是最早的王权的基础。《论语·为政》言："为政以德，譬如北辰，居其所而众星共之。"孔子在这里告诉我们，用道德的力量去治理国家，就会像北极星那样，安然处在自己的位置上，别的星辰都环绕着它。这句话其实点明了北极星"帝王之星"的特征。

"北斗九星"显示了古人的天命观，中国人对天的认识和自己的自然生活紧密相联，既形而上又形而下，有着空灵的精神又有着朴素的实际需要。比如雷电，古人认为雷电催生万物生长，具有最大的德行，把雷视为天地之长子，这正与打雷后空气中的氮气会发生一系列反应而转化成植物可吸收的养分，从而促进农作物生长的原理相合。《周易》认为天是乾卦，地是坤卦，雷是震卦。东方更利于生长，东方属木，太阳东起，光照时间长，因此雷在东边，而热带气旋和多水区域都在东边的地理规律正与此相通。

中国古代先民对天的崇拜具有丰富的文化内涵，天文、地理、人伦、哲学、艺术、原始宗教、日常生活等方方面面的知识，都与天有着千

第九章 解开北斗星图的文化密码

丝万缕的联系。他们把产生并孕育生命的神奇元素称为"天",认为做任何事都应该遵循"天道"行事,这一思想被后世称作"天人合一"。"天人合一"最早便是通过祭祀来实现的,古人选择在冬至这一天进行祭天活动。双槐树遗址中的"北斗九星"文化遗迹表明,早在5000多年前,中原先民已经有了天、地、人合一的文化观念,中华民族自古以来的团结、向心、中和的礼制核心早已出现并有确切的科学来源。

武家璧先生更是通过对双槐树遗址中的"北斗九星"文化遗迹的研究,认为河洛古国的天人合一思想与大自然联系密切,他说:"夏至前后是黄河'水信'——'矾山水'的汛期,天狼星偕日升,清晨银河从天顶穿过,其支流在牛郎、织女星之间分叉,与黄河及其支流伊洛河在西北地平线附近吻合,如同李白诗'黄河之水天上来'。整个景观朝霞满天、天人合一,给人的心灵以强烈震撼。也正如刘禹锡的《浪淘沙》所写:'九曲黄河万里沙,浪淘风簸自天涯。如今直上银河去,同到牵牛织女家。'"这些壮丽诗篇与观测到的天象景观完全符合,天文考古工作不仅确认了天象在文明起源中的地位和作用,证实了相关文学作品所具有的科学内涵,也拓展并提升了考古遗址的文化价值和科学意义。

长期以来,中国的天文学一直都被认为是巴比伦天文学东传和影响的结果。青台遗址、双槐树遗址中"北斗九星"文化遗迹的发现,大大改变了这一认知。我们看到,中国天文学在5000多年前就已经取得了相当高的成就。李伯谦指出,双槐树遗址一系列重要的考古发现,尤其是"北斗九星"及诸多凸显礼制和文明的信仰,为后世夏、商、周等王朝文明所承袭和发扬,5000多年的中华文明主根脉有望追溯至此。古代的先民已经对天象有了非常精深的了解,对宇宙有了丰富的知识积累,并且由此产生了朴素的数术思想、原始宗教思想和哲学思想,古典哲学的萌芽实际就是人们有意识地对事物、对宇宙起源和它的本质进行的一种朴素的天文学研究，这表明当时的人们和社会已经具有了较高的智慧和文明。

循着文明发展的脚步，人们在疑惑、欣喜的交替往复中触碰到曾经真实的片段和先祖们曾经的体温。如果缺失了这段令人充满想象的历史，中华文明便不可能在短短的1000多年后，经尧、舜、禹，夏、商、周迅速走向成熟，一个个脱胎于那个时代的智慧核心思想更不可能在春秋战国时期盛极一时。以双槐树遗址为代表的伟大时代，或许正是这一切文明的肇始。

第十章
联结过去与现在的
一枚牙雕蚕

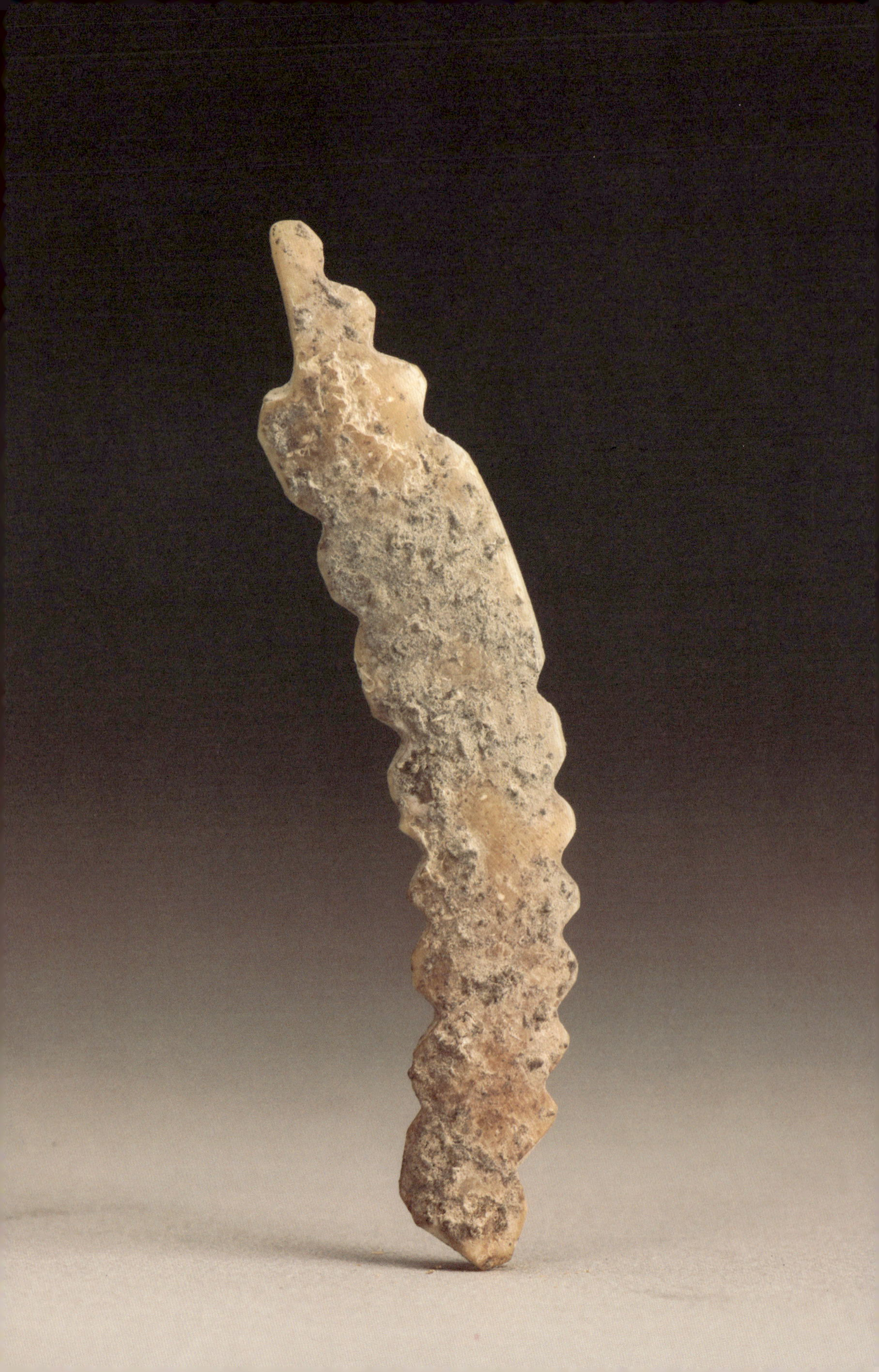

第十章 联结过去与现在的一枚牙雕蚕

1926 年,中国的"考古之父"李济先生在田野调查途中,路过山西夏县,偶然知晓了一个叫西阴的村子。西阴村附近还有辕村,据说是嫘祖养蚕的地方,至今这里还在讲述着黄帝战胜蚩尤之后,嫘祖给黄帝进献丝织战袍的传说。凭着对"黄帝居轩辕之丘,而娶于西陵之女"记载的敏感,10 月 15 日李济先生开始对西阴村进行发掘,这是考古学史上中国人进行的第一次独立考古发掘。

在发掘过程中,考古队员在一堆存有残陶片的泥土中发现了一颗花生壳似的黑褐色物体,引起了众人的好奇与关注。这小东西长约 1.36 厘米,茧幅约 1.04 厘米,后来被证明为丝质茧壳,它出土的短暂一刻成为历史的永恒。李济先生在《西阴村史前的遗存》中写道:"我们最有趣的一个发现是一个半割的,丝似的,半个茧壳。用显微镜观察,这茧壳已经腐坏了一半,但是仍旧发光;那割的部分是极平直的。清华学校生物学教授刘崇乐先生(中国昆虫学创始人——作者注)替我看过好几次,他说,他虽不敢断定这就是蚕茧,然而也没有找出什么必不是蚕茧的证据。"有关这半个蚕茧的报道很快飞过千山万水传到了世界各地。传说与考古发现完美契合,为我国丝绸史厘清了源头。

李济先生写道:"这个当时发现的最古老的蚕茧的孤证标本,在国内外考古界引起轰动,而有关它的争论,如年代,为什么切割,用什么工具割,自出土之日起就如影随形。"多数人认为此茧属于距今 6000—5500 年的仰韶文化时期,但也有学者怀疑当时发掘的科学性,认为是后世混入的,其年代应晚于仰韶文化时期。这半个蚕茧是被一

李济

西阴村遗址当年考古发掘现场

西阴村出土的半个蚕茧

个十分锋利的工具一割为二的,这样切割究竟为了什么?有些学者认为生活在西阴村的原始人用石刀或骨刀将蚕茧切开,是为了"取蛹为食",也有人认为是为了占卜。尽管争论从未停止,但作为中国远古丝绸的见证,它对研究丝绸的起源意义重大,在某种程度上证明了远在6000年前的黄河流域就出现了养蚕业。

李济先生后来又讲:"在西阴村的彩陶文化遗址里,我个人曾经发掘出来半个人工切割下来的蚕茧。1928年,我把它带到华盛顿去检查时,证明这是家蚕的老祖先,蚕丝文化是中国发明及发展的东西,这是一件不移的事实。"1968年,日本学者布目顺郎对西阴村的这个蚕茧做了复原研究,测得原茧长1.52厘米,茧幅0.71厘米,茧壳被割去的部分约占全茧的17%,推断它是桑蟥茧。但另一位日本学者池田宪司却在多次考察后认为,这是一种家蚕茧,只是当时的家蚕进化不够,茧形还较小。1982年,我国著名蚕学家蒋猷龙研究员通过研究野蚕茧和桑蟥的疏松程度及交织状态，认为出土的蚕茧是桑蚕茧。经检测，这半个蚕茧距今已有6000—5600年，是中国丝绸史上最为重要的实物证据。它证明地处黄河中下游的华夏腹地是中国栽桑养蚕的重要发祥地，同时也是世界蚕桑的发源地。

这个在华夏文明发展史上具有里程碑意义的半个人工切割的蚕茧标本，先由清华大学的考古陈列室保存，后随李济先生工作的变动移交至中央研究院，后又归中央博物院保管。1949年，国民党退守台湾后，这半个蚕茧也一起穿过海峡，被珍藏于台北"故宫博物院"。

中国发现丝绸的第二个实证，是1958年在浙江湖州钱山漾遗址发现的家蚕丝线、丝带和绢片。钱山漾遗址是长江流域距今4400—4200年属于良渚文化的遗址，考古发掘共出土新石器晚期的草编、丝麻织物，竹编物200多件。其中丝织物有绢片、丝带和丝线，绢片、丝带、丝线都是在一个竹篮里发现的，经专家测定这些为家蚕丝。残绢片长2.4厘米，宽1厘米，为平纹织品，经密每厘米52根，纬密每厘米48根。此外，出土的还有骨器、玉器和与丝绸相关的用于伐桑枝的靴形石刀、陶纺轮、棕刷等器物。钱山漾遗址出土的绢片、丝带、丝线等尚未碳化的丝织物及相关器物，是人类早期利用家蚕丝纺织的实例，印证了4000多年前长江流域已有养蚕、缫丝、织绸的技术。

如果说中国还有第三个实证的话，那就是郑州荥阳青台遗址的瓮棺葬中出土的丝绸残痕。1983年，青台遗址发掘出土了大量纺织工具，包括纺轮、针、锥、匕等，据此推测距今5500—5300年时原始纺织已经出现。后来，考古人员又在一个瓮棺里发现了丝绸的痕迹，它胶状附着在尸骨的脖子上。这个发现在三个物证中年代最早，也是黄河流域发现最早的丝织品，把驯养家蚕、缫丝织绸的历史推到了5000多年前。极为可惜的是，丝绸的原材料是蚕丝，这种生物高分子材料很容

荥阳汪沟遗址出土的碳化丝织品（郑州市文物考古研究院　供图）

荥阳青台遗址出土的碳化丝织品（郑州市文物考古研究院　供图）

易受多种因素影响而降解。青台遗址瓮棺葬中的丝，尽管时间最早，但因丝绸残痕碳化非常厉害，没有保存下来真正的标本实物，只剩下了信息。如果从实物的角度看，钱山漾遗址发现的这片淡褐色的绢片，是目前保留到现在的中国最早的丝绸实物。

丝绸起源于中国，在我们以往的概念中，这似乎是世界上不争的

第十章 联结过去与现在的一枚牙雕蚕

共识。日本在公元前300年的弥生时代传入养蚕术。公元522年，拜占庭帝国获得桑蚕卵，开始了桑蚕养殖，与此同时阿拉伯人也开始了丝绸生产，后来十字军东征把丝绸带入欧洲。西汉开拓丝绸之路之前，中国一直垄断着丝绸的生产，丝绸的使用也局限在东亚地区。但当中国、哈萨克斯坦和吉尔吉斯斯坦联合申报陆上丝绸之路的东段"丝绸之路：长安—天山廊道的路网"项目为世界文化遗产时，有国际组织的官员提出异议，认为他们的丝绸比中国的还要早2000年，中国的丝绸缺乏实物举证。会议结束后的第十天，国家文物局相关领导在西安紧急召开了会议，当时中国丝绸博物馆馆长赵丰也在场，得知申遗大会的情况，他早就坐不住了。此时国家文物局也提出，要加强丝绸之路后申遗时代的保护和研究，尤其是丝绸起源的研究，要把丝绸起源于中国的确实证据拿出来。

从2010年10月开始，国家文物局批准以中国丝绸博物馆为依托单位设立纺织品文物保护国家文物局重点科研基地，为寻找丝绸起源开拓与研发新的认知方法和技术。丝绸的本质是具有种属特异性的丝素蛋白，可以用免疫学技术对之进行识别鉴定，识别的基本原理是运用抗原抗体的特异性，从而准确获知蛋白质的成分信息。这种方法体现了较大的优越性：其一是特异，确保检测结果的准确；其二是敏感，对于已经严重老化降解的丝素蛋白和角蛋白同样有效；其三是可以鉴别出生物学种属来源，如桑蚕、柞蚕、蓖麻蚕等。基地建立之后，"寻找丝绸起源"成为赵丰和周旸的人生目标。他们发现，至少在距今5000年的新石器时代，我国长江流域和黄河流域齐头并进，都已出现了丝绸文明的曙光。但是那个最早的"丝绸之源"依然笼罩在历史的迷雾中。

丝绸究竟源于何时？起于何地？这疑问深深刺激了赵丰和周旸，

其实他们的心态并不是非要把人类所有的成就都装进自己的筐子里，只是他们需要让事物更接近本源。同样，为了响应国家"一带一路"倡议及"中华早期文明起源"等重要课题，郑州市文物考古研究院也将寻找丝绸作为考古工作的重点。远隔千里的两个单位因这个由头一拍即合——郑州市文物考古研究院负责找，中国丝绸博物馆负责化验。

2014年10月20日，细雨蒙蒙，周旸第一次来到荥阳青台村。她认为黄河流域是丝绸起源之地是有很大可能的，那里是5500年前黄帝聚落的所在地，也是史料里面记载的黄帝的元妃嫘祖教民养蚕的地方。

在通常意识里，文明起源和发展阶段的原生形标志物，多来源于我们熟悉的玉器（矿物）、漆器（植物）和丝帛（动物）。但是，丝绸不如玉器，它是有机质，很难在地下保存，且年代越早，越难寻觅丝绸的踪迹，丝绸的实物十分珍贵。周旸知道，丝绸最初并不用作普通的服饰材料，在古人观念里，它是在人灵魂升天过程中一定要用到的载体，最初用于包裹尸体。大量瓮棺葬中夭折的小孩，就是拿丝绸裹着的。因此，周旸认为在瓮棺中发现丝绸的概率比较大。

在郑州市文物考古研究院，周旸负责清理此前在青台遗址出土的瓮棺，但许多天的工作，始终没有她期待的发现。一天，她看到走廊上摆着很多套箱，工作人员告诉她那是汪沟遗址中发现的瓮棺。周旸疑惑地问："汪沟遗址的这么多瓮棺怎么放在这里？"工作人员无奈地告诉她，因为修高速公路，考古队员对汪沟遗址做了抢救性发掘。当时，遗址还没有完全揭露就发现了大量瓮棺，一时没地方存放，就装箱回来放在这里。

汪沟遗址位于河南省郑州市荥阳市城关乡汪沟村南约500米的岗地上，距离青台遗址30多公里，并不算远，是一处拥有相当人口规模的区域性中心聚落，也是荥阳地区众多聚落遗址中面积最大的一处仰

第十章　联结过去与现在的一枚牙雕蚕　　　　　　　　239

汪沟遗址全景（郑州市文物考古研究院　供图）

韶文化时代的中心聚落遗址。它对于认识新石器时代社会的内部结构、人口地理分布区域、氏族形成和发展及文明起源有较为重要的学术价值。包括青台遗址在内，汪沟遗址的周边，目前已发现了点军台、秦王寨、陈沟、楚湾、方靳寨、新沟、满沟、赵寨、任河、北头、后王等十多处仰韶文化时期的聚落遗址。不过当时的周旸并没有把这些瓮棺太放在心上，只是拍了照片，又去汪沟遗址走了一趟，便回杭州了。

2015年5月18日，为了筹备"丝路之绸：起源、传播与交流"展览，周旸负责到郑州市文物考古研究院借展品，借的就是1983年出土丝绸的瓮棺。周旸看到大量的瓮棺，总感到遗憾，还有太多未解开的丝绸之谜等待着我们去发现，青台遗址的挖掘能否重启的疑问在她心里徘

汪沟遗址平面分布图（郑州市文物考古研究院　供图）

第十章 联结过去与现在的一枚牙雕蚕　　　241

徊了许久。于是，在多方的协作和促进下，2015年下半年到2016年，中国丝绸博物馆和郑州市文物考古研究院联合申报了国家文物局以"寻找中国丝绸起源"为主题的考古项目，学术目标就是寻找丝绸之源。

2017年7月10日，周旸和同事郑海玲又一次奔赴青台遗址。此时遗址已全面揭露，出土了很多瓮棺。技术人员取样后清理，依然没有发现任何丝绸的踪影，周旸感到特别失望。当时，顾万发建议周旸扩大研究范围，寻找与青台遗址时期相近、属于同一个文化类型的汪沟遗址中的线索。

受顾万发的启发，周旸想到了2014年她见到的那批套箱的瓮棺。她和工作人员从仓库中随机选了两个汪沟瓮棺，开始清理。清理第一个时，没有任何发现。她们又开始清理第二个瓮棺，编号为W12。它出土时坑口距地表120厘米，呈椭圆形，长0.86米，宽0.4米，深0.4米，像一个尖底的水桶，上面盖着一个平顶的盖子。作为葬具的瓮，其实是一只陶罐和尖底瓶的组合，都是实用器。陶罐大小和脸盆相近，尖底瓶尺寸和水桶相近，两者相对放置于坑底，陶罐在西，尖底瓶在东。周旸和郑海玲蹲在套箱两端，拿着小毛刷，一点一点清理。它质

中国丝绸博物馆研究员周旸和工作人员在出土的瓮棺中取样（郑州市文物考古研究院　供图）

地较松，包含有料姜石、烧土块及炭屑等。清着清着，土里出现了一点黑色，很像纺织品的痕迹。两人捧着它看了好一会儿，周旸突然激动起来："真的很像纺织品，亮晶晶的。"再看一会儿，不对，还没有到人骨的地方怎么会出现纺织品呢？这不是丝绸，只是瓮棺上的烟炱，因为瓮是煮过的，使用后会有印痕，也就是烟炱痕迹掉了下来。空欢喜一场，周旸有点失落，但清理工作仍在继续。她们在瓮棺W12的土中发现了夭折小孩的头盖骨，小小的，破得非常厉害。"一定要注意头盖骨附近，丝绸一定是包头的。头盖骨清理一层，取样一层，从外到内，层层梯度剖解。"周旸一边清理，一边小声嘱咐郑海玲。她知道任何遗存的现状一经清理，就是不可逆的，所以一定要小心再小心。小毛刷来到了头盖骨附近，土有点硬，出现了一块比小拇指指甲盖还小的东西，一点都不黑。周旸觉得这一块土有点异样，不管怎么样，先提取，再继续清理。很快，同样异样的土样，清理出了三块，都在头盖骨附近，编号为5、7、8。

　　回到实验室，三块一碰就碎的土样躺在了电子显微镜下，只有10微米左右，纺织品有机质基本流失，只留下碳化的痕迹，看上去就像土。根据碳化痕迹孔隙和电子显微镜的观察，通过对碳化纺织品的形貌、组织结构的分析，科研人员在里面发现了两种碳化纺织品——平纹织物和绞经织物。周旸觉得这个瓮棺扰动得不多，依然保留着纤维的痕迹，值得进一步探究。于是科研人员将取土样掉下来的"渣"，送去做一种纺织纤维材质鉴定新技术——酶联免疫。

　　令人惊喜的是，试纸一验，确定绞经织物的纤维材质是桑蚕丝，结合组织结构分析结果可以确定，瓮棺中发现的绞经织物为丝织物，而且和1983年在青台遗址发现的丝织物属于同一种织物类型。同时，在头盖骨的附着物里也检测到了蚕丝的残留信息，这表明当时小孩可能用丝绸包裹下葬。这是5000多年前的桑蚕丝残留物，也是迄今世界范围内发现的年代最早的丝绸实物。这份实物在经历种种曲折和质疑后，从容地站在历史的长河中，证实了自己的存在。

周旸后来将这段经历记录了下来：

> 2017年以来，中国丝绸博物馆的专业技术人员多次赴郑州仰韶文化遗址开展工作，包括汪沟遗址、青台遗址和双槐树遗址。汪沟遗址是仰韶文化时期一处拥有相当人口规模的区域性中心聚落，是荥阳地区众多聚落遗址中最为中心的、面积最大的一处仰韶时代聚落遗址，这对于认识新石器时代社会内部结构、人口地理分布区域、氏族形成和发展及文明起源有较为重要的学术价值。在汪沟遗址清理的7个瓮棺中，考古人员在其中5个当中发现了碳化纺织品。纺织品的有机质基本流失，只留下碳化的痕迹。但我们通过对碳化纺织品的形貌、组织结构分析，发现了两种碳化纺织品——平纹织物和绞经织物。通过酶联免疫分析技术确定绞经织物的纤维材质是桑蚕丝，结合组织结构分析结果可以明确该绞经织物为罗织物，这跟20世纪80年代青台遗址出土的丝织品属于同一种织物类型。同时，我们在头盖骨的附着物里也检测到了蚕丝的残留信息，这表明当时儿童可能用丝绸包裹下葬，这种丧葬习俗与古人对蚕神的崇拜有关。此次汪沟遗址丝绸的发现，明确了早在5000多年前，中国就存在丝织品，而且具有一定的广泛性。汪沟遗址出土的蚕丝实物，让我们看到丝绸伴随着中华文明五千年从未迟到也从未早退，从古走到今，相融相伴。

随着研究技术不断优化，丝绸到底起源于何时还需不断探索和研究。中国丝绸博物馆与郑州市文物考古研究院的工作人员在郑州仰韶文化聚落群及史前遗址中开展了更广泛的寻找、化验，以期勾勒出这一地区的丝绸起源分布图并探寻年代更为久远的丝绸，将丝绸起源不断向历史深处推进。在周旸心里，蚕丝的发现地点也许有时间更早的，这个目标支撑着她不能停下向前的脚步。这一次，她又把目光投向了双槐树遗址，一个极具王者之气的地方，传说黄帝聚落的所在地。

在众多关于黄帝的传说中，有这么一个记录中国丝绸诞生的动人传说。从前，有一天（讲中国的故事基本都是由这两个词开始的），那一天肯定是一个风和日丽、令人怡然的日子，黄帝轩辕氏的妻子——我们美丽的嫘祖到野外散步。当她走到一片桑树林时，停下来想要喝侍女为她准备的热水。突然，天上有一位仙女飘然而来，腾跃附在桑树叶上，化为头似马面、身体细长的虫，吐着闪亮的细丝，瞬间结成白色的果实。嫘祖好奇，便让人爬上树摘下这白色果实，不料那个人不小心把果实抛落进嫘祖的热水杯中。嫘祖从杯子里把它取出来时，捞出的却是一缕纤细的丝，轻盈光滑，绵绵不绝。嫘祖觉得有趣，就将树上的果实全采下带回去，放在热水中抽出丝来。她又设法将这些丝织成片，制成衣服，穿在身上既美丽又舒服。黄帝知道这件事之后很高兴，将这白色果实命名为"茧"，结茧的虫叫作"蚕"。这之后嫘祖开始想办法养蚕、缫丝、织绸，丝绸便诞生了。我们今天身着丽裳时，实在要感谢嫘祖有着喝热水的习惯，顺便当然也要感谢爬树人的笨拙，不然我们今天还处于兽皮树叶遮体的年代也说不定。就像我们今天在使用梳子的时候，要感谢黄帝另外一个妃子方雷氏一样，如果不是她有收集大鱼之刺的爱好，我们今天可能还在用手指梳理头发。人类许多伟大的发明都来源于平淡的生活日常，只要稍加留心，说不定，创新就有希望。

第十章 联结过去与现在的一枚牙雕蚕

中国是世界上最早驯养家蚕、缫丝织绸的国家，也许我们可以把教科书的讲述追溯到更远，在旧石器时代的北京山顶洞人生活之处和宁夏水洞沟旧石器遗址，我们都发现过用于编织的骨针。作为中华文明重要的起源标志之一，丝绸起源一直是研究者关注的话题。史料中有"西陵氏之女嫘祖，为黄帝元妃，治丝茧以供衣服，后世祀为先蚕"的记载。丝绸是古代中国最重要的发明之一，它的出现对后来中国经济、文化和科技的发展都产生了巨大影响。

嫘祖是古代典籍里叙述的中国最早养蚕的人，她观察桑蚕的生活，并开始教授随行人员饲养桑蚕的技术，从此成为中国神话中的丝绸女神。桑蚕养殖是古代中国人精心保守的秘密，也只有妇女从事，无论是生产还是使用都具有神圣的意味。《礼记》规定丝绸只给王室成员使用，所以数千年来穿戴丝绸是皇帝和贵族的专利。传说在西汉时，前往其他民族和亲的公主坚持，如果没有所爱的织物作为嫁妆，便拒绝出嫁，这才最终打破皇帝出口桑蚕的禁令。之后，丝绸逐渐地渗透到中国社会的其他阶层，开始用于装饰日常用具如乐器、钓具和弓箭。

中国人对丝绸的这种敬意其实从汪沟瓮棺中就可以看到端倪，在双槐树遗址及与它同时期的附近的遗址中，都有一个非常值得研究的现象：丝制品，是用来包裹亡童下葬的。亡童的瓮棺多为小口尖底瓶，形似蚕蛹。中国丝绸博物馆馆长赵丰认为蚕是自然界中变化最为神奇的一种生物，它一生有卵、幼虫、蛹、蛾四种状态的变化，这种静与动之间的转化，会使人们联想到当时最为重大的问题——天地变化与人的生死。蚕卵是生命的源头，孵化成幼虫就如生命的诞生，几眠几起又像人生的几个阶段，蚕蛹可以看成是一种死，原生命的死，而蛹的化蛾飞翔就是人们所追想的再生，死后灵魂的归处。《博物志》云"蛹，一名魂"正是此意。这种生命的思考与天地相关，道家认为："夫精神者，所受于天也，而形体者，所察示地也。"人的羽化成仙亦可看作蚕蛾与人联系的结果，庄子曾说他做梦变成了蝴蝶，蝴蝶即可看作一种漂亮的飞蛾，这说明人欲通过这种途径羽化而成仙。到了晋代，葛洪著《抱朴子》总结了三种成仙之道，其中就有"羽化"一法，当得之于蚕蛹化蛾的联想。

既然把蛹与亡魂联想起来，那么自然会在葬俗中体现。在仰韶文化墓葬中，孩童约有一半左右采用瓮棺葬，埋于房基附近，并在瓮中留孔，推测是让其灵魂自由升天之意。当时十分盛行的巫术和祭祀活动中也引入了这种联想，据分析，良渚文化中冠状饰者的身份当属巫师之类，生前他们亦会戴此装饰以助行巫。此外，蚕纹常饰于青铜礼器上，也是为了在祭祀或施展巫术时，使人与天的沟通更加方便。先民在观察蚕的形态变化时所考虑的与天地生死的联想，远多于对茧和蛹的经济利用，他们用丝绸包裹下葬亲人时，就是把丝绸当作一种载体，将所包裹的逝者传送到另一个世界，寓意逝者重生。也许正是因为这些原始的崇拜，先民才会去驯化野蚕，将小小蚕茧制成丝。蚕丝在使用和质感方面极具优越性，随着越来越多人喜爱和使用蚕丝制品，丝绸逐步在中国形成了产业化的发展。

中华文明古老朴素的修行思想在 5000 年前应该已相对成熟，先民有了重生的精神追求。中国人对丝绸的感情已经上升到精神层面和文化信仰的高度，祭祀蚕神称为"蚕示"，或用三牢（祭祀用的家畜），或用羌（被杀死的奴隶），典祀十分隆重。蚕的一生就是人们所期望的一生，破茧成蝶、生生不息……

周旸并没有在双槐树遗址发掘的过程中发现所期待的丝绸，但这里出土了一大批仰韶文化时期的彩陶、骨针、石刀等遗物，这些遗物大多散落在不同的遗迹里。无论考古发掘现场条件如何简陋，考古队员对器物的发现和整理分拣都格外谨慎小心，很小的细节也不会放过。出土的原生点尽可能保存，可以进一步研究和保护的出土文物，将可以辨识的文物信息记录之后，装进保护箱内，运回单位。所以，现场第一时间的处理至关重要。

初夏5月的天已开始微热，在大型中心居址发掘的考古队员们弓着腰，在编号为F13的房址前清理地层。一个年轻的考古队员在清理到F13东北部的室外活动面时，一个带有锯齿的雕刻物出现在他眼前。此时汗水已从额头流向年轻人的眼睫，长时间的烦琐工作使他早已形成了分拣的惯性，他没有仔细观察，只是小心翼翼地把雕刻物放到旁边的软布上，便继续工作起来。时间一分一秒地过去，年轻人直了直腰板，慢慢坐下来休息。工地上，傍晚的阳光透过树叶缝隙洒下来点点光斑，恰巧散在雕刻物上，一闪一晃，白灿灿的。他再次拿起这件物品，竟惊奇地发现，它像一只虫子。

年轻人欣喜若狂，赶忙叫来了院长，刚刚静谧的工地瞬间喧哗了起来，考古学经验、常识及直觉让顾万发觉得这个小东西像个家蚕，但是它的材质尚不能确定。他立刻联系了专业的机构，对其进行进一步分析。一周后，工作人员兴奋地向他报告："雕刻的材质是野猪的獠牙，唯有野猪的獠牙才具备这样的材质，白润如玉。"在古代，动物獠牙虽很常见，但并不是所有动物的獠牙都适合雕刻。这枚牙雕蚕所用獠牙的材质基本透明，符合蚕吐丝阶段体态透明的特点，一侧还保留獠牙的原始表面，因为吐丝阶段的蚕体会发黄。在为它制作的专用盒子里，这个长6.4厘米、宽不足1厘米、厚0.1厘米的小东西静静地躺在那里，仿佛在诉说着远古的故事。

双槐树遗址发掘至今，一直没有发现蚕丝实物，蚕的踪迹更是极为难寻。蚕丝品不易保存，蚕的尸体几乎也是不可能遗留下来的。蚕是一种非常娇弱的生物，极易受到自然界恶劣环境的伤害。一旦有大旱的热天，或是阴雨不断，蚕都将难以成活，何况自然界中还有许多蚕的天敌，如飞鸟之类都将威胁到蚕的生存。后世文献中不时有桑林中野蚕成茧的记载，说明野桑蚕能在自然界中生存并延续生命十分艰难，偶然的顺利就会被人们看作祥瑞吉兆。双槐树人能用牙雕刻蚕，说明他们已非常熟悉蚕的生长习性。

在各地出土的蚕饰中，最著名的是山西芮城西庄村仰韶文化晚期遗址出土的陶蛹、河北正定南杨庄仰韶文化遗址出土的陶质蚕蛹、江西清江县筑卫城遗址出土的蚕蛹纹印纹陶，这些蚕蛹纹饰均与真蚕蛹十分相像。还有大量的原定名为玉蝉的饰品或青铜器蝉纹的形象，也许定为蚕蛾或未展翅的蚕蛾更为合适。如江苏张陵山遗址出土的玉蝉

考古人员在双槐树遗址清理出土的牙雕蚕（郑州市文物考古研究院　供图）

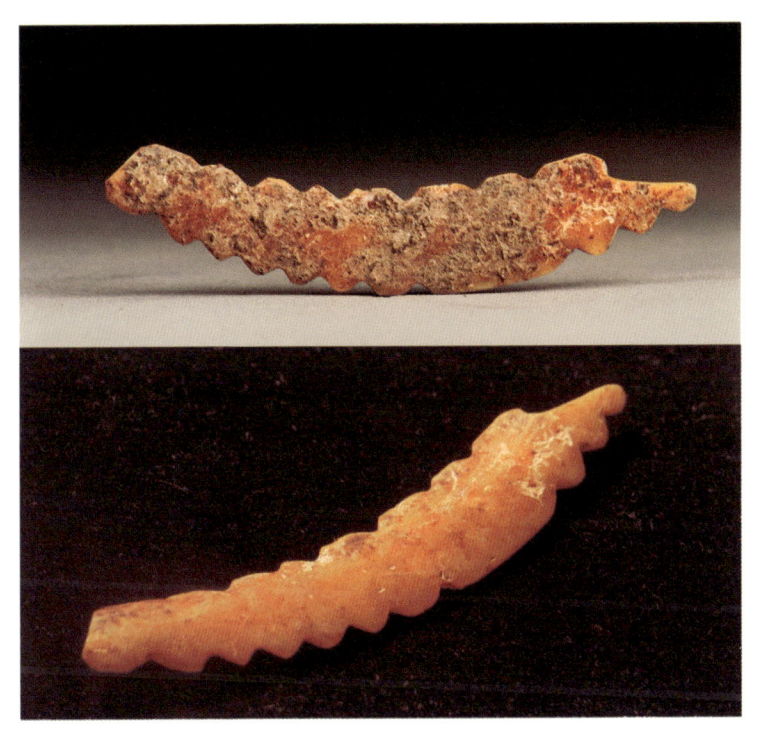

第十章　联结过去与现在的一枚牙雕蚕　　　　　　　　　　　　　249

双槐树遗址出土的牙雕蚕（郑州市文物考古研究院　供图）

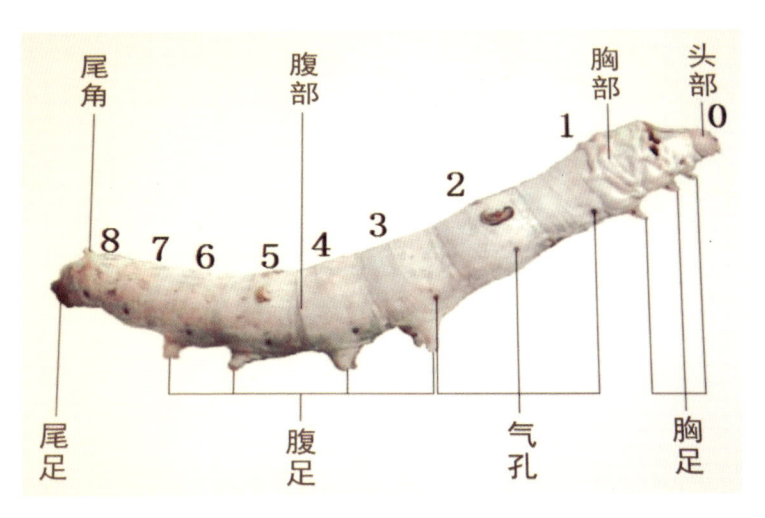

家蚕示意图（郑州市文物考古研究院　供图）

就可定为蚕蛾，更为重要的证据就是西阴村出土的那半个茧壳。

郑州市文物考古研究院对双槐树遗址出土的牙雕蚕进行了详尽的观察分析，它雕刻精美，惟妙惟肖，蚕身呈背凸腹凹、头昂尾翘、绷紧着的 C 形姿态，正是一只正在吐丝阶段的蚕的写照。蚕吐丝时，头会不停地摆动，头部和尾部的肌肉也来回伸缩，吐丝将尽时，才会由 C 形逐步变成 S 形。能对蚕的形态有如此细致入微的观察，在野蚕的生存环境下是不可能的，只有人类已经开始养蚕并且已经熟悉了蚕的习性后才会有这样的创作。5300 多年前，双槐树人已经开始养殖桑蚕，那么在青台、汪沟等遗址中发现丝绸也就在情理之中了。顾万发兴奋地讲道："识别出是家蚕，观察其吐丝姿态极其重要，古人高度关注并能识别蚕吐丝的状态，熟悉蚕的生长习性，还掌握了养蚕缫丝技术，牙雕蚕工艺之精巧从选材就已经有了深入的观察与设计。"牙雕蚕造型的秘密被破解，引起业界的高度重视，它不仅是世界上目前发现的最早的成蚕雕刻艺术品，也见证了仰韶文化时期中国的桑蚕丝绸历史。

牙雕蚕从远古走来，激起我们今日对它的想象：河洛古国里为什么会有这样一枚精美的蚕雕？它当年的用途和价值为何？也许它是养蚕人的标本，摹刻下来用于传授技艺，也许它是王祭桑之时的祀物。对于古人来说，蚕带着某种神圣的宗教意义，是神圣而珍贵的物品。在殷墟也曾发现过玉蚕，结合甲骨卜辞来看，殷人经常问卜蚕事，商代后期一个叫武丁的国王派人察看蚕事，甚至连续问卜九次。由此可见蚕在他们心中的重要性。

我们也可以把它想象成 5000 多年前一个爱情故事的见证，就像今天的小伙子给心仪的女孩子一大束玫瑰花的惊喜一样。5000 多年前，伊洛河边的桑林里，工匠小伙儿正在等待采桑的姑娘。养蚕的地方，部落里规定男人是不能随意去的，怕扰了清净，可养蚕的姑娘却是小伙儿愿去亲近的。小伙儿是部落里最出色的工匠，他要给女子献上自己心目中最贵重的礼物。部族最珍贵的是丝织品，稀少而难得，当然也是王的专属，他是不敢偷拿的。小伙儿左思右想，决定用野猪的獠牙制作一件精美的工艺品。他每次接近心上人的时候，不敢直视姑娘的眼睛，便去观察家蚕细微的举动，回到家里凭着记忆细致入微地雕琢……

水波漫漫，微风轻拂。远处，一树树繁花开得如云如雾，无风自落。万千花树之间，姑娘缓缓行来，小伙儿快步上前，把几个月的心血之物交与姑娘手中。姑娘惊喜地打开，是一枚小小的牙雕蚕，从此这枚牙雕蚕便是姑娘放在心尖上的信物。养蚕吐丝，化茧成蛾，牙骨雕蚕，仿佛一条隐丝，若隐若现地用情感联结着过去和现在。一切都如小伙儿的计划完美撩开序幕，但我们的小伙儿怎么也没有想到，他追求姑娘的个人信物，会在5000多年后变成一个民族特定历史的实证。

无论我们今天用何种想象来论证这枚牙雕蚕，它都以它小巧的身躯讲述着河洛古国宏大的农桑历史。牙雕蚕用另一种方式证明了以双槐树遗址为主的黄河流域中心聚落群是目前发现的中国农桑文明发展史上的最早代表。

在这一高等级遗址中出现的让世人惊叹的牙雕蚕，造型与现代家蚕极为相似，给丝绸起源问题带来了诸多惊喜。双槐树遗址的牙雕蚕与周边遗址出土的丝绸制品验证了5000多年前先民已经掌握了家蚕饲养和丝绸生产技术。中国丝绸博物馆馆长赵丰认为蚕的驯化家养有一个漫长的过程，丝绸起源必然要依托强大的文化背景，而河南恰是华夏文化起源时期的核心地带。

在新石器时代，黄河流域和长江流域均有发达的农业、畜牧业、渔业和纺织业，以供先民的衣食之用。从考古材料看，当时纺织业采用的主要是麻、葛类植物纤维。葛又名葛藤，广泛分布于丘陵地区的坡地或疏林之中，新石器时代均见使用。郑州大河村遗址出土有距今5000多年的大麻种子实物，据推测当时已经栽培。较此更早的河姆渡遗址中亦有麻纤维利用的实物出土。新石器时代各种陶器上的织物印痕均以麻类织物为主，各地出土大量纺轮亦为纺麻而用，即使到唐代这样的丝绸生产消费高峰期，蚕丝产量仍远不如麻。5000多年前，很难想象当时的麻类纤维已经匮乏到非要寻找新的纤维的地步，何况野生麻葛的采集和加工均要比驯化家蚕、吐丝结茧获取纤维要方便得多。因此蚕丝品的作用应该就是贵族享品及礼仪之祭的外化之物。

李伯谦认为，双槐树遗址牙雕蚕的出土和其家蚕的形态，最大的价值在于证实当时家蚕养殖业已经开始。丝绸起源有很多不同的节点：一是利用野生桑蚕茧的茧丝织成丝绸，二是驯化野蚕成为家蚕，三是为了养蚕而进行桑的人工栽培。这三个节点应该是有先后顺序的，先有人类对野生桑蚕茧的利用，再有驯化野蚕，再到人工栽培桑树。其中也有主次，最为关键的是从野蚕到家蚕的驯化过程。印度历史上很早就有利用野蚕丝生产织物的记载，但几千年后，它们还是野蚕，没有被驯化。野蚕丝不能算作丝绸的起源，因为利用野蚕丝只是偶然性的，生产量很小，跟丝绸起源的概念不一样。只有成功驯化为家蚕之后，蚕才能够成为稳定的、真正的生产材料。

到了商周时期，农业有了很大发展。考古实物中已发现的商代丝织品尽管数量十分有限，但已经相当精美。例如殷墟妇好墓出土的青铜礼器表面附有的织物就有50多件，其中40多件是丝织物，达数层之多，包括纨、绮、罗、绢等品种。新石器时代的桑蚕技术为中国后来的手工业发展奠定了扎实的技艺基础。

在文化方面，中国最早的文字甲骨文中出现了"桑""蚕""帛"

第十章　联结过去与现在的一枚牙雕蚕

及部首从丝的 100 多个与丝有关的文字，中国第一部字典《说文解字》收录从丝的字达 267 个。丝绸还影响到中国古代文学，诗词及成语中随处可见与丝绸相关的内容。在科技方面，中国古代四大发明中有两项发明与丝绸密切相关：纸的发明直接受到丝绸生产技术的影响，尤其是"漂絮"制丝过程中产生的丝绒沉淀物对其的启发；印刷术的发明与秦汉以来丝绸印染技术中的凸版印花有直接关系。可以说，丝织技术的发明实际上是纸、印刷术两大技术发明的先导。在经济方面，丝绸是古代中国与西方诸国进行经济交流的主要产品，丝绸及瓷器使中国在与西方长达数千年的经济交往中一直处于优势地位。

中国丝绸从发明到走向世界有着十分清晰的历程，长期以来中国是世界上唯一从事丝织手工业的国家。中国对人类物质文明的这项重大贡献为世界所公认，中国文化凭借丝绸鲜明的独创性、精湛的技艺和富于想象力的艺术图案自立于世界优秀文化之林。

丝绸是东方的一个标签，一个很美的标签，在华夏文明源远流长、奔腾不息的历史长河中，流淌着无数的艺术珍品，而丝绸最为优雅。早在 2000 年前，丝绸征服了罗马帝国，被西方人称为"东方绚丽的朝霞"。论地理，欧洲跟中国遥相暌隔，然而艺术史家和文明史家知道，地域的悬隔未能阻碍东西方之间建立起必不可少的联系。跟今天的常情相比，古人大概比我们要坚毅，要大胆，商人、工匠、民间歌手或木偶戏班的男女们，会在某天酒后兴起，来一次说走就走的旅行。他们有时候走的路程会比那些精心准备的商旅队伍还远，穿过草原和沙漠，身上丝绸的飘带和饮酒的瓷壶在丝绸之路上留下无尽的浪漫……

中国文明与欧、亚、非三大洲的古代文明很早就开始接触，相互影响，相互交流。1877 年，德国地理学家斐迪南·冯·李希霍芬（Ferdinand von Richthofen，1833—1905）在他的著作《中国》一书中首次提出"The

Silk Road"（丝绸之路）一词。他对丝绸之路的经典定义是："以丝绸贸易为媒介的西域交通路线。"这个名称很快得到东西方众多学者的赞同。丝绸的历史几乎与中华文明同步而生，追溯丝绸的历史就是追溯中华文明的历史和探寻人类智慧的旅行。

丝绸悠远的发展历程最早由仰韶文化时期一枚小小的牙雕蚕讲述着，相信这枚举世震惊的国宝终有一天会成为一种象征，穿越千年，编结着历史的丝线，诉说着远古人的生活，可谓显性知物，隐性鉴史。古人一次无意的思考，一次取之自然用诸彼身的尝试，惊艳了后世之人。

丝绸的源头在田野，栽桑养蚕、春蚕吐丝才有了丝绸的华贵与美丽。丝绸传递着中华文明，成为东西方文化传播与交流的美丽使者。它不仅是中华民族的宝贵遗产，更是世界不可缺失的人类遗产。丝绸书写文明的笔触那样薄如"蚕"翼、轻如云雾，却承载了五千年文明的厚重。

第十一章
历史与生命积淀而来的
彩陶艺术

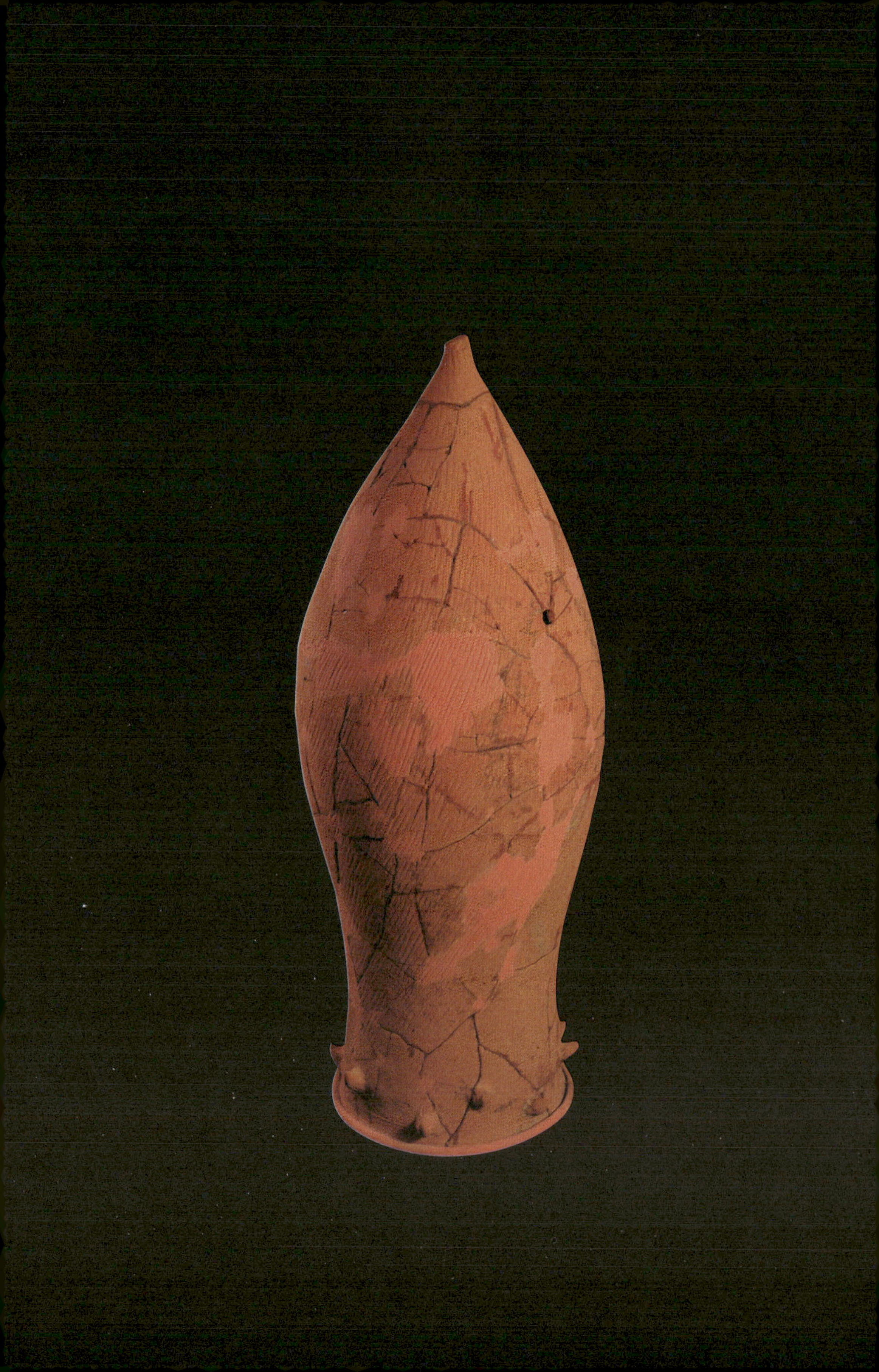

第十一章　历史与生命积淀而来的彩陶艺术

　　晨起，薄雾退去。和煦的阳光穿过树叶的间隙，斑驳的光影洒落在双槐树的台塬上，陶窑工坊里的一位年轻匠人像攥着这晨光，把它拌进手下的泥料里，泥变得像阳光一样温暖。这些用来制陶的泥，是昨天他与父亲一同到河边挖取的，父亲也是双槐树的陶匠。他从生下来就注定是陶匠，将来他的孩子也会是陶匠——王是上天和子民选择的，可工匠却是世袭的。他喜爱泥土，很小的时候，他就被父亲手里制作的陶器深深吸引，那些鲜艳的色彩、那些难以捉摸的纹饰，似乎闪烁着神秘的光芒，让他迷恋不已。后来，他从父亲那里学习制作的技法、描画的工艺、烧制的流程，渐渐地便沉浸在这独特的艺术创造中去了。一直以来，他都对制作彩陶有着特别的情愫，他总是带着一种敬仰之情，尤其是这无比绚丽的色彩，让他相信会给古国带来幸运，让他们的王能够带领族人种百谷、制衣冠、建舟车、制音律、定算术、创医学，让他们永远过上丰衣足食、太平安康的生活。

　　今天，他要同他的族人们一起为他们的王制作一批精美的陶器，而这些器物也将作为至高的礼器，在即将举行的祭祀大典上大放异彩。他神情中有些许的激动和紧张，他知道这与往常所做的器物不同。他将昨天取回的泥土经过几道工序的处理加工，搓成泥条，又把一根一根的泥条连接起来，筑成坯体。在陶坯成型后，他凝视着眼前创作的造型仔细修整，小心翼翼地用手里的骨匕片刮削掉多余的泥料，使得陶器的表面变得更光滑。他拿起手中的鬃毛笔，蘸了蘸颜料，想要尝试将父亲曾反复说过的星象纹描绘出来，父亲总说天上那颗闪亮的北极星就代表着他们的王。今日，这位河洛古国的匠人的身影似乎还闪现在远处的台塬上，他制作的彩陶获得褒奖，也在那场盛大的祭祀仪式中派上用场……

彩陶这个中国文明史上至关重要的一抹色彩，曾经被匆匆流转的时间掩埋，可它从未黯淡消失，只是静静待在黄土里，等待着后来者的发现。

1921年，时任国民政府农商部矿业顾问的瑞典地质学家安特生和我国地质专家袁复礼等人，在河南西部渑池县城北韶山南面的仰韶村发现了中国最早的彩陶。后来，考古学界给彩陶下定义为：在打磨光滑或外施陶衣的陶坯上，以天然的矿物质颜料进行描绘，用赭石和氧化锰作呈色元素，然后入窑烧制。烧成的器物在橙红色的胎地上出现红、黑、白等颜色的美丽图案，形成纹样与器物造型的高度统一，达到装饰美化的效果。由此，仰韶文化时期绚烂的彩陶文化拉开了中国考古学的序幕。这些彩陶的发现，震撼了世人的心灵，它们深埋在地下如此之久，却依然光彩夺目。它们造型奇特、纹饰神秘，扑面而来的远古气息似乎让我们触摸到了祖先的文化血脉。

目前，中国发现的最早的陶器大约可以追溯至1万年之前，考古学家曾在河南新密李家沟遗址发现过火候较低、硬度不高的素面夹粗砂陶片，在广东英德青塘遗址、湖南道县玉蟾岩遗址也发现有类似史前人类使用的陶片。这些地方所发现的陶片已经出现了装饰在陶器表面的纹饰，这多是原始人类在制作陶器的过程中留下来的一些印痕。

最初，或许是大自然丰富的色彩赋予了人们艺术创作的冲动，彩陶鲜艳的色彩给人以强烈的视觉冲击，这种冲击似乎来源于早期人类最初对红色的理解。红色具有极强的动物性特征，是血液的颜色，象征着生命。而在狩猎、战争中，人或动物若流失红色的血液，就可能失去生命。红色与人类原始本能的这种密切关系刺激早期人类产生了最初的精神指向与审美感觉。我们今天发现，距今2.7万年左右的北京山顶洞人在埋葬自己的亲人时，特意在他们的身边撒下红色的赤铁矿粉末。而距今8000年前，早期人类制作的骨质与石质饰物上的穿孔也几乎都曾施以红色的赤铁矿粉末。

古人对红色来源的另一个经验是火，红色的火可以让他们防止野兽的侵袭、烹饪美味的饮食。人类利用火的特质发明了陶器，将火视为天神之力，借助这股力量可以驱赶寒冷和黑暗，同时将火以毁灭的形式淬炼出纯净。

经过反复实践与传承，大约在8000年前，工匠们渐渐掌握了制作彩陶的技术，他们使用当地的黏土作原料，用手盘筑捏制成陶坯，或者用手中的木棒使底部的托盘转动起来，然后在托盘上制作圆形的器物，这种古老的塑造器形的技法今人仍在使用。在器物表面打磨光滑之后，他们会使用类似笔的描绘工具，用赤铁矿粉和氧化锰作颜料，在陶坯表面绘各种图案，入窑经900℃—1050℃火烧后，在橙红色的底色上，呈现出赭红、黑、白等诸种颜色的图案纹饰。细心的工匠发现，表面绘有矿物颜料的陶器，在烧制后色彩不易剥落，与未施彩的陶器相比，色彩更艳丽。于是，他们将这样的经验代代相传，彩陶工艺由此诞生。随着工匠们造型、绘画技艺的提高，人们对彩陶艺术的追求不断发展，彩陶纹饰的构图与内涵不断丰富。

黄河最大的支流——渭河，孕育出了彩陶文化发展序列最为完整的区域，从距今约8000年的老官台文化开始，先后经过半坡文化、庙底沟文化的发展，一直延续到仰韶文化晚期，彩陶文化经历了3000多年的历程，成为中华大地上独特的文化景观。

距今8000—7000年，中原地区最早的彩陶属于渭河流域的老官台文化。老官台文化因首先发现于陕西华县老官台遗址而得名，主要分布在渭河流域、汉江上游及丹江上游等地区。作为中国彩陶文化的根源，老官台文化的彩陶在造型和纹饰上都显示出了相对简单朴实的特点。彩陶图案以施于三足罐、圜底钵等陶器口沿外侧的红色宽带纹为代表。这一时期的彩陶虽然简单，但意义重大，为其后仰韶时代彩陶的大繁荣奠定了基础。

距今6800—6300年仰韶文化时期半坡类型的彩陶以西安半坡、临潼姜寨等遗址的出土物为代表。半坡类型彩陶以红底黑彩为主要风格，流行用直线、折线、直边三角组成的直线型几何图案和以鱼纹为主的象形纹饰，线条比较简练，色块凝重，主要绘制在钵、盆、罐和壶上，有一定数量的内彩。其中鱼纹常常被绘于盆类陶器上，考古学者将它视为半坡文化的标志。

1955年出土于半坡遗址的一件人面鱼纹彩陶盆，是半坡类型的经典代表。这件彩陶盆通体呈红色，口沿处绘间断黑彩带，内壁以黑彩绘出两组对称的人面鱼纹。人面呈圆形，头顶有似发髻的尖状物和鱼鳍形装饰。前额右半部涂黑，左半部为黑色半弧形。眼睛细而平直，似闭目状。鼻梁挺直，嘴巴左右两侧分置一条变形鱼纹，鱼头与人嘴外廓重合，似乎是口内同时衔着两条大鱼。另外，在人面双耳部位也有相对的两条小鱼分置左右两侧，从而构成了形象奇特的人鱼合体。在两个人面之间，有两条大鱼作相互追逐状，画面构图自由、灵动，线条简洁、奇幻。有专家分析，这件彩陶盆可能是一件特制的葬具，作为儿童的瓮棺棺盖。人面由人鱼合体而成，人头装束奇异，像是进行宗教活动时的扮相，它或具有巫觋的身份，象征着巫觋邀请鱼神附体，为夭折的儿童招魂祈福。从已出土的半坡类型彩陶可知，半坡人在许多器物上都绘有鱼纹，这应该与当时氏族部落的图腾崇拜和经济生活

第十一章 历史与生命积淀而来的彩陶艺术

人面鱼纹彩陶盆

有关，半坡人在河谷之地安营扎寨，以农业生产为主，同时也兼营采集和渔猎，这种纹饰正反映了他们的真实生活状态。

到了半坡文化晚期，部分鱼纹逐渐图案化，有的甚至简化成三角和直线等线条组成的图案，有的器物上将写实的鱼、鸟图形与三角、圆点等几何纹饰融为一体，纹饰繁复，寓意深刻。

在6000年前的庙底沟文化时期，彩陶制作工艺的广泛传播，带来了中国史前第一次文化、艺术的大融合。庙底沟类型彩陶以河南陕县庙底沟及陕西华县泉护村遗址的出土物为代表，典型的彩陶是大口小底曲腹盆，其造型挺秀饱满，轻盈而稳重。彩绘多施于器物外壁的上半部，未见内壁施彩者，色彩搭配强调黑、白、红三色的对比，并以黑和白、黑和红的两组色彩配合为原则，将双色对比效果提升到极致，奠定了古代中国绘画艺术中的色彩理论基础。庙底沟彩陶纹饰多用弧线描绘，除了有鸟、鱼、蛙等动物纹样，最流行的纹饰母题是圆点、弧边三角、垂幛、豆荚、花瓣、花蕾等，植物纹显著增多。尤其以圆点、弧边三角和曲线构成的花瓣图案和鸟纹最富特色，鸟纹既有侧视的形象，也有正视的形象，多数图案以二方连续的方式构成，具有虚实相生之妙。其中，有一种"阴阳纹"最具特色，工匠们用阳纹涂彩，用阴纹作底色，具有强烈的冲击效果，能表现完整立体的图案。

1956年9月至1957年7月，考古人员在河南陕县庙底沟遗址出土的一大批彩陶中发现了一处奇特的彩陶纹饰：在弧边三角形黑彩围成的一个椭圆形空白的中部，绘有一正视的呈展开双翅飞翔状的阳文鸟纹。这是仰韶文化庙底沟类型彩陶阳文鸟纹的最早发现。

而庙底沟类型彩陶图案中的阴文鸟纹较难识别，它的图案富于变化，而且数量众多，是庙底沟类型彩陶图案中最为庞杂的一类纹饰。2001—2013年间，考古人员在灵宝西坡遗址进行了多次发掘，发现了

第十一章　历史与生命积淀而来的彩陶艺术

仰韶文化庙底沟类型彩陶阳文鸟纹（郑州市文物考古研究院　供图）

仰韶文化庙底沟类型彩陶阴文鸟纹（郑州市文物考古研究院　供图）

一批庙底沟类型彩陶。其中一件彩陶盆残件上残存的一组鸟纹的三分之二和前一组鸟纹的二分之一引起了他们的注意，他们据此将整个彩陶盆的阴文鸟纹图案复原，发现这例阴文鸟纹的构图形式较为舒展、自由，有可能是在彩陶盆的一周绘了两组阴文鸟纹。

由此我们可以看出，庙底沟类型的鸟纹经历了由写实到抽象、简化的发展过程，一部分鸟纹甚至逐渐演变成一些曲线，并融会到流畅的几何纹饰中。考古学家据此推测，鸟很可能是庙底沟人的保护神。庙底沟人通过彩陶的形式，将象征艺术一步步提升，将自己的信仰与情怀尽情抒发，最终演变为回荡在历史时空之中的心灵之歌。

韩建业认为，仰韶文化庙底沟类型时期，中国大部分地区的考古学文化首次交融联系，形成以中原为核心的文化共同体，即所谓"庙底沟时代"。仰韶文化庙底沟类型实力强大，且对外产生了很大影响，这已基本成为学术界的共识。早在1965年，苏秉琦先生就注意到庙底沟类型"对远方邻境地区发生很大影响"。此后，严文明先生指出，"庙底沟期是一个相当繁盛的时期，这一方面表现在它内部各地方类型融合和一体化趋势的加强，另一方面则表现在对外部文化影响的加强"。张忠培先生认为此时是"相对统一的时期"，庙底沟类型对周围同期考古学文化产生了积极作用。王仁湘先生称庙底沟期彩陶的扩展传播是"史前中国的艺术浪潮"。庙底沟类型所在的时代，也是中国早期文化圈开始形成的时代。考古学家张光直先生把仰韶文化及其周围相关联的诸考古学文化称为"中国相互作用圈"。他说得明白："这个在公元前4000年前开始形成，范围北自辽河流域，南到台湾和珠江三角洲，东自海岸，西至甘肃、青海、四川的'相互作用圈'，我们应当如何指称？我们也可以选一个完全中立的名词而称之为X，可是我们也不妨便径称之为中国相互作用圈或中国以前相互作用圈。"

仰韶文化庙底沟类型绵延约2000年，横跨黄河中上游地区，从豫西、晋南和关中东部核心地区向周围强力辐射，西到甘肃、青海和四川西北部，东到河南东部，北过河套，南达江汉。不仅如此，它的影响力还直接、间接地波及更遥远的周边地区——东北远及内蒙古东南部和辽宁西部，东达渤海和黄海之滨的山东和江苏北部，南面则跨过长江，深入长江中游地区。有学者把核心区之外的庙底沟类型的分布区称为"主体区"，把更外围受到庙底沟类型影响的地区称为"边缘区"。他们认为，庙底沟类型的强力扩张，不仅使仰韶文化分布的地区形成空前一致的文化面貌，更使包括边缘区在内的广大东部地区的诸考古学文化交融联系，形成一个稳定的文化共同体。

苏秉琦先生从仰韶文化众多特征中抓住庙底沟类型的标志性纹

第十一章 历史与生命积淀而来的彩陶艺术

样——抽象化的玫瑰花展开分析,他认为此图案在分布中心区演变序列有头有尾,更影响到大半个中国,是仰韶文化中最具生命力的一种因素。显然,它与中华文化的起源息息相关。苏秉琦先生由"花"引申出"华",以为"华山"就是由活动在华山脚下的以玫瑰花图案为标志的原始人群而得名的,今天我们自称"华族""华人"也是渊源于此。

庙底沟类型是最强势的,它把具有强烈仰韶文化色彩的文化因素带到黄河下游、长江中下游和东北等地区,促进了当地史前文化的发展、转型和分布排列。当然,在如此广大的范围内,各地方类型都有自己的特点,它们的形成过程也没有遵循一种模式。彩陶在它的生命发展历程中,不仅是人们赖以生存的生活器物,也是祭祀礼仪的圣物,

双槐树遗址出土的陶鼎(郑州嵩林书院　供图)

双槐树遗址出土的陶瓮（郑州嵩林书院　供图）

双槐树遗址出土的陶鼎（郑州嵩林书院　供图）

第十一章　历史与生命积淀而来的彩陶艺术　　267

双槐树遗址出土的陶豆
（郑州嵩林书院　供图）

双槐树遗址出土的陶钵
（郑州嵩林书院　供图）

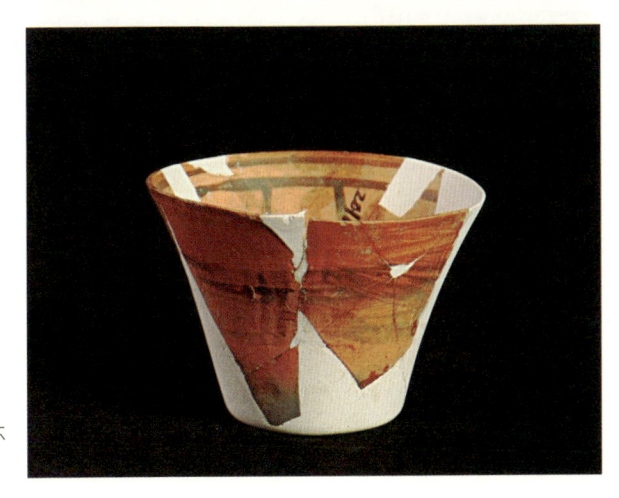

双槐树遗址出土的陶杯
（郑州嵩林书院　供图）

更是文化传播最伟大的媒介，一部仰韶文化史几乎就是彩陶的发展史。

到了仰韶文化晚期，由于制陶技术的进步，陶器的主要色调由红色变成灰黑色，灰黑陶不像红陶那样可以较好地体现附加色彩，彩陶因此很快衰落。但是，彩陶的生命力并没有完全终止，在少量的灰黑陶上，我们仍然还能见到色彩鲜艳的彩绘纹饰，以及先前那些熟悉的主题和惯常的构图传统。

秋风抹去夏日的燥热，将天空擦拭出一片蔚蓝。这个秋日，来自山西大学的王小娟副教授带着她的学生们奔赴巩义双槐树遗址。她受顾万发之邀参与了双槐树遗址出土彩陶制陶工艺的研究项目，这次是专程为了陶器而来的。

目前，双槐树遗址已出土了大量仰韶文化时期的陶器标本，常见器型盆、罐、鼎、豆、钵、小口尖底瓶等均有，其中还有多件仰韶文化晚期完整的精美彩陶，器物较其他遗址同类器物形制大、规格高，同时也呈现出了仰韶文化中晚期彩陶的典型特征。

经过几天的田野调查，王小娟他们在双槐树遗址周围发现了可能用于制陶的红胶泥层，这些泥层连续分布在双槐树村周边和七里铺寺沟路边的断崖剖面上。走上前去，可清楚地看到黄土中间夹杂数层红色的土壤层。其中位于七里铺寺沟路边断崖上的红土层最为明显，红土自上而下可分为间隔的四层。在第三、第四层的红土中均可见白料姜。在调查的过程中，他们还遇到了七里铺一位稍年长的村民，他告诉王小娟，他年轻的时候就曾经用这里的红土做过花盆。这下王小娟心里对双槐树出土的陶器的材料来源有了数，或许就是双槐树遗址周边这地层中丰富的古土壤条带为当时的陶匠们就近取材提供了便利。

考察工作很快就要结束了。午后，王小娟在双槐树遗址的工作站里忙碌着，此时，她已经选好了双槐树遗址出土的五个阶段的具有代

第十一章　历史与生命积淀而来的彩陶艺术　　　　　　　　　269

工作人员正在对双槐树遗址出土的彩陶进行三维扫描（郑州市文物考古研究院　供图）

工作人员正在对双槐树遗址出土的彩陶的颜料进行傅里叶红外光谱分析（郑州市文物考古研究院　供图）

工作人员正在对双槐树遗址出土的彩陶的颜料进行扫描电镜分析（郑州市文物考古研究院　供图）

表性的陶器样本，准备打包带回她的实验室进行进一步的实验分析。王小娟把这个项目当作自己实验室这一阶段最重要的工作，因此觉得身上的担子也更重了一些。临出发前，她坐在电脑前快速地敲打着键盘，想把那份刚刚草拟的双槐树遗址彩陶制陶工艺研究项目计划书再完善完善。

多年的科研经验让王小娟坚持科技手段与人文结合的研究方法和思路，尤其是更加注重社会层面的探讨。这份计划书密密麻麻地记录着她的初步思路：首先通过类型学的分析，将双槐树遗址的新石器时代遗存分为仰韶文化中期晚段，仰韶文化晚期早、中、晚三段和龙山文化早期五个阶段。在明确了这些出土器物分期的基础上，接下来要开展各种实验——原料制备工艺实验、坯体成型工艺实验、坯体修整工艺实验、坯体装饰工艺实验、陶器烧制工艺实验、使用痕迹观察实验……实验会选取各阶段的典型代表对陶器制作各道工序中所遗留的痕迹进行观察，借助科技手段对陶器的茹土原料、羼和料、吸水率和烧成温度等进行检测分析，总结各阶段的制陶原料及成型、修整、装饰、烧制等各工序的技术特征。接着，她会带领实验组出报告，对遗址出土陶器制作工艺进行纵向的历时性比较，探究随时代的演进制陶工艺技术的变化过程。最后，这个双槐树遗址制陶工艺的研究结果，或许可以为郑州地区乃至中原地区新石器制陶工艺研究提供一些新的资料，有助于对区域文化之间互动交流具体形式的探讨。

双槐树遗址出土的一件仰韶文化晚期中段的彩陶罐，曾让参与实验的王小娟印象深刻。这件典型的黑红彩陶，罐体装饰以弦纹为主，绳纹次之，除此之外，还有一个类似现代常见的时尚元素——一正一反的双 C 叠加的形状。难道说让无数粉丝为之疯狂的香奈儿品牌的标识，我们在 5300 年前双槐树人的彩陶上找到了它最初的轮廓？考古队

第十一章 历史与生命积淀而来的彩陶艺术

双槐树遗址出土的彩陶罐（郑州嵩林书院 供图）

员把它看作一件饶有趣味的事，至少可以松弛一下紧张而单调的田野发掘工作。这样的复现，从古至今并没有发生什么根本的改变，或许人们对艺术的想象与解构就是如此一脉相承。

彩陶的制作不仅是艺术的创造，还促进了人们对数学的理解性思维与创造性运用。在双槐树遗址出土的彩陶中有一件彩陶圆底钵，其中一个图案是在每个三角形两边各绘相等的六条斜线，这说明当时的陶匠已经准确地掌握了一些数理的概念，并能灵活地应用到绘画之中。事实上，在仰韶文化庙底沟类型的遗址中出土的花瓣纹彩陶盆上，我们就发现了大量弧线三角形实纹和花瓣形虚纹相互交叠的双关纹样。在有限的空间内，各纹饰的位置计算准确，使首尾衔接达到天衣无缝的地步，可见仰韶人已能熟练地运用这些几何图形来创造完美的图案，而且许多彩陶纹样的完成都运用了数学的概念，精确的构思展示出图案独有的规律性，富有韵律美与节奏美。

双槐树遗址还出土有一件素面的小陶罐，它的用途被顾万发认为是杖的手柄，读者已经从前面章节里认识了它，伏羲台上那个曾经孤独的巫觋用来与上天对话的手杖，就是拿它作为装饰的。陶罐器物表面有15个按数理排布成圆形的点状凸起纹饰，有专家猜测，它们描绘的或许就是从河洛走出的两幅神秘图案——"河图""洛书"。"河图""洛书"历来被认为是河洛文化的滥觞，今天关于龙马身负"河图"跃出黄河、神龟背负"洛书"浮出洛水的传说，依旧在河洛民间口口相传。

相传，上古伏羲氏时，洛阳东北孟津县境内的黄河中浮出一匹龙马，背负"河图"，献给伏羲。伏羲依此而推演成八卦，后为《周易》的来源。到大禹时，洛阳西洛宁县洛河中浮出神龟，背驮"洛书"，献给大禹。大禹依此治水成功，遂划天下为九州，又依此定九章大法，治理社会。这些故事流传下来收入《尚书》中，名《洪范》。而《周易·系辞上》

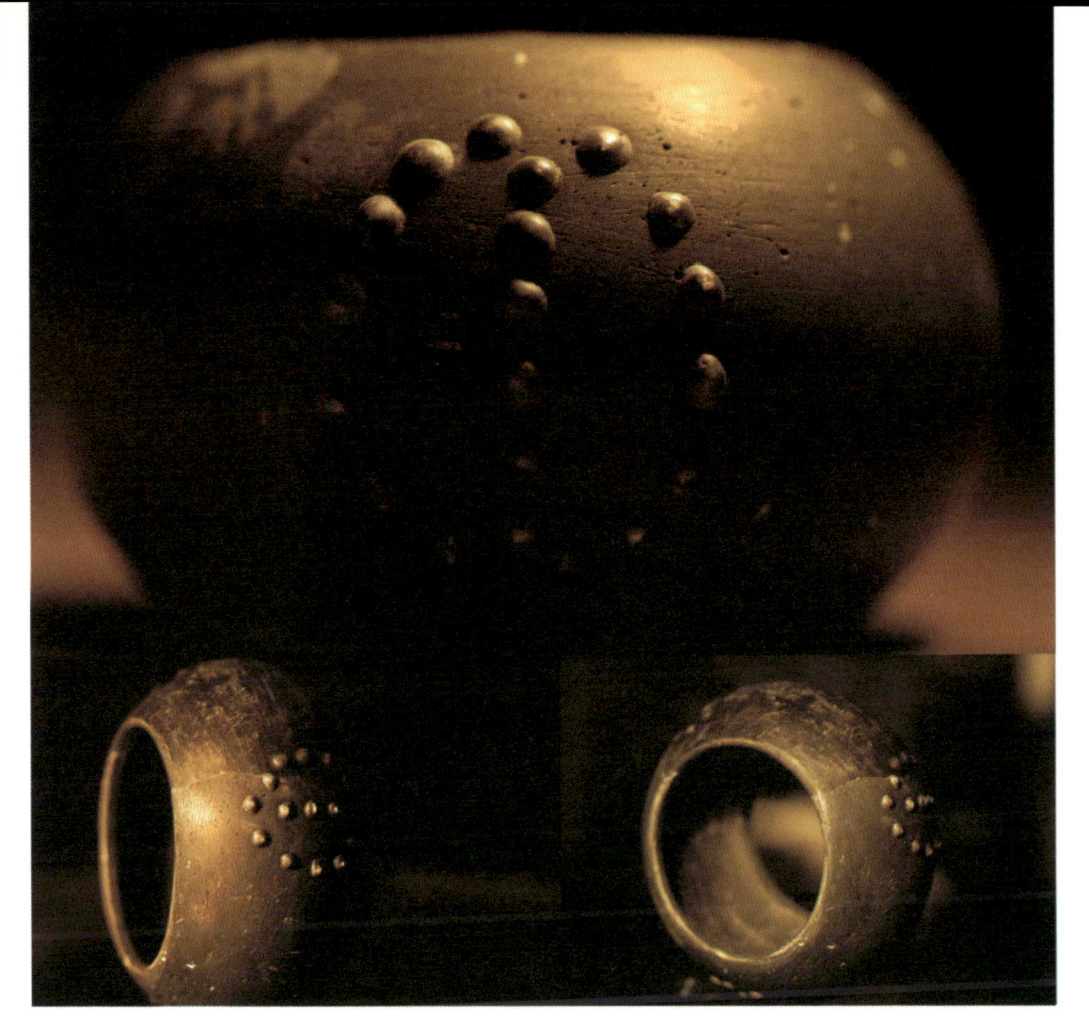

双槐树遗址出土的陶罐（郑州嵩林书院　供图）

顾万发向专家讲解双槐树遗址出土的陶罐（郑州市文物考古研究院　供图）

双槐树遗址出土的两件彩陶罐（郑州嵩林书院 供图）

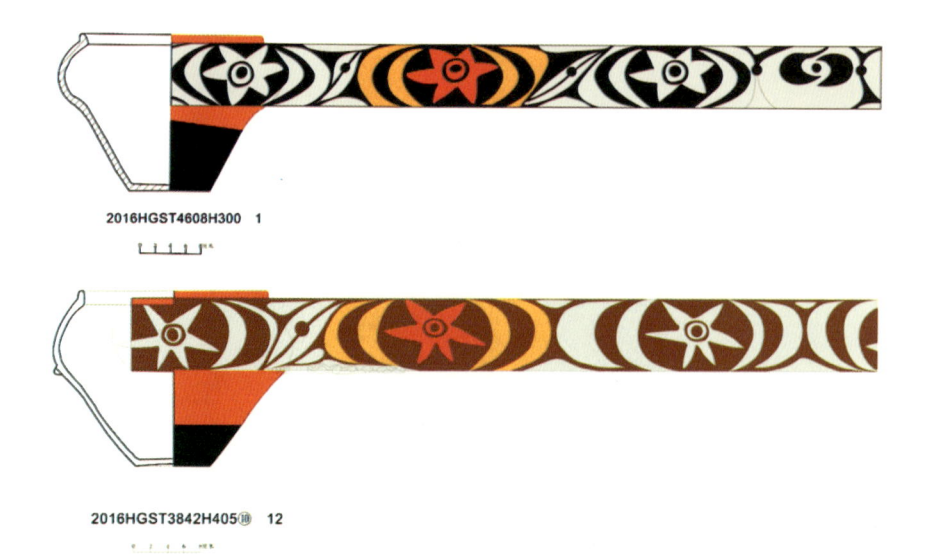

2016HGST4608H300 1

2016HGST3842H405⑩ 12

双槐树遗址出土的两件彩陶罐上的花纹（郑州市文物考古研究院 供图）

第十一章　历史与生命积淀而来的彩陶艺术

所言的"河出图，洛出书，圣人则之"，指的就是这两件事。

今天，我们看到的用圆圈和黑点组成的"河图""洛书"，据说是五代道士陈抟传出来的，后来被南宋大儒朱熹列于《周易本义》的卷首，从此便家传户诵，流传开来。"河图"上排列成数阵的黑点和白点，蕴藏着无穷的奥秘；"洛书"上纵、横、斜三条线上的三个数字，其和皆等于15，十分奇妙。大千世界，万物有气即有形，有形即有质，有质即有数，有数即有象，宇宙万事万物如何有序组织、运行，以至成败兴衰，皆在"河图""洛书"之中显现。

双槐树遗址出土的这个陶罐上排布的点状图形或许就是气、形、质、数、象五要素用"河图""洛书"所作的模拟表达，它们之间巧妙组合，融为一体，依次建构了宇宙时空合一、万物生成演化运行的模式。历代学者对"河图""洛书"曾做过长期的探索研究，一般认为："河图"为体，"洛书"为用；"河图"主常，"洛书"主变；"河图"重合，"洛书"重分；方圆相藏，阴阳相抱，相互为用，不可分割。"河图""洛书"所反映的天人合一思想是东方哲学的精髓，对我国古代的政治、经济、军事、科技、文化等方面都产生了深刻的影响。

另外，双槐树遗址还出土了两件较为完整的彩陶罐，这两件彩陶罐上都有一类独特的多角形图像，这类图像在郑州、洛阳等地多有发现，具有典型的大河村文化的特征。关于这类图像的含义，学术界多认为是太阳。顾万发也认可这个说法，但在这类图像附近的其他造型怎样解读，却很少有人论证。

顾万发认为，多角形式发光的太阳，褐色的图像作底色，是为了表现太阳本身和两侧背的内容。现在看来，侧面的白色弧形，一条是太阳22°晕，另一条是太阳22°晕的切弧，而非太阳22°晕和46°晕，也不太可能是别的平时很少看到的或者不清晰的光晕。从造型看，彩绘的切弧一般应是太阳高度角 40°—50° 之间的切弧。该彩绘的多角星也不会是别的恒星和行星，因为它有大气光象的造型。同时，它也不太可能是月亮的造型，月亮虽有切弧和 22° 晕的出现，但是一般不绘制为多角形。

在大河村遗址，这样的太阳大气光象还会有变化的表现形式，即把真太阳两侧的这两条光晕表现为一个发光的造型，有的学术著作称之为"抱晕"。所谓"日晕三更雨"，意思是当出现日晕的时候，第二天的三更就非常有可能下雨。由于日晕形成需要充足的水汽，这样的条件更容易带来降水和强对流天气。所以，日晕在一定程度上可以看作一种天气变化的前兆，出现日晕天气有可能转阴或下雨。彩陶罐上出现这样的图像，表明古人对这一气象景观的观测已较为细致，他们或许已经掌握了这一气象规律。这样的陶罐可能用于当时与气象有关的礼仪、祭祀场合。

5000 多年前，河洛古国戍边的大河村人，在华北平原的西缘过着富足而恬静的生活，在良好的自然生态环境里，他们耕作、狩猎、制陶。富庶的中原大地给予了他们充足的物质享受，美不胜收的彩陶记录下了他们那段美好生活。

大河村遗址出土的彩陶，反映了彩陶艺术在仰韶文化中晚期达到巅峰。大河村遗址出土的彩陶中有一件白衣彩陶盆，泥质红陶，通体施白釉，器形硕大，上腹微鼓，下腹急收，内壁和上腹部均施白衣。白陶衣似雪如霜，彩绘颜色绚丽醒目。口沿饰以由红彩直线纹、白彩弧形三角纹、红彩圆点纹、黑彩弧线纹等组成的八组对称的图案，腹部饰以月亮纹、三角纹、圆点纹、直线纹、弧线纹等四组相同图案，对称又等分。这些图案反映了距今 5000 年左右的大河村人，为了生产和生活的需要，曾经多次观天象、察时变，将宇宙中的太阳、月亮和

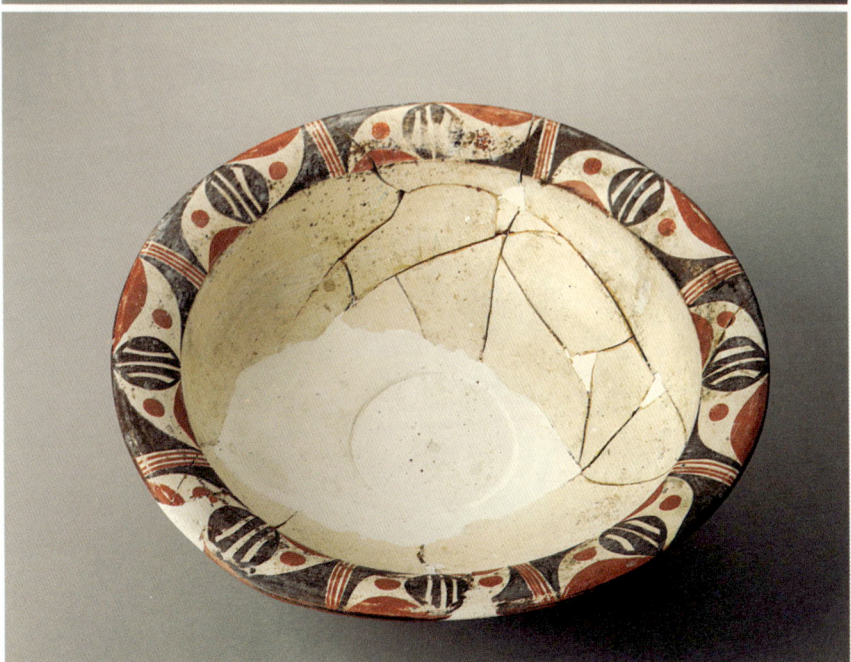

第十一章　历史与生命积淀而来的彩陶艺术

大河村遗址出土的白衣彩陶盆

大河村遗址出土的白衣彩陶钵（郑州市文物考古研究院　供图）

第十一章 历史与生命积淀而来的彩陶艺术

星辰等自然事物及其变化规律，用生动而美好的形象描绘在陶器上，这在人类对天象的认识史上有着重要的意义，也代表了大河村仰韶彩陶艺术的最高水平。

著名考古学家张忠培先生在20世纪90年代曾对庙底沟文化进行过细化的研究。在2000年发表于《故宫博物院院刊》的《中国古代文明形成的考古学研究》一文中，张先生提到中华文明诞生史研究应以陶器为首要抓手，中华文明诞生时的主体文化是以陶器为主的仰韶文化。他还提出了"群雄逐鹿河洛"的命题，强调在庙底沟文化前期，渭河流域是中国的先进地区而且处于文化中心地位，并揭示了考古学"文化区"里存在着历史学"亲族文化区"。庙底沟文化后期，即距今5300年前后，在一个历史文化区里，会产生许多"亲族文化区"，而河南的大河村文化区，就是从此前统一的庙底沟文化区分化出的一类"亲族文化区"，其中"河洛－郑州地区"的大河村文化已在"老官台－半坡文化"系统中居于排头位置。90年代张先生的思索为今天双槐树遗址的发现埋下了伏笔，也为新时代的考古人点亮了一盏前行的明灯。

今天，"排头位置"的效应或许已经显现，我们在这里不仅看到不同地区的人们对彩陶文化所体现的人文观念和精神价值的认同，而且也看到不同文化在不断碰撞、不断影响之下，逐渐形成了一个以华夏文明为中心的文化共同体，勾勒出了文化意义上原初的中国。

彩陶因生活之需而诞生，却无意间给仰韶时代的人们带来了翻天覆地的变化。彩陶不仅被用于饮食、炊煮、盛储、汲水、渔猎、纺织等方面，还被人们广泛地延伸至音乐、宗教等精神领域。有了彩陶制作而成的汲水器，人们可以在离河流稍远的地方定居，告别了逐水草而居的生活状态。随着居住地人口的膨胀和周围资源的耗尽，一部分人又开始迁徙，寻找适合居住的地方定居，制陶技艺是他们迁徙路上必须拥有的技能，这种迁徙便带来了新的文明的创造与传播。

我们从双槐树遗址出土的器物中发现了许多外来文化因子，如带有典型大汶口文化特征的折腹鼎、背壶等。大汶口文化是分布于黄河下游一带的新石器时代文化，因山东泰安大汶口遗址而得名。1959年山东泰安大汶口遗址出土了典型的红陶折腹鼎，泥质为红陶，器表磨光，施红色陶衣；大环形纽方便盖子的取用，小口折腹的器身增大受热面积的同时使热量凝聚，节省了燃料，体现出先民在烹饪技术上的进步。

在双槐树遗址陶器组合中还出现有大量双腹器，如双腹盆、双腹豆、双腹碗及薄胎斜腹彩陶杯，这些都带有屈家岭文化因素。距今5100年左右，屈家岭文化主导完成了长江中游文化共同体的构建，实现了长江中游地区史前文化的空前统一和繁荣。它西入关中，北进河洛，挺进淮河，为史前中国多元一体的文明进程贡献了独特的力量，而造型独特的双腹豆、双腹碗、双腹鼎、壶形器彰显了屈家岭文化的内涵。

另外，以折腹杯为代表的薛家岗文化、以折肩折腹壶为代表的松泽文化、以彩陶杯为代表的大溪文化等不同类型的文化元素也曾在双槐树遗址出土的文物中闪现过它们的影子。这表明，这个距今5300年前后的河洛古国曾处在一个不同文化类型相互交流、相互融合的时代。

越来越多的考古发现表明，植根于黄河流域的彩陶文化的影响范围不但遍及整个黄河流域的上游至下游地区，还曾跨越秦岭、淮河，传播到了长江中游和上游地区，甚至在江南我们也能见到庙底沟文化彩陶的踪影。北边的河套至辽海地区也不例外，彩陶的色彩弥漫到了如此广阔的区域，甚至是后来中国历史演进的最核心区域。仰韶先民在原始艺术创作上思维与实践的趋同，标志着更深刻的文化认同，彩陶中所携带和包含的文化传统，将它存在的广泛区域里的人们的精神价值聚集到一起，使他们自觉地统一了自己的信念，在同一文化背景

第十一章 历史与生命积淀而来的彩陶艺术

下历练、提升，为历史时代大一统局面的出现奠定了深厚的文化基础，这预示着一个伟大文明的开端。

不过，文化的影响总是互相的。陈星灿认为，庙底沟类型的早期，中原地区对周边地区的影响大。到了后期，周边地区开始反弹，对中原地区又形成包抄之势，其中来自东方和南方的影响最为明显。灵宝西坡大墓成对出土的大口缸、中原地区仰韶文化罕见的玉钺，就有可能是从东方传入的。这个强劲的势头一直保持到庙底沟类型结束。公元前3000年前后，南方的屈家岭文化和东方的大汶口文化从两个方向分别进入中原腹地，中原地区与周边各史前文化的关系日益紧密。这个时期的中原地区好像处于文化的低潮，但低潮也意味着更多的吸纳、更多的学习和交流，它反而奠定了中原地区的历史地位，加速了以中原为中心的历史趋势的形成。又经过约1000年的激荡沉淀，在公元前20世纪的前半叶，以二里头文化为代表的青铜文明在伊洛盆地强势崛起，学界一般认为，二里头文化可能是夏代晚期文化，夏和随后的二里岗商文化便是建立在这史前文化长期密切交往形成的"中国相互作用圈"上。考古学上的二里头文化、二里岗文化及随后的秦汉帝国与庙底沟类型的分布区和影响区若合符节，显然并非偶然。

仰韶文化的融合和疆域上的扩展，为其后以中原为中心、多元一体的中华文明模式的形成与发展奠定了基础。著名考古学家王炜林曾有一个观点：黄帝集团要治理这么大的疆土，只靠征伐显然是不可持续的，还需要统一思想的"祀"，而彩陶或许就是实现这种思想的载体。从彩陶的发展历程来看，半坡文化时期的彩陶显然已经开始作为祭器使用了，但普及程度不高，还不足以冲破血缘和文化的束缚。如果说半坡文化彩陶代表一种约束性"礼俗"，只在比较小的社会集体中得到认可的话，那么在较大范围和不同文化中流行的庙底沟文化彩陶所代表的则已成为一种"礼制"。庙底沟文化彩陶以全新的面貌登上古代中国的历史舞台，从而宣告中国新石器时代的古礼完成了由祭器向礼器的转变。这种转变标志着管理复杂社会的古礼初成，相同纹饰的彩陶应该就是这种礼制的体现。依靠这些明显带有象征性标识的、以彩陶为代表的关键器物，黄帝时代的中国随着疆域上的扩展，融合形成了一种相对稳定的文化共同体。彩陶不仅是文化传播的表征，更是寓礼意于其中的器物，以器藏礼的模式为夏商乃至秦汉以后的中国礼仪奠定了基础。

彩陶伴随着整个中国考古学的诞生与发展，对中国史前文化乃至文明起源研究都具有重要意义。它是中国史前最为耀眼的艺术品，其繁简不一的纹样、绚丽的色彩，描绘了那个时代人们心中的悲欢。在广阔的中国大地上，彩陶呈现出的独特时代与地域风格代表了不同的审美、信仰、风俗和文化。同时，这种优秀的艺术传统，在中国艺术发展史上也被很好地传承了下来。它表现在殷商时代青铜器狞厉的刻铸装饰上，也表现在汉唐绘画瑰丽雄浑的笔墨里。从陶到瓷的演化发展历程中，中国文化史以这样的如椽巨笔，又以升腾摇曳、光芒闪耀的千年窑火，书写和照耀着我们民族深远而宏大的历史传奇。

结 语

寒冬，已是夜深时分，顾万发依旧在堆满古籍、材料的办公室里忙碌着，他在修改明天专家论证会上的发言稿。双槐树遗址从庚子初夏发布到岁末深冬，又有不少新的发现和认识。他和陈星灿商议，郑州市文物考古研究院和中国社会科学院考古研究所共同在郑州召开专家论证会，20多位专家明天到会。这是国内研究新石器时代考古的顶尖专家难得一聚的盛会，他们将再次为双槐树遗址的发现诊脉论证。

前些日子，李伯谦、王巍和一些专家来到工地，就双槐树遗址的发掘和学术研究讨论了方案。张忠培先生晚年把很多的精力都放在了黄河流域文明的研究上，早在1997年他就提出，"整个黄河流域庙底沟类型之后，大河村文化是黄河流域的排头兵"。在先生晚年，郑州区域凡有发现，他都会赶来现场。现在这个薪火相传的执炬之任交给了王巍。王巍将在双槐树遗址上建立研究基地，继续他的文明探源之旅。

李伯谦这两年不断对他身边的挚友和弟子说："我剩余的时间也

就做两件事了。一件就是双槐树，夏商周有了阶段性结果，一定要从这里把原初的中国搞清楚。另一件是把郑州的天中书院建好，这样就能够把考古人的哲学思考用大众普及的形式传播下去。"

更令顾万发感动和欣慰的是他的恩师严文明先生，尽管未能践约来到双槐树遗址，但他一直在关注着双槐树遗址的进展，阅读有关它的考古资料。前几天，这位中国新石器时代的考古权威给自己的学生发来他为双槐树遗址写下的诗——

双槐城礼赞

巩义双槐树，有座仰韶城。为览龙图便，紧邻大河边。
又防河水冲，城壕围数重。城前有大坪，疑是仿苍穹。
陶罐仿北斗，北斗拱北极。北极是天帝，人间有黄帝。
黄帝位至尊，举手挥玉兵。率师杀蚩尤，三战降炎帝。
是始建朝廷，诸侯来朝奉。嫘祖始劝蚕，潜心供蚕神。
春蚕勤吐丝，丝绸惠万方。中华创文明，神州大风光！

老师卧病，不能亲临，但他用特别的方式肯定了双槐树遗址的价值，这是对顾万发的作业认真而欣喜的批阅。这个当年有着艺术梦想的学生，终于在中原大地之上交付了坚实的考古答卷。

冥冥之中，双槐树遗址挑选了这样一个时代为世人所知，或许这是一个最恰当的时机，国家对考古的重视达到前所未有的程度。人类起源、文明起源、国家起源、农业起源的研究成为近乎整个民族的课题。考古学的科学发展也达到一个前所未有的高度，包括科研团队、考古发掘研究、顶层设计理念、田野考古方法和手段、跨学科合作理念与

双槐树遗址最新考古发掘遗迹（郑州嵩林书院　供图）

河洛交汇处（李英杰　摄）

科技考古技术的注入，还有高科技的数据软件，必然能够将双槐树遗址的发现放在一个新的时间和空间范围内来进行考量。未来，在庞大的考古材料与考古数据支撑之下，考古人在双槐树遗址发掘上需要做的事情还有很多。

顾万发内心非常清楚，双槐树遗址愈是引起社会关注，他愈要保持学者的冷静。他和郑州市文物考古研究院的同事们要做的事情还有很多很多，路还长着呢！殷墟考古已经做了近100年，才有了系统的成果，即使如此，今天依然留有那么多课题需要研究。相比之下，双槐树遗址才刚刚出发，这座城址有117万平方米，目前的发掘只有6000平方米左右，5000多年的年表刚刚展开，那些表格远未填满；双槐树遗址与周边其他同时期仰韶文化遗址的联系，只是推测，轮廓远不清晰，河洛古国作为一个大国的社会样貌尚不能描绘……

窗外似乎已经露出些许晨曦，顾万发伸开双臂，舒展了一下僵硬的脊背，就像是拥抱将要喷薄而出的太阳。日子会接连而至，每天的太阳都是新的。双槐树遗址不仅是考古队员的情愫所系,也是一代或者数代考古人的职责所在,双槐树村的水榆生们也在看着、等着,时间会不断翻开这部历史厚重的大书,河洛的人会跨越 5000 多年的时光与古国的先民对话,绘就新的篇章。

  我们都有理由期待!

参考书目

1. 张光直：《关于中国初期"城市"这个概念》，《文物》1985年第2期。
2. 张光直：《论"中国文明的起源"》，《文物》2004年第1期。
3. 徐旭生：《中国古史的传说时代》，文物出版社，1985年。
4. 严文明：《仰韶文化研究（增订本）》，文物出版社，2009年。
5. 严文明：《中华文明的始原》，文物出版社，2011年。
6. 严文明：《中国史前文化的统一性与多样性》，《文物》1987年第3期。
7. 严文明：《聚落考古与史前社会研究》，《文物》1997年第6期。
8. 尹达：《新石器时代》，生活·读书·新知三联书店，1979年。
9. 石兴邦：《石兴邦考古论文集》，陕西师范大学出版社，2015年。
10. 安志敏：《仰韶文化》，北京人民出版社，2019年。
11. 苏秉琦：《中国文明起源新探》，生活·读书·新知三联书店，

2019年。

12. 苏秉琦：《满天星斗：苏秉琦论远古中国》，中信出版社，2016年。

13. 李伯谦：《文明探源与三代考古论集》，文物出版社，2011年。

14. 李伯谦：《感悟考古》，上海古籍出版社，2014年。

15. 李伯谦：《中国古代文明演进的两种模式——红山、良渚、仰韶大墓随葬玉器观察随想》，《文物》2009年第3期。

16. 刘庆柱：《中国古代都城考古发现与研究》（上下册），社会科学文献出版社，2016年。

17. 王巍总主编：《中国考古学大辞典》，上海辞书出版社，2014年。

18. 王巍：《仰韶文化前期的社会形态》，《博古研究》1990年创刊号。

19. 王巍：《从考古发现看中国的龙山时代》，《博古研究》1995年第10期。

20. 陈星灿：《黄河流域农业的起源：现象和假设》，《中原文物》2001年第4期。

21. 刘莉、陈星灿：《中国考古学：旧石器时代晚期到早期青铜时代》，生活·读书·新知三联书店，2017年。

22. 陈星灿、方丰章主编：《仰韶和她的时代：纪念仰韶文化发现90周年国际学术研讨会论文集》，文物出版社，2014年。

23. 冯时：《中国古代的天文与人文》，中国社会科学出版社，2006年。

24. 栾丰实：《关于聚落考古学研究中的共时性问题》，《考古》2002年第5期。

25. 韩建业：《早期中国：中国文化圈的形成和发展》，上海古籍出版社，2015年。

26. 靳松安、张建：《从郑州地区仰韶文化聚落看中国早期城市起源》，《郑州大学学报（哲学社会科学版）》2015年第2期。

27. 靳松安、张建：《郑州地区仰韶文化彩陶艺术分析及其相关问题》，《中国社会科学院古代文明研究中心通讯》2013 年第 25 期。

28. 许宏：《大都无城：中国古都的动态解读》，生活·读书·新知三联书店，2016 年。

29. 许宏：《最早的中国》，科学出版社，2009 年。

30. 许宏：《何以中国：公元前 2000 年的中原图景》，生活·读书·新知三联书店，2014 年。

31. 张国硕：《中原地区早期城市综合研究》，科学出版社，2018 年。

32. 赵丰：《中国丝绸通史》，苏州大学出版社，2005 年。

33. 刘莉、王佳静、陈星灿、李永强、赵昊：《仰韶文化大房子与宴饮传统：河南偃师灰嘴遗址 F1 地面和陶器残留物分析》，《中原文物》2018 年 1 期。

34. 朱乃诚：《仰韶文化庙底沟类型彩陶鸟纹研究》，《南方文物》2016 年第 4 期。

35. 陈淳：《聚落考古与城市起源研究》，《杭州师范大学学报（社会科学版）》2014 年第 1 期。

36. 赵世纲：《关于裴李岗文化若干问题的探讨》，《华夏考古》1987 年第 2 期。

37. 朱雪菲：《考古新视野：仰韶时代彩陶的考古学研究》，文物出版社，2017 年。

38. 张玉石、赵新平、乔梁：《郑州西山仰韶时代城址的发掘》，《文物》1999 年第 7 期。

39. 郑州市文物考古研究所：《郑州大河村》（上下册），科学出版社，2001 年。

40. 中国社会科学院考古研究所：《中国考古学·新石器时代卷》，

中国社会科学出版社，2010 年。

41. 杨拴朝：《发现仰韶背后的故事：安特生与玛利亚》，《大众考古》2014 年第 1 期。

42. 郑州市文物考古研究所：《荥阳青台遗址出土纺织物的报告》，《中原文物》1999 年第 3 期。

43. 张松林、高汉玉：《荥阳青台遗址出土丝麻织品观察与研究》，《中原文物》1999 年第 3 期。

44. 张鹏程：《仰韶时代彩陶的量化研究》，《考古与文物》2014 年第 5 期。

45. 北京大学古代文明研究中心、郑州市文物考古研究所：《河南省新密市新砦遗址 2000 年发掘简报》，《文物》2004 年第 3 期。

46. 顾万发、张松林：《河南巩义市花地嘴遗址"新砦期"遗存》，《考古》2005 年第 6 期。

47. 顾万发：《"启居黄台之丘"及相关问题考证》，《东南文化》2004 年第 6 期。

48. 周亚威、顾万发、韩国河：《中国仰韶时期古代人类颌骨骨髓炎 1 例》，《华西口腔医学杂志》2017 年第 6 期。

49. 周亚威、周贝、顾万发：《汪沟遗址仰韶文化居民的肢骨特征》，《解剖学报》2020 年第 1 期。

50. 李昌韬：《大河村新石器时代彩陶上的天文图象》，《文物》1983 年第 8 期。

51. 顾万发：《论大河村遗址一件特殊彩陶上的神圣图象》，《黄河 黄土 黄种人》2015 年第 20 期。

52. 张超、韩炜炜：《图解大河村遗址出土的白衣彩陶盆》，《黄河 黄土 黄种人》2018 年第 8 期。

后记

写后记，很有点像是卖鸡蛋时要介绍介绍下蛋母鸡，给自己附上个身世证明。可这本书从私心里我很难把它当作自己的文字，辍笔多年，又去捡它时，应该回到自己写小说的老行当，没有想到会撞到这个领域。很难把此书归类，它不是学术论文，也不是考古报告，更不是小说，最初我给它定的副标题是"关于双槐树遗址的文学报告"，可能算是一种解释。

考古学中的古国时代，也就是传说中的黄帝时代，并没有给我们留下任何文字记载，以前我们可以在神话传说里对它膜拜，也可以去典籍里对它探讨质疑。但当你真要去实证它，对这个时代进行科学的描述，就会知道脑袋里的知识多么芜杂，很多时候不知道起点在哪里，又要走到哪里。

由一个大遗址来讲述一个时代的历史也很有挑战性，现实中的大遗址其实很乏味。当你揣着几千年甚至几百万年的故事，千里迢迢奔它而去时，却发现看来看去，就是黄土一层，又是黄土一层。尤其是

后 记

旧石器时代的坑，也就是百余平方米的剖面，用文字去描绘它，可能是最无趣的选择。也不止于无趣，考古的事情非常难以描述，你不可以妄语，考古学家下定义是一个字一个字刻出来的，不是都能拿来演绎的。写作有关考古的文字，需要有很大的耐心，因为考古的过程很漫长，殷墟挖了90多年了，许多东西还要等待时间去呈现完整的真相。"夏商周断代工程"集全国各学科之精英，迄今已25个年头了，成果报告的繁本还没有出来。二里头遗址从徐旭生先生1959年发现，至今已经经历过赵芝荃、郑光、许宏、赵海涛四任考古队长了，但关于夏的存在和分期还是争议的热点话题。双槐树遗址的发掘还不到8年，我们要有耐心等待时间把它和我们都熬成老汤。

　　说来说去还是为了给自己的文字找点让大家原谅的理由。河洛古国是一个我们以往陌生的历史概念，要触摸它的温热，走进它的时光隧道，你就要了解古国、王国、帝国的时代分期，认识"夏商周断代工程""中华文明探源工程"，还要了解考古文化中的仰韶文化，再拿它和传说中的黄帝参照；你要对黄河、河洛另眼相看，还要了解考古学中的地层学、文明判断的标准、文化因素分析法和文明发展模式等。这些常识尽管专著里都有，但要简单拿出来宣讲多半枯燥，而不按照它讲话，又会有更多荒诞。写这本书时，我忍痛割爱了许多参与者，把"夏商周断代工程"、"中华文明探源工程"、双槐树遗址发掘的三个重要引领者——李伯谦、王巍、顾万发作为书中的人物，再加上一个既虚拟又典型的双槐树村的村民，通过他们的人生来讲双槐树遗址的故事，也就是原初中国的文明图景。前面五个章节主要是掉书袋子，解读大背景；后面六个章节，把双槐树遗址中的重要发现分门别类地去讲述，并在大中原的地域概念里，把它和仰韶文化时期里其他遗址进行比较。我之所以这样写，权且是在黄土坯胎上抹点清亮的釉色，好看些。

如此，读者读到的文字可能会相对通俗，若有时间，拿它躺在床上慢慢看，也许会容易清晰了解；没耐性，拿到洗手间里，碎片化地翻看，也能知道一点究竟。希望这个琢磨对你的阅读有所帮助，也给我以后的创作带来点自信。

双槐树遗址的发现算是考古圈子里石破天惊的事情，在学界，它对于中国文明进程的意义和价值会随着时间显得愈来愈清晰，书里多少讲过，也就不多饶舌。但对于我们圈外人来讲，河洛古国的发现，对我们以往耳熟能详的传说故事的实证，其意味会更加深长。

也许中国的历史文化过于悠久，叙事也过于宏大，你在触摸它时，它会变得不确切，人物、纪元、地域、器物很多是神化过的传说。久而久之，现实会对我们的叙述方式甚至内容产生质疑，"没有文字就没有历史"的声音不能简单地忽视。我们有了双槐树遗址的实证，就可以抵达中国历史的古国文明源头，从这座黄帝都邑回身转望，也为我们迎接夏商的王国时代指明了路径。双槐树遗址的出现，让我们重新思考了许多中国文明起源的重大问题，也会改写我们以往教科书中关于历史分期的称谓和内容。在写这本书时，我和李伯谦先生有过很多次交谈，他在对苏秉琦先生的考古学说进行研读时，也在梳理完善自己的学术思想，河洛古国不仅是对双槐树遗址的称谓，也是对原初中国的定位。他的思考与严文明先生对双槐树遗址的感怀诗篇，是考古学界两位德高望重的学者不谋而合的意见，他们确认双槐树地区是黄帝都邑，表明了中国考古学家对黄帝时代不再是传说历史的鲜明态度。

生活让我有幸和许多考古人成为朋友和同事，他们或简单率真或认真执拗的性情与我十分契合，成为我个人职业生涯里最愉快的记忆。2021年是中国现代考古一百年，百年以来考古人用自己坚韧而严谨的治学态度，探寻了人类的本色、起源、真相，使遥远模糊甚至是消失

后　记

的历史，又成为我们生活中鲜活的存在。这些记录和实证中国历史的考古人，很少有人去记录他们。记得邹衡先生就郑州商城的亳都之说在电话里教导我许久，后来我计划整理先生的一些学术文章，因杂务延宕，迟迟未成行，不料先生突然撒手，御风西行，我们迎回来的只是先生的部分骨灰。尽管今天邹衡先生和安金槐先生、韩维周先生的铜像在商城遗址默默矗立，永远注视着这个他们热爱过的古都城市，但回想起来，还是有着许多遗憾。也许就是从那时起，我便有了这样的想法：我这一生不可能是一个考古人了，那就努力做一个考古人的记录者吧。

在本书的写作过程中，参考了一些学界同好的著述，同时得到了许多同事、朋友、师长的帮助，书中出现的和没有出现的人物，那些始终给予双槐树遗址巨大支持的人都是本书的参与者。李伯谦、王巍和王文超先生审读了书的大纲及全稿，并给予了宝贵的意见；李伯谦先生还在抱病期间题写书名，令人感怀；顾万发参与了本书的筹划并对全稿进行了专业修订。杨子和怡子在这本书成稿的过程中进行了大量的采访，编写和整理了素材。郑州市文物考古研究院的杜新、汪旭、汪松枝提供了大量素材和帮助。中原出版传媒集团的耿相新，大象出版社的张前进、管昕、杜晓燕、李小希、杨兰、付锬锬、王莉娟等人都给予了此书中肯的意见和指导帮助，在此一并躬身谢过。

完稿之时，得悉双槐树遗址荣获中国社会科学院的六大考古新发现，学界也在筹划关于双槐树遗址、古国时代的一系列研讨、论辩会议。双槐树遗址的考古发掘工作还在继续，作为见证者和记录者，我的文字也会继续。

齐岸青

2021 年 1 月 13 日